# 가부장
# 자본주의

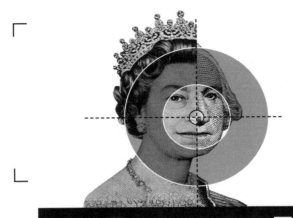

# 가부장 자본주의

## 여성과 남성은 왜 각각 불행한가

폴린
그로장

배세진
옮김

민음사

셀레스트와 마리위스에게
그들이 자유로워지기를

## 2부

# 성별 불평등을
# 다르게 설명하기

77

**3부**

# 문화적 요인의 기원과 진화

151

**4부**

# 유리 천장
# 깨부수기

197

**일러두기**

1    단행본은 『 』로, 논문, 기사, 영화 등 개별 작품은 「 」로, 잡지 등 연속간행물은 《 》로 표시했다.

2    외래어 표기는 국립국어원의 외래어 표기법을 따랐으며 일부 관례로 굳어진 것은 예외로 두었다.

## 2021년 4월 21일, 호주 마루브라에서

이 책은 학술 연구 프로젝트의 일환으로 시작되었다. 2020년 4월 코로나19 봉쇄가 한창일 때 나는 MIT 경제학과 박사 과정 학생을 대상으로 '조직 내 젠더 규범과 젠더 격차'라는 제목의 온라인 강의를 했다. 거의 10여 년 전부터 여성과 남성의 경제적 불평등과 경제 분야의 젠더 문제를 연구해 왔기에 이에 관한 책을 한 권 써 보겠다는 욕망을 머릿속 한구석에 오래도록 품고 있었다. 언젠가는, 그러니까 아이들이 좀 더 자라고 시간이 더 많아졌을 때 말이다. 경제-역사 총서의 기획자 쥘리아 카제는 MIT 강의 계획으로 책을 쓰게끔 나를 설득했고, 그 계획이 이 책의 뼈대를 이룬다.

2011년 호주에 온 나는 이곳의 여성과 남성이 상호 작용하거나 하지 않는 방식에 무척 놀랐다. 호주의 식민화와 관련된 인구학적 불균형이 호주 사회에 미친 지속적인 영향을 역사적으로 연구하면서 이런 현상을 더욱 잘 이해하게 되었다. 물론 연구한 결과로 이를 더 잘 받아들이게 된 것은 전혀 아니며 오히려 그 반대. 호주의 인구학적 불균형이 여성의 노동 시장 참여에 미치는 영향을 분석하고 여성과 남성의 관계와 기업에서의 젠더 규범에 미치는 영향을 살피고 남성성 규범, 폭력, 강간, 자살에 관해 연구하면서 내 분노는 커져만 갔다. 태평양 솔로몬 제도를 현장 연구하며 감정은 더 격해졌다. 이곳 남성들은 선조 대부터 이어진 모계 사회에서 전통적으로 여성이 소유해 온 토지와 그 권리를 독점해 생태계를 파괴하고 지역 공동체를 고통에 빠뜨리는 광업, 산림업 기업에 팔아넘겨 버렸다.

이 책은 내 작업과 다른 저자의 여러 저술을 다룬다. 특히 임신 이후 수유하는 동안 학교에서나 대학 입학 과정에서 발생하는 불평등, 또 말할 것도 없이 기업과 정치에서 나타나는 여남 불평등에 관해 서술하며 과도한 여아 낙태, 높은 여아 사망률로 이어지는 여아 학대에서 일터 내 차별과 성폭력, 가정 내 강간과 폭력까지 여성이 피해자인 폭력에 관한 여성 저자들의 연구를 전한다. 르네 애덤스(Renée Adams), 시완 앤더슨(Siwan Anderson), 마리안 베르트랑(Marianne Bertrand), 세라 블래퍼허디(Sarah Blaffer-Hrdy), 앨러산드라 카사르(Alessandra Cassar), 에스테르 뒤플로(Esther Duflo), 라켈 페르난데스(Raquel Fernández), 클로디아 골딘(Claudia Goldin), 파올로 줄리아노(Paolo Giuliano), 쇼샤나 그로스바드(Shoshana Grossbard), 시마 자야찬드란(Seema Jayachandran), 클로디아 올리베티(Claudia Olivetti), 제시카 판(Jessica Pan), 낸시 첸(Nancy Qian), 요한나 리크네(Johanna Rickne), 클라우디아 세닉(Claudia Senik) 등이 대표적인 저자다.

이 모든 주제를 한데 모으기로 결심하면서 학술적인 기획에서 출발한 이 책은 결국 페미니즘 선언에 도달했다. 종이 위에 모든 주제를 옮겨 오자 각각의 차별이 서로 맞물리고 이어지면서 페미니즘 선언이 되는 것 외에 다른 결론이 불가능해졌기 때문이다. 이 책을 쓰면서, 특히 호주 연방 의회의 성폭력 스캔들이 터져 나온 때와 집필 시기가 겹치며 나의 격분과 화는 절정에 치달았다.[1] 여성 보좌관에 대한 강간으로 추정되는 스캔들이 의회 한가운데에서 터졌고, 피해자는 혐의를 일체 부인하는 장관을 전례 없이 고발했지만 이후 자살했다.[2] 미디어를 뒤흔든 이 사건은 몇 년 전의 미투 운동 이래 나를 비롯한 수많은 여성의 마음에 또 한 번 파문을 일으켰다. 집과 동네, 학교와 대학 그리고 직장에서 경험한 폭력과 불의, 개인적이고 직업적인 삶에 스며든 폭력과 불의로 트라우마를 겪은 우리 여성들은 동요했다.

이 책은 학술적 기획에서 페미니즘 선언으로 변모하며 끝내 나를 치유했다. 2021년 3월 23일 연구자, 상·하원 국회 의원, 국회 보좌관으로 구성된 「젠더, 권력, 폭력: 뉴 노멀 창조하기」 공개 토론회의 패널로 호주 의회를 다녀오는 길에 이 글을 썼다.

이 책이 우리의 **오래된** 규범이 어느 정도로 부정의하고 충격적이고 참을 수 없는지, 얼마나 쓸모없고 반동적이며 비효율적인지를 분명히 드러내면 좋겠다. 우리는 온 힘을 다해 오랜 규범을 내다 버려야 한다. 나는 **새로운** 규범을 위한 몇 가지 해결책과 변화의 장애물을 넘어서기 위한 최소한의 길을 제시하려 한다. 진정으로 새로운 규범을 정의하려면 우리의 개인적이고 집합적인 상상력을 해방시켜 가족 내 관계, 경제·정치 시스템에서의 관계를 재발명해야만 한다. 이를 사유하고 행동에 옮길 머릿수는 충분하다. 또 변화의 물결은 거스를 수 없다고, 진보가 반드시 단선적이지는 않겠지만 이미 시작되었다고 믿는다. 이 책을 다 쓴 뒤 모든 분노를 쏟아 낸 나는 비로소 차분해졌고 자신감을 되찾았으며 긍정적인 힘을 얻었다.

1980년대는 절대적으로 눈부신 여성의 경제적 진보를 보여 주는 시간이었다. 1980년대의 끝자락에 서구 사회의 여성은 평균적으로 남성보다 더 교육받았고, 가족과 자녀를 돌보기 위한 경력 단절은 일부에 지나지 않았다. 또한 이전에 남성이 전유했던 직종, 특히 의사나 법관 같은 직업에 접근할 수 있었다. 배리 레빈슨의 영화 「폭로」(1994)에는 승진에 성공한 여성이 남성 부하 직원을 성적으로 유린하는 장면이 나온다. 마치 타자를 학대할 수 있는 권리라는 강자의 전유물이 경제적 성공의 보상이라는 듯이 말이다. 하지만 이러한 진보는 1990년대에 갑작스럽게 중단되었다. 이때부터 여성의 상황은 정체하기 시작해 수많은 여성이 고용 불안정성의 수인이 되었다. 프랑스 여성들은 1997년보다 2017년에 임금 사다리의 맨 아래에 더욱 많이 있다. 은행이나 금융권 직종처럼 임금이 가장 높은 직업군에 종사하는 여성은 돈을 특히 더 많이 버는 시기에도 유리 천장 아래 단단히 갇혀 있다. 이렇듯 30년 전부터 폭발한 소득 불평등에서 여성과 남성 간 경제적 불평등은 훨씬 더 깊이 심화되었다.

많은 연구가 교육을 많이 받은 여성은 결혼할 상대를 찾지 못하며, 결혼한 여성은 임금이 높아지면 남편의 폭력에 노출되거나 승진할 경우 할리우드의 오스카 효과처럼 이혼 위기에 처한다는 점을 훨씬 더 도착적인 방식으로 보여 주었다. 할리우드에서 오스카상을 받은 여성은 바로 같은 해 남편과 이혼할 가능성이 통계적으로 크다. 이처럼 남편보다 돈을 많이 버는 여성은 이혼할 가능성이 더 클 뿐 아니라 직업적 성공이 자기 자신이나 파트너의 정체성에 미치는 부정적 효과를 상쇄하기 위해 가사 시간을 오히려 증가시킨다. 사람들이 항상 '남성이 가계의 주 부양자여야 한다'고 말하는 부부의 정체성 말이다. 여성의 성공적인 커리어가 어떻게 사랑의 실패를 보장하는지 드라마 「앨리의 사랑 만들기」의 주인공 앨리 맥빌이 우리 모두에게 보여 준 뒤로 「위기의 주부들」과 「축구 선수들의 아내」는 「폭로」 속 데미무어가 표상하는 여성상인 고위급 관리자를 확실하게 대체했다.

그러나 이제 새로운 시대가 펼쳐지고 있다. 미투 스캔들은 새로운 평등에 대한 요구를 구현하고 있다. 집과 일터에서의 미투 운동 그리고 여성이 지는 정신적 부담에 대한 거세지는 비난은 여성이 생물학적 재생산 역할에 유폐되기를 거부하고 가정과 직업 영역에서 평등해야 한다는 요구를 드러낸다.

이 책에서 나는 여성-남성 경제적 불평등의 주요 장애물이 오늘날 문화·젠더 정체성과 관련 있으며 이런 문화·젠더 정체성이 경제 시스템에서 표현되는 방식과 관계된다는 점을 보여 준다. 신석기 혁명, 식민화, 1차 세계 대전이 경제와 가정에서 여성과 남성의 위치에 미치는 지속적인 영향에 관한 국제적 비교와 역사적 연구를 통해, 또한 기업에서 수행한 현장 연구와 조사에 기반해 증명한다. 문화적 규범은 여성과 남성 간 경제적 불평등의 생산물이자 모체인 동시에 그 정당화다. 이것이 내가 '가부장 자본주의(patriarcapitalisme)'라 부르는 것이다.

이 책은 독자들이 사회적 지배의 구조가 경제 구조에 반영되는 방식을 사유하도록 한다. 또한 여성과 남성이 노동하고, 직업을 선택하고, 위계 구조에서 더 높이 올라가는 방식에 영향을 미치는 사회적 젠더 규범의 메커니즘에 대해, 역으로 이 경제 구조가 사회적 규범을 강화하는 양상에 대해 생각하게 한다. 궁극적으로 이 책은 가부장 자본주의의 마지막 장을 종결하는 것이 시급한 까닭과 이를 끝내는 최선의 방식을 성찰해 보자고 권한다. 만일 우리가 정말로 이를 원한다면 말이다. 우리 모두, 그러니까 지배받는 여성 모두, 하지만 또한 자기 자신의 지배에 종속된 남성 모두를 위해서.

책의 1부는 20세기 동안 여남 경제적 불평등의 변화를 기술한다. 1차 세계 대전부터 경구용 피임약 발명에 이르는 20세기의 중요한 사건과 혁신이 여성의 노동, 교육, 고용을 바꾼 방식을 상대적으로 진보가 더딘 1990년대 시점까지 돌아본다.

2부에서는 여성과 남성 사회 과학자들이 20세기의 변화에 관해 제시한 설명과 부부 내에서의 경제적 전문화, 교육, 더 나아가 직업적 경험에 기반한 전통적인 설명의 문제를 다룬다. 이 논증들은 1960~1970년대에 관찰된 변화를 명료히 하는 데에는 성공할지언정 여성과 남성 사이에 사라지지 않는 불평등을 설명하지는 못한다. 특히 1980년대 이후 여성은 남성보다 교육을 더 많이 받고, 숙련 기간에서도 남성을 거의 따라잡았다. 그럼에도 여남 불평등은 사라지지 않았다.

이를 어떻게 설명해야 할까? 몇몇 연구자는 이른바 여성과 남성 사이의 심리학적 차이를 제시했고 다른 연구자는 가족적 삶과 노동에 대한 여성의 선호가 남성과 다르리라는 점을 제시했다. 그러나 어떤 설명도 만족스럽지 않다. 연구자들이 가정하는 차이는 둘 사이의 불평등을 설명한다기보다 경제적이고 정치적인 불평등의 산물에 가까워 보인다. 앞으로 이러한 불평등 중 대부분이 직능과 산업 선택에서의 체계적 차이에 의해, 곧 젠더 정체성을 만족해야 한다는 명령에 의해 광범위하게 제한되어 있다는 점을 확인할 것이다. 불평등은 여성적 또는 남성적이라 가정되는 자연적 자질에 대한 사회적 인식으로 강화된다. 부드러움이라는 자연적 자질을 지닌 여성은 교육과 돌봄을, 경쟁적이고 지배적인 자연적 자질을 지닌 남성은 기업 관리를 도맡게 된다.

'여성적'이라 불리는 직능은 사회에서 체계적으로 평가 절하된다. 비록 이 직능들이 한때 '남성적'이어서 명예로운 것이었다고 하더라도 그렇다. 또한 우리는 자녀 돌봄이라는 사회적 규범이자 가정 내에서의 가장 큰 책임, 사실상 서로 같은 말이라 할 수 있는 두 가지 일이 여성의 커리어와 어느 정도까지 충돌하는지를 확인할 것이다. 여성이 가장 불안전한 직종에 너무 많이 있다는 점을 염두에 두면서 오늘날 같은 직종 내 차별과 임금 격차는 여성과 남성 사이가 아니라 엄마냐 아니냐 사이에 존재한다는 점에 주목하자.

문화적 규범과 젠더 정체성이 지금의 경제적 불평등을 결정한다면 도대체 그 유래는 무엇일까? 그리고 우리는 이를 어떻게 바꿀 수 있을까? 3부에서는 문화적 젠더 규범의 기원과 변화를 연구하기 위해 아마존 숲부터 식민지 호주를 거쳐 사우디아라비아까지 이동할 것이다. 특히 우리는 잉여를 창출해서 축적을 가능하게 하고 사유 재산을 탄생시킨 농업의 발명과 그 발전이 여성에게 재앙이 된 역사를 살핀다. 농업은 경제적 불평등의 모체이자 더욱이 성별 간 불평등과 여성이 가내 생산 체계로 종속되는 규범의 모체가 되었다. 이와 더불어 우리는 젠더 규범이 여성만 구속하지 않는다는 점도 확인할 것이다. 너무나 많은 남성이 폭력과 고통, 심지어 자살에 이를 정도로 상황을 악화시키는 남성성 규범에 속박되어 있다.

사회적 젠더 규범은 기나긴 역사에 확고히 정박하고 있지만 결정론적 관점을 이끌어 내지 않으며 오히려 정반대다. 쟁기의 도입이나 양차 세계 대전, 식민화와 관련된 인구학적 불균형은 사회적 젠더 규범에 지속적인 영향을 미쳤다. 사회적 규범은 그만큼 동시대의 위대한 경제적·문화적 추동력 아래 변할 수 있다. 우리는 젠더 규범의 문화적 변화를 가로막는 주요 장애물이 집단이 설정하는 균형과 공통 준거점, 많은 이가 똑같이 품은 생각에 있다는 점을 확인할 것이다. 그렇기에 정보는 유의미한 변화의 동력이 될 수 있다. 내가 미투(MeToo), 친족 성폭력 미투(MeTooIncest)와 같은 사회 운동의 장기적 영향을 낙관적으로 바라보는 이유다. 오늘날 우리는 가정부터 대기업까지 광범위하게 퍼져 있는 남성적 폭력과 지배의 범위와 영향을 집단적으로 이해한다. 나는 이렇게 획득된 의식이 비가역적인 의미를 가지리라고 생각한다. 10~20년 전에는 수용했던 일들이 지금은 더 이상 가능하지 않다. 할리우드의 슬로건을 차용하자면 **시간이 다 되었다.**[1]

물론 입법 또한 뒤따라야 한다. 이 책의 마지막인 4부는 가족 정책부터 여성 할당제 시행에 이르는 공공 정책의 영향과 효과를 검토한다. 물론 특정 사회 부문에서, 특히 권력의 최상층부에서 이에 대한 저항은 매우 강력하다. 하지만 이제 그 누구도 여기서 벗어날 수 없다. 최후의 저지선은 무너지기 시작했다. 극도로 남성적인 호주 의회에서 오늘날 벌어진 일들이 그 사례다. 최초의 여성 총리를 향한 성차별적 모욕에서 10년 뒤 호주 의회는 일련의 성폭력 스캔들을 겪으며 뒤집혔다. 진보는 단선적이지 않다. 동시에 여러 세대에 걸쳐 이루어지는 것이기도 하다. 이제 여성과 남성은 가부장 자본주의의 부정적 효과를 점점 더 의식하고 있다.

사회 과학 내 주로 경제학에서 이루어진 최신 작업들에 기초하는 이 책에 사용된 방법과 그 한계는 다음과 같다.

첫째, 이 책은 그 정의상 소수자보다 다수자의 상황을 대표하며 개인적 궤적을 무시하는 주요한 추세와 평균에서 시작해 논증을 펼치는 경험적인 문헌에 기반한다. 기본적으로 공식 통계 자료를 활용하는 이러한 문헌은 경제의 가장 불안전한 부분, 특히 여성과 미등록 이주 노동자가 다수인 비공식 부문을 다루지 못한다.

둘째, 경제학자의 경험 연구는 사회 계층 상부의 불평등에 치우쳐 있다. 정량적 관점에서 이는 여성과 남성 사이의 가장 커다란 격차가 바로 이 계층에서 발견된다는 사실로 설명된다. 통계 연구 일부, 특히 임금 요인 분해 연구의 또 다른 한계는 가능한 한 가장 동질적인 맥락에서 설명 요소의 역할을 비교하고자 전일제 노동자만을 고려한다는 점이다. 그런데 우리는 남성의 경우보다 여성의 경우에 훨씬 더 많은 수가 파트타임으로 일한다는 점을, 더욱이 원하지 않지만 어쩔 수 없이 그런다는 점을 알고 있다. 2019년 프랑스에서 남성 노동자 중 6%가 파트타임으로 근무한 반면 여성 노동자 중에서는 20%가 파트타임으로

일했다.[2]

또한 미국 대학과 미국 학술지가 과학 연구에 지배적인 영향을 끼치듯 사회 과학 연구 역시 상대적으로 미국 중심적이다. 나는 프랑스와 호주에 근거한 예시와 수치를 가능한 한 많이 제시하고자 했다. 호주를 예시로 다루는 이유는 내가 호주에 사는 여성 시민이라는 까닭도 있지만 호주가 특히 흥미로운 사례이기 때문이기도 하다. 호주는 여성에게 투표권과 피선거권을 부여한 최초의 국가다. 또 젠더 규범 및 여성과 남성 사이의 구조적 불평등에 관한 흔적이 특수한 역사적 경험으로 오늘날까지 각인되어 있다. 실제로 이 나라는 형벌 식민지라는 지위, 자발적 이주자 대부분이 남자라서 남성이 여성보다 많았다는 사실이 초래한 작지 않은 인구학적 불균형이 오래된 특징이다.

이러한 역사적 경험은 사회적 젠더 규범의 형성과 경제적·정치적 영향, 장기적인 지속을 더욱 정확히 이해하도록 한다. 인구학적으로 여성이 남성보다 부족한 상태가 지속적으로 사회에 미치는 영향에 관한 흥미로운 교훈이기도 하다. 여아를 과도하게 낙태하고 여자 어린이를 학대하며 여성의 의료 접근성이 떨어지는 현실 때문에 오늘날 여성 인구는 남성보다 1억 명 더 적다. 특히 이 중 8000만 명이 중국과 인도에 몰려 있다.[3]

이 책은 국제적이고 역사적인 비교에 기반해 쓰였지만 그럼에도 여전히 특정 선진국의 사례, 그중에서도 통계화할 수 있는 가장 특권화된 인구에 의존한다. 달리 말해 WEIRD, 곧 서구의, 교육받은, 산업화한, 부유한, 민주주의(Western, Educated, Industrialized, Rich and Democratic)[4] 사회의 인구에 주로 의존하며 그 나머지 인류를 대변하지 못한다. 평균에 속하는 통계를 활용했으므로 이주자나 소수자의 경험, 호주에서 1966년이 지나서야 인구 조사 고려 대상이 된 원주민의 경험을 거의 다루지 못했다는 문제가 있다. 이렇듯 여성의 노동 참여가 변화한 현상에 관한 주요 경향은 대부분 백인 여성에게서 나타난 것이다. 유색 인종 여성은 항상 일해 왔으며, 대부분 가장 힘들면서도 가치를 가장 적게 인정받고 그만큼 보상도 적은 직능에서 일했다. 이 책에 이러한 한계가 존재한다는 점을 기억해 두자. 미래의 연구에서는 이런 한계를 넘어서야 한다. 사실 '가부장 자본주의'에 대한 연구는 이제 막 걸음마를 떼었을 뿐이다. 그러면 이제 논의의 출발점으로 20세기가 선진국 여성에게 무엇을 가져다주었는지를 1부에서 확인해 보자.

# 20세기 여성 노동의 역사

1부

20세기 후반은 여성의 임금 노동 참여 및 서구 국가의 여성과 남성 간 임금 격차 감소와 관련해 눈부신 진보가 일어난 시기다. 프랑스에서는 1960년대 초에 여성의 40%가 일터에 나갔으며[1] 지금은 35~44세 여성 중 82% 이상이 일하고 있다(표 1). 1970년에 영국과 미국에서 여성은 남성보다 약 50% 임금을 적게 받았다. 정확히는 영국에서 50%, 미국에서 40% 차이였다. 오늘날 유럽연합에서 성별 임금 격차는 평균 15%에 불과하다.[2] 프랑스에서는 15.5%, 미국에서는 18.5%다(표 2, 3).[3]

　　이러한 진보는 주로 가장 특권적인 계층에 속하는 기혼 백인 여성에게 이익을 제공했다. 예를 들어 미국에서 흑인 여성은 **항상** 임금 노동을 해 왔다.[4] 이들은 전통적으로 농업 분야와 같이 극도로 열악한 노동 조건에서 하인직처럼 흑인에게만 배타적

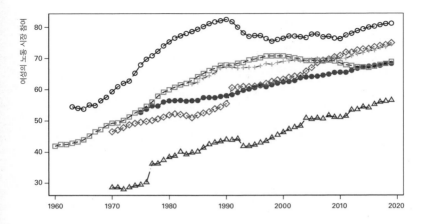

여성의 노동 시장 참여

1960　1970　1980　1990　2000　2010　2020

표 1

**프랑스와 일부 서구 국가의 여성 노동 시장 참여 변화**

15~64세 여성의 노동 시장 참여율. 일자리가 있거나 적극적으로 구직 중인 15~64세 여성의 비율을 동일 연령대 여성 수에서 백분율로 표현했다. 장기 데이터를 사용할 수 있는 15~64세 여성만을 고려한 그래프이며 35~44세 연령대에 한정하면 참여율은 훨씬 높아진다. 예를 들어 프랑스에서 그 참여율은 84.2%이고 미국에서는 75.7%다. 두 국가에서 2009년도 수치는 84.2%, 75.9%로 똑같거나 거의 비슷한데 미국의 2009년 수치는 2000년도 수치(77.2%)보다 더 낮다. 이에 비해 2019년 프랑스에서는 15~64세 남성의 93.5%가, 미국에서는 90.8%가 경제 활동을 한다.

—●— 프랑스
－－□－ 미국
·······◇····· 독일
—▲—·- 이탈리아
—◉—－ 스웨덴
－·┼·－ 영국

출처: OECD, https://stats.oecd.org/Index.aspx?DatasetCode=Lfs_seXaGe_I_R#

으로 제시되는 일을 하며 가치를 거의 부여받지 못하고 제대로 된 보상도 받지 못하는 직능에 유폐되었다. 임금 격차는 지금도 여전히 백인 여성보다 남미 출신이거나 북미 원주민인 흑인 여성 사이에서 더욱 크다. 백인 여성 내에서 임금 격차 총액은 약 20%이지만 유색 인종 여성 내에서는 약 30%다. 그리고 곧 기술할 20세기의 변화는 주로 임노동과 관계된다. 이전에 여성은 주로 비공식 부문에서 노동했다. 개발 도상국 여성 중 3분의 2가 여전히 그렇다.[5] 농업 부문에서는 지금도 여성이 아예 임금을 받지 않거나 아주 조금만 받는다. 또한 장기적으로 볼 때 진보는 상대화되어야 한다. 최근의 한 연구는 19세기와 대비해 20세기의 여성 진보를 설명하는데, 이에 따르면 여성의 지위가 50% 상승한 데 반해 명사(名士) 중 여성 비율은 19세기에 10%를 차지하고 20세기에는 15%를 차지하게 된다.[6] 이를 진보라고 할 수도 있겠지만 진정으로 혁명이라 말하기는 어렵다. 예를 들어 고대 이집트에서 여성 명사 비율은 20%를 넘었다. 그리고 이 책 3부에서 확인할 수 있듯 모든 지표는 농업 사회 이전에 여성과 남성이 훨씬 더 평등했음을 보여 준다.

20세기의 진보가 절대적인 의미에서가 아니라 과거와 비교한다는 의미에서 상당했다고 해도 이는 단선적이지 않았다. 표 1을 보면 노동 시장 참여라는 관점에서 미국이나 스웨덴 같은 현재 가장 발전한 국가에서 가장 중대한 진보가 1970~1980년 대에 이루어졌음을 알 수 있다. 1990년대부터 여성은 정체되기 시작한다. 심지어 이 두 국가에서도 여성의 노동 시장 참여는 2000년대 초부터 후퇴하기 시작한다. 리사 벨킨은 2003년 《뉴욕 타임스》에 「옵트 아웃 혁명」이라는 기사를 게재했다.[7] 그는 교육받은 여성들을 지위가 높고 급여가 매우 많은 일자리를 차지하지만 자기 커리어가 개인 삶의 관점에서 비용이 너무 많이 들고 엄마의 지위와 양립 불가능하다는 것을 깨달은 후 몹시 행

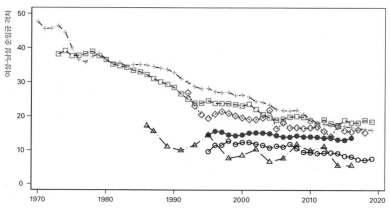

**표 2**

**프랑스와 일부 서구 국가의 성별 임금 격차 변화**
여성 대비 남성의 시간당 순임금 차이를 남성의 시간당 순임금 백분율로 표
현했다. 즉 남성이 여성보다 평균적으로 한 시간에 임금을 얼마나 더 받는지
측정한 것이다.

출처: OECD, https://stats.oecd.org/Index.aspx?DatasetCode=Lfs_seXaGe_I_R#

━━●━━ 프랑스
━ ━▣━ ━ 미국
‥‥◇‥‥ 독일
━ ━△━‥ 이탈리아
━ ●━ ━ 스웨덴
━ ‑╂‑ ━ 영국

복하게 가정으로 되돌아가는 모습으로 묘사한다. 「앨리의 사랑
만들기」가 「위기의 주부들」로 대체된 것이다.

　　프랑스, 이탈리아 같은 일부 유럽 국가에서 진보는 더욱 더
뎠다. 이들 국가의 여성은 1970~1980년대에 미국에서 관찰된
눈부신 고용률 성장을 경험하지 못한 대신 고용률은 1990년대
까지 계속 증가했다.[8] 하지만 이러한 변화는 2000년대 말에 희
미해졌다. 프랑스에서는 경제 활동의 최전성기에 있는 35~44세
여성의 노동 시장 참여율이 2000년대 초 이래 전혀 증가하지 않

았다(표 1). 더욱이 1970~2000년대까지를 보면 프랑스 여성의 경제 활동 비율은 증가했지만 여성 실업률은 3%에서 12%로 올랐고 파트타임 고용은 13%에서 30%로 증가했다. 전일제 고용 관점에서 보자면 1970년대 이후 태어난 여성은 1950년대에 태어난 여성과 비슷한 커리어를 경험하게 되는 셈이다.[9]

독일의 역사는 조금 다르다. 여성의 노동 시장 참여율은 독일 통일이 이루어졌을 때 크게 진보했다. 하지만 이는 사실 인공적인 진보였는데, 서독 여성보다 임금 노동을 훨씬 더 많이 한 동독 여성이 통일 전까지는 통계에 집계되지 않았기 때문이다. 이와 마찬가지로 유럽의 구 공산주의 국가에서는 여성의 노동 시장 참여율뿐 아니라 탁아소같이 여성 노동 참여를 증진하는 공공 부조 또한 훨씬 더 발전했었다. 통일 독일에서 여성의 노동 시장 참여는 1990년대에 정체되고 2010년대 이후 다시 정체된다.

임금 격차에서도 정체가 뚜렷하다. 1990년대 이후 더 이상 진보하지 못한 프랑스가 특히 그렇다(표 2). OECD 자료에 따르면 1995년 프랑스에서 임금 격차는 14.57%였다. 하지만 2018년에도 그 격차는 사실상 똑같다. 미국처럼 더욱 긴 시계열 자료를 활용할 수 있는 국가들에서 임금 격차의 역사는 노동 시장 참여의 역사와 같다. 1970~1980년대에 임금 격차를 절반 이상 줄인 눈부신 발전의 역사와 1990년대 이후로 변화가 없거나 극히 적게 변화한 역사가 나란히 있다.

평균 격차의 변화는 소득 분배에서 나타나는 크나큰 불평

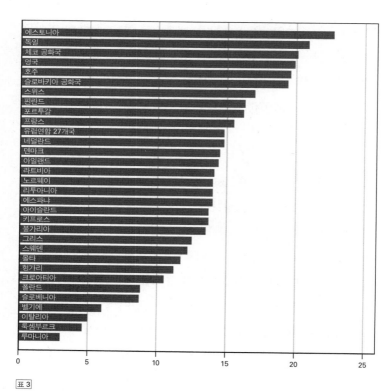

**표 3**

**2018년 유럽연합 국가의 성별 임금 격차**

여성 대비 남성의 시간당 순임금 차이를 남성의 시간당 순임금 백분율로 표현했다.

출처: Eurostat(variable sdg_05_20)

등을 감춘다. 따라서 1997년보다 오늘날 프랑스 여성이 소득이 가장 높은 일자리를 가질 확률이 더 높더라도 여성은 임금 사다리 가장 아래에 더욱 많이 집중되어 있다. 현재 여성이 최상위 1% 소득의 일자리를 가질 확률은 남성의 40%인 반면 가장 소

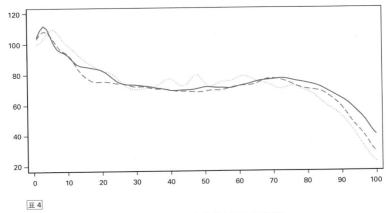

표 4

**1997~2017년 프랑스의 임금 수준별 여성의 일자리 접근 확률 변화**

전일제 일자리에서 각 소득 수준에 해당하는 일자리에 접근할 확률은 소득이 더 높은 일
자리를 차지하지 못한 임금노동자의 표본을 기준으로 계산한다. 이 그래프는 임금 수준별
여성의 일자리 접근 확률 변화를 남성의 일자리 접근 확률 백분율로 표현했다. 예를 들어
2017년에 여성이 50번째 백분위수에 해당하는 중선 임금 소득을 얻을 수 있는 일자리에
접근할 확률은 남성이 그러할 확률의 72%였으며 1997년에 이 확률은 74%였다. 가장 높
은 소득을 얻을 수 있는 상위 3%의 일자리(97번째 백분위수와 그 이상)에 접근할 확률은
남성이 여성보다 두 배 이상 높다. 1997년에는 상위 10%의 일자리에서 그러했다.

출처: Insee, panel tous salariés

소득 분배에 대한
백분위수

............ 1997
— — — 2007
——— 2017

득이 적은 1% 소득의 일자리에서 이 확률은 104%다. 우리가 임
금 사다리의 가장 아래에서 남성보다 여성을 더 많이 보게 된다
는 뜻이다. 여성이 가장 불안전한 경제 영역을 너무 많이 차지하
는 현상은 1997년 이래 프랑스에서 더욱 강화되었다. 전반적으
로 여성이 전체 소득 구간의 중간 수준에 도달할 확률은 1990년
대 이후 아주 약간 진보했을 뿐이다. 오늘날 이 확률은 남성이
그럴 확률의 69%이고, 1997년에는 64%였다(표 4).

1부에서는 이러한 경향을 설명할 수 있는 20세기의 중대한 역사적 사건을 되돌아본다. 우리는 양차 세계 대전의 영향과 함께 기술 혁신과 의학의 진보, 그중에서도 특히 경구용 피임약의 발명이 여성들의 노동 시장 참여를 근본적으로 변화시키고 가정과 일 사이의 균형을 전복시킨 방식을 살필 것이다. 그다음 노동 시장에서 최근 나타나는 여성 정체를 설명하고 남성의 경우는 어떠한지를 확인하며, 미투 운동과 코로나19 팬데믹의 경제적 영향 사이에 있는 향후 몇 년간의 변화를 추측해 볼 것이다.

# 1 세계 대전이라는 계기

1차 세계 대전 동안 남성은 전선에 나간 반면 여성은 남성이 징집되어 나간 공장의 자리를 대체하도록 요구받았다.[10] 그러나 공장에 나간 여성은 가치화할 수 있는 지식과 경험을 축적할 기회를 거의 얻지 못했다. 이전에는 남성 한 사람이 하던 노동을 여러 여성이 맡으며 남성이 수행하던 노동은 분할되었다. 여성은 항상 남성 한 사람만큼 일할 수 없는 존재로 여겨졌고 이런 인식은 전쟁 이후에도 이어졌다. '옷 만드는 처녀(midinettes, 방직 산업 여성 노동자의 별명)', '총알 만드는 처녀(munitionnettes, 군수 산업 여성 노동자의 별명)'의 시대가 지나 금방 이들은 전쟁에서 돌아온 남성에게 자리를 양보하고 프랑스의 출산율을 높이기 위해 가정으로 돌아가야 했다. 남성의 유효 동원 해제는 종전 뒤 1920년 6월에서야 이루어졌지만 여성 노동자들은 전투가 끝

나자마자 가정으로 돌아가라고 명 받는다. 휴전 고작 이틀 뒤인 1918년 11월 13일에 정부는 1918년 12월 5일 이전에 일자리를 포기하는 여성 노동자에게 한 달 치 월급을 제공할 것이라는 공문을 내렸고 사기업 다수가 이를 따랐다. 최근의 연구는 전쟁 기간의 산업계 여성 고용이 전쟁이 끝난 순간 아무 영향력도 미치지 못했음을 보여 준다.[11] 여편네들은 얌전히 집에 돌아갔던 것이다.

하지만 애석하게도 많은 남성이 돌아오지 못했다. 140만 명이 전선에서 죽었다. 죽은 남성들의 부인과 미혼 여성은 선택의 여지가 없었다. 계속 일해야 했다. 이들은 공장 혹은 자신들이 전쟁 때 담당했던 일자리를 떠났고, 그 자리 대신 가치를 별로 인정받지 못하고 급여도 적은 여성 재단사나 여성 다림질장이같이 전통적으로 여성이 하던 직종과 부문으로 되돌아갔다. 게다가 더 많은 여성이 노동하도록 강제된 동시에 그 일자리는 전통적으로 여성적인 부문에 제한된 반면, 노동 공급 증가의 효과로 전쟁 이후 임금은 감소했다. 이렇게 여성은 프레카리아트(불안정 고용 상태인 사람들)의 처지가 되고 말았다.

2차 세계 대전 시기 미국 여성도 산업에 동원되었다. 670만 명이 전쟁 산업에 관여하면서 여성의 노동 시장 참여율이 50% 증가했다.[12] 하지만 1차 세계 대전 끝자락의 프랑스에서 그랬듯 평화는 진보의 급작스러운 종말을 알렸다. 1946년 여성 노동 시장 참여율은 전쟁 전보다 더 높지 않았다. 여성 동원과 여성 노동 시장 참여의 지속적인 진보 간 관계를 밝히려 한 연구들이 있었지만[13] 더욱 정확한 자료에 기반한 최신 연구는 둘 사이에 어떤 인과 관계도 발견하지 못했다.[14] 두 차례의 세계 대전 이후 공장에서 일하는 백인 남성을 대체하며 블루칼라로서 전후 노동 영역에서 지속적으로 앞서가게 된 것은 여성이 아니라 흑인 남성이었다.[15] 2차 세계 대전 이후 미국 여성은 1차 세계 대전 이후 프랑스 여성과 똑같이 가정으로 돌아가도록 요구받았고, 일자리는 종전과 동시에 사라졌다. 1차 세계 대전 이후 프랑스처럼 미국의 공공 정책은 여성보다 남성, 특히 퇴역 군인의 이익에 집중됐다. 실업 회계의 역사적 기록이 보여 주듯 이런 공적 노력은 차별적인 임금 조건에도 보람 없는 구직을 이어 나간 여성의 의지를 거스른 일이었다.[16]

하지만 여성의 상황은 다른 수단을 통해 진화했으며, 여성 노동에 관한 사회적 관습과 규범이 지속적으로 영향 받았다. 여성 노동자의 아들은 전쟁 동안 여성이 공장에 나갔을 때도 바깥 세상과 가정이 여성의 가사 노동 덕에 멈추지 않았다는 점을 깨달았다. 그래서 이를 당연시했다. 하지만 문화적 변화는 시작되었고, 이 책에서 수없이 확인하듯 여성 진보에서 가장 중요한 요인은 바로 이 문화적 변화다. 전시에 엄마가 공장에서 일했던 미국 남성은 여성 노동에 더 우호적이며 아내가 노동하는 것에 더 개방적이다. 게다가 일하는 여성과 결혼할 가능성이 더 크다.[17] 1차 세계 대전 이후 프랑스에서 그러했던 것처럼 말이다.[18]

전쟁이 가져온 막대한 인구학적 충격, 곧 140만 명의 죽음으로 인해 1차 세계 대전 직후 프랑스에서 경제적 요인의 영향과 문화적 변화의 역할을 분리해 보기란 훨씬 어렵다. 전체 남성의 16%가 전쟁에 동원되었으며,[19] 이는 1911년 프랑스 인구의 4%에 해당한다.[20] 앞서 확인했듯 여성은 남편을 잃거나 결혼할 남성을 더 이상 찾을 수 없는 상황에 더욱 많이 노동하도록 강제된다. 이로 인해 군사적 손실에 가장 영향받은 지역의 여성 노동자의 임금이 하락하는 등 노동 시장 조건이 변한다. 어떤 영향력을 구성하는 요인들을 하나하나 나누어 따지기 어려운 것처럼 여성 노동에 끼치는 영향을 문화적 변화 요인과 노동 조건 변화 요인으로 구분해 보기도 어렵다. 역학적 접근의 핵심은 경제적 조건이 같은 지역 내에서 출신 지역이 다른 개인들을 비교하는 것이다. 인간은 성장하며 부모와 주변 사람들을 관찰하면서 신념과 문화적 가치를 형성한다는 가설 아래 서로 다른 지역에서 온 개인들은 지역의 문화적 조건에 영향받아 문화적으로 다를 것이라 가정된다. 성장기에 영향받은 관념은 성인기에 자기 안에서 굳어진다. 새로운 지역에 이주하거나 이 가치들이 새로운 조건에 적응 가능해 보인다고 하더라도 그렇다.[21]

빅토르 게이는 1차 세계 대전이 프랑스에서 20세기 내내 여성 노동과 일하는 여성에 대한 태도를 지속적으로 변화시킨 방식을 연구하고자 이 방법을 활용했다.[22] 게이는 1차 세계 대전으로 남성 군인이 많이 사망한 곳, 즉 군사적 손실에 더욱 강하게 영향 받은 주에서 자란 여성이 더 많이 일한다는 점을 보여 주었다. 심지어 같은 지역에서도 아르데슈주나 코트다르모르주처럼 전체 분포의 75분위에 해당하는 20%의 높은 군사적 손실률을 경험한 주 출신 여성은 에로주나 론주처럼 25분위에 해당하는 10%의 군사적 손실을 본 주 출신 여성보다 일할 가능성이 5%p 높다.

　개별 데이터들을 먼저 분석한 뒤 출신 주에 남은 여성과 다른 주로 이주한 여성, 다른 주 남성과 결혼한 여성을 비교한 결과는 이렇다. 첫째, 양적 관점에서 여성 노동의 변화는 노동 조건의 변화보다 문화적 변화로 더 많이 설명된다. 둘째, 더욱이 가치 측면의 변화는 아빠보다 엄마에 의해 딸들에게 전수되며, 그렇게 이들 딸은 엄마보다 더 많이 일한다. 변화는 아들에게도 전수되고 이들은 자신처럼 일하는 여성과 결혼할 가능성이 더 크다. 셋째, 지역적인 사회적 영향력 또한 크다. 즉 여성은 자신의 거주지에 있는 다른 여성들로부터 영향 받는다.

　마지막으로 이 지점에서 우리가 알게 되는 바이자 이 책 전체에 걸쳐 거듭 확인하게 될 바는 문화적 동인의 강력한 힘이다. 비록 전쟁 직후 다른 선택이 없어서 그랬을지라도 여성은 외부적인 이유로 일하기 시작하며 이로 인한 변화는 돌이킬 수 없다. 이러한 비가역적인 변화는 노동 시장의 특징에 기인한 것이 아니다. 일부 사람들이 여성의 '자연적' 재능으로 여기게 된 것, 달리 말해 신체적인 힘보다 지능 또는 소통 능력의 재능이 20세기에 걸쳐 직능과 더욱 양립할 수 있게 되었듯이 오히려 여성이 일한다는 사실이 사회적 '규범(norme)'이라는 용어의 고유한 의미처럼 '정상적인(normal)' 것이 되었기에 나타났다. 최근 여성 노동에서 발견되는 정체에 대한 분석을 이해하고 이런 상황이 앞으로 몇 년간 전개될 방식을 설명하려면 바로 이 점에 주목해야 한다. 그런 이유로 서비스 산업에 경제적 충격을 주고 학교에서 가정에 이르기까지 남성보다 여성에게 더 큰 충격을 준 코로나 사태가 여성 노동에 가하는 후퇴를 걱정하는 경제학자 대부분과 달리 나는 낙관적이다. 코로나 사태 이전에 미투 운동이 있었기 때문이다. 이 운동은 다시 뒤집을 수 없는 거대한 문화적 변화의 파도를 일으켰다. 나는 그러기를 희망하고 그럴 것이라 믿는다.

일단은 이 장의 진도를 좀 더 나가 보자. 코로나 사태나 미투 운동 이전에 2차 세계 대전 전후가 있었고 1960년대가 있었다. 베이비 붐, 성 혁명, 문화 혁명이 일어난 때다. 인구학적이고 문화적인 이 거대한 격변은 여성과 노동 시장의 관계를 항구적으로 변형시켰다. 어떻게 그러했는지 이제 확인해 보자.

# 2 여성의 눈부신 성장

## 결혼할 남자가 없다

프랑스어로는 'pression du mariage'로 번역되는 결혼 불균형(marriage squeeze)은 결혼 적령기의 여성 수와 남성 수가 불균형한 상황을 뜻한다. 예를 들어 전쟁은 많은 남성의 죽음을 초래하면서 여성이 받는 압력을 증가시킨다. 자연히 여성의 결혼은 더 어려워지고 남성의 결혼은 더 쉬워진다. 여성은 생존에 필요한 경제력을 제공해 주는 남성을 더 이상 찾지 못한다는 이유뿐 아니라, 결혼을 하면 일하고 싶어도 할 수 없다는 단순한 이유 때문에도 일을 해야 한다. 이때 후자는 중요하게 고려되어야 한다. 드라마 「매드 맨」에서 비서 일은 미혼의 젊은 여성, 가능하다면 외모가 뛰어난 여성에게만 주어진다. 이 역시 이들이 직장에서 약간의 행운으로 남편감을 찾을 때까지만의 이야기이다.

1930년대 대공황 기간에 미국의 여러 주와 사기업은 기혼 여성의 노동을 별다른 이유 없이 금지했다. 프랑스의 기혼 여성은 1965년이 되어서야 남편의 허락을 받지 않고 노동 계약을 맺을 수 있었다.

앞서 살펴본 전쟁 사례처럼 연속적인 세대들 간 크기의 변화는 결혼 시장에 심각한 불균형을 초래할 수 있다. 결혼 연령의 간극 때문이다. 일반적으로 남성은 자신보다 어린 여성과 결혼한다. 오늘날 미국 남성은 평균적으로 세 살 어린 여성과 결혼하고, 프랑스에서 그 차이는 조금 더 적다. 따라서 동 세대에 남성과 여성의 수가 같더라도 결혼 적령기의 남성과 여성의 수가 같다는 것을 의미하지 않는다. 결혼 적령기의 남녀 수는 이전과 이후 세대의 크기에 의존한다. 베이비 붐 시기에 프랑스에서는 다른 나라와 마찬가지로 1946년부터 1960년대 말 사이 태어난 세대별 인구가 앞 세대보다 많았다(표 5). 1946년에 태어난 남성이 같은 해에 태어난 여성보다 파트너에 대한 잠재적 선택권이 더 컸다는 뜻이다. 1946년생 남성은 1946년생 여성 가운데 파트너를 선택할 수 있었고 그다음으로 1947년에 태어난 더 많은 여성 가운데, 그다음으로 1948년에 태어난 더 많은 여성 가운데 선택할 수 있었다. 한편 1946년생 여성은 그해에 태어난 남성, 그리고 출생률이 낮았던 2차 세계 대전 동안 태어나 수가 훨씬 적은 남성 중에서 미래의 남편을 찾아야 했다.

여성에게 베이비 붐은 결혼, 동거를 비롯한 넓은 의미의 결

| 출생 연도 | 남성 ■ | 연령 | ■ 여성 |
|---|---|---|---|
| 1938년 이전 | 1,483,815 | 83세 이상 | 2,644,223 |
| 1938~1943 | 938,171 | 78~82 | 1,192,810 |
| 1944~1948 | 1,491,720 | 73~77 | 1,730,321 |
| 1949~1953 | 1,867,854 | 68~72 | 2,095,000 |
| 1954~1958 | 1,946,293 | 63~67 | 2,120,420 |
| 1959~1963 | 2,107,760 | 58~62 | 2,231,223 |
| 1964~1968 | 2,212,232 | 53~57 | 2,290,527 |
| 1969~1973 | 2,261,387 | 48~52 | 2,306,225 |
| 1974~1978 | 2,083,416 | 43~47 | 2,128,777 |
| 1979~1983 | 2,019,673 | 38~42 | 2,087,302 |
| 1984~1988 | 2,027,966 | 33~37 | 2,099,270 |
| 1989~1993 | 1,927,965 | 28~32 | 1,959,269 |
| 1994~1998 | 1,928,313 | 23~27 | 1,892,329 |
| 1999~2003 | 2,030,316 | 18~22 | 1,948,335 |
| 2004~2008 | 2,101,744 | 13~17 | 2,006,307 |
| 2009~2013 | 2,088,276 | 8~12 | 1,997,051 |
| 2014~2018 | 1,971,007 | 3~7 | 1,884,633 |

(단위: 1000명)

표 5

**2018년까지 프랑스 연령 피라미드**

출처: Perspective Monde de l'université de Sherbrocke de Québec, https://perspective.usherbrooke.ca/bilan/servlet/BmPagePyramide/fRa/2018/

합 기회 감소를 뜻했고, 결과적으로 결혼율은 상당히 줄어들었다. 미혼 여성이 기혼 여성보다 노동 시장에 더 많이 참여하기 때문에 이 현상은 결혼에 미치는 효과를 **경유해** 자동적으로 여성의 노동 시장 참여를 증가시키는 결과를 낳았다.

사회 과학 연구자들은 파트너 각자가 부부 관계에서 갖는 협상력이 여성과 남성의 노동 시장 참여에 영향을 미치는 또 다른 결정 요인이라 설명한다. 파트너 중 한 명이 결혼 시장에서 갖는 가치가 클수록(즉 결혼 기회가 많을수록) 여성 혹은 남성은 커플 내 협상력이 더 크고 결혼 상대방에게서 더 큰 이득을 얻는다.(그렇다, 경제학자들은 그다지 낭만적인 사람들은 아니다.) 다른 조건들이 같다면 우리는 일반적으로 노동보다 여가를 선호한다. 만약 파트너 A의 협상력이 더 크다면 A는 덜 일하고 B는 더 일할 것이며, A는 B의 소득을 쓰면서도 더 많은 여가를 누릴 것이다. 베이비 붐 세대가 처한 인구학적 불균형과 결혼 불균형이라는 현실 때문에 감소한 여성 협상력은 여성의 노동 시장 참여를 증가시킨다. 달리 말해 여성은 결혼하기 더욱 어려워졌기 때문에 더 많이 일하도록 강제되었다. 결혼한 여성이 가정에 남아도 될 만큼 열심히 일하는 데 동의하는 적절한 남성을 만나기가 더 어려워지기도 했다. 가정주부 모델이 영광의 30년 시기의 여성이 품은 욕망에 실제로 부합했다는 점을 다시 한번 상기해도 좋겠다.

이와 비슷한 시기에 등장한 중대한 기술 혁신도 결혼 기회와 커플 내 여성 협상력에 영향을 미쳐 여성의 노동 시장 참여를 늘리는 데 기여했다. 이 중대한 기술 혁신이란 바로 경구용 피임약이다.

## 경제학의 관점에서 본 결혼 '시장'

1992년 노벨 경제학상을 수상한 게리 베커는 가족과 결혼에 관한 경제학 이론의 기원을 이뤘다.[23] 베커가 발전시킨 결혼 시장이라는 관념은 여성과 남성이 파트너를 찾기 위한 경쟁에 진입하는 영역으로서의 시장을 의미한다. 그의 이론은 무엇보다 결혼을 자녀를 생산하는 하나의 기업체 또는 생산 단위로 개념화한다. 결혼은 가정에서 누군가가 제공한 식사, 이미 끝마친 설거지처럼 결혼한 두 사람 모두가 혜택을 보는 재화를 생산한다. 물론 재화의 목록에는 사랑도 포함된다. 경제학자 가운데 가장 '경제학적인' 이들조차 여기에 사랑을 포함하지 않을 정도로 괴물은 아니다. 결혼한 부부는 자기 시간을 투여해 이 공통 재화 생산에 기여하는 한편 집 밖에서도 일해야 한다. 이들의 예산은 노동 시장에서 각자가 얻는 소득의 합으로 제한된다. 여기에서 가사와 노동 시장 사이에 두 사람의 시간을 어떻게 배분하느냐가 중요하다. 예산과 시간에 관련된 이중 제약으로 인해 가사의 배분은 노동 시장 참여와 밀접하게 연결된다. 하루는 스물네 시간밖에 되지 않기 때문이다.

부부 중 한쪽의 생산성이 더 클 수 있다. 가정의 공통 재화 생산에서나 노동 시장에서, 혹은 두 영역 모두에서 그럴 수 있다. 예를 들어 아내가 남편보다 설거지를 더 잘할 수 있다. 여러분은 이미 눈치챘겠지만 이런 이성 커플 사례는 완전히 우연적으로 선택된 것이다. 머지않아 동성 커플에게도 같은 동역학이 적용된다는 점을 알게 될 것이다. 우연하게 선택된 또 다른 예에 따라 노동 시장에서 남편이 더 높은 임금을 받을 수 있다. 부부 중 한 사람이 다른 사람보다 노동에서 돈을 더 많이 버는 순간부터 돈을 더 버는 사람이 돈 버는 노동을 전문화하고 상대편은 가사 활동을 전문화하는 것이 논리적이다. 아내가 남편보다 설거지를 잘한다면 이는 더 논리적일 것이다.

더욱이 이러한 동역학을 강화하는 전문화는 이득을 준다. 아내가 설거지를 더 할수록 더 빛이 난다. 빛나는 것은 아내가 아니라 설거지이겠지만. 남편이 더 오래 일할수록 임금이 오른다. 수학적으로 말해 집안일을 전담하는 파트너 덕분에 더 오래 일할 수 있고 시간 단위로 임금을 지불받는다면 전체 임금은 더 많아진다. 그 유명한 '더 많이 벌기 위해 더 많이 노동'하는 상황이다. 하지만 추가 노동 시간에 따른 생산량은 이 단선적 효과를 훌쩍 넘어선다. 우리는 곧 경제학자들이 최근 노동 시장의 변화에서 강력한 경향 중 하나로 꼽는 이 지점으로 되돌아올 것이다. 학자들은 이러한 경향을 노동 시장의 '아래로 볼록한 형태의 생산량'이라고 말한다. 수입이 가장 높은 직업이나 기업 변호사, 금융 투자 전문가처럼 가장 남성적인 직업에서 노동 시간은 증가했다. 그런데 이 직업군은 노동 시간이 증가할수록 전체 임금뿐 아니라 시간당 임금도 증가한다. 일반적으로 노동 시간이 증가하면 피로와 같은 이유로 노동 효율성이 떨어진다고 보므로 이런 현상은 놀라울 따름이다.

앞서 든 사례는 설거지이지만 경제학자들이 부부가 기능하는 상태를 분석할 때 가장 근본적인 공통 재화로 두는 것은 자녀 그리고 '사랑'이다. 베커의 논문에는 이 말에 따옴표가 있는데 그만큼 사랑이란 개념은 정의하기 어렵다. 경제학자들이 낭만주의자라서가 아니라 애초에 자녀와 사랑은 시장이 기능하지 않는 영역이기 때문이다. 경제학자들은 설거지를 시킬 누군가를 고용하는 상황을 '생산의 외부화'라고 말할 것이다. 심지어 사랑의 몇몇 특징을 제공받고자 누군가를 고용할 수도 있다. 하지만 전부는 어렵다. '사랑'은 돈으로 살 수 있는 특징들 너머에 있는 것이다. 어쨌든 시장에서 자녀라는 상품을 찾을 수 없거나 최소한 쉽게 구할 수는 없다는 점은 확실하다. 바로 이것이 결혼의 이득을 구성한다. 앞서 기술한 전문화의 이득을 취해 시장에서 살 수 없는 재화, 곧 자녀를 생산할 가능성 말이다. 이 이득은 부부 중 한 명의 임금이 다른 쪽보다 많을수록 중요해진다. 이런 경우에 부부가 각자의 영역을 전문화하는 것, 결국 전문화를 위해 결혼하는 것은 둘의 이해관계에 명백히 부합한다. 일반적으로 아내는 집에서 시간을 보내겠지만 임금 노동을 했다 쳐도 돈을 많이 벌지 못했을 것이다. 반면 가사 노동을 전담하면 많은 돈을 벌 수 있는 남편의 시간을 해방시킬 수 있다. 그렇게 남편의 더 높은 암묵적 임금이 아내가 노동 시장에서 벌어 올 것을 벌충한다. 나는 아내와 남편을 사례로 들고 있으나 한 번 더 강조하자면 전문화에 따른 이득이 존재하는 순간부터 여성과 여성, 남성과 남성 커플 사이에도 같은 논리가 작동한다.


## 임신을 조절하는 약

경구용 피임약은 1956년 개발되었고 1960년 미국 식품의약국의 사용 허가를 받았다. 맨 처음 치료 목적으로 유통되었던 피임약은 이내 빠르게 일반화된다. 허가가 난 지 단 5년 만에 피임하는 미국 기혼 여성의 41%가 약을 먹게 된다. 1972년에 성인 인정 연령이 낮아지기 전까지 미혼 여성의 피임약 사용이 미미했음에도 복용률은 빠른 속도로 증가했다. 프랑스에서는 뇌비르트 법에 의해 1967년부터 경구용 피임약이 자유롭게 판매되기 시작했다. 오늘날 전 세계에서 1억 1500만 명의 여성이 이 약을 피임 방법으로 쓴다.[24]

경구용 피임약은 우발적 임신을 피하게 해 여성이 결혼 연령을 늦추고 더 오래 일할 수 있게 해 주었다. 또한 개인적이고 직업적인 삶에 통제권을 더 갖고 더 많이, 더 오래 노동할 수 있도록 해 주어 여성이 학업을 이어 가도록 했다. 여성이 스무 살에 결혼해 일을 그만두어야 했을 때 학업을 계속하는 것은 그다지 이득이 되지 않았다. 한편 경구용 피임약은 여성의 가치를 감소시키기도 했다. 피임약이 섹스의 가격을 상당히 낮추면서 약을 먹는 여성들의 결혼 내 협상력은 줄어들었다. 어떻게 된 일인지를 설명하기 전에 내가, 그러니까 사회 과학 연구자들이 섹스의 가격이라는 표현으로 무엇을 말하려는지 설명해 보겠다.


## 섹스 가격의 변화

여기서 엄밀한 의미의 성매매를 대상으로 하는 제한된 시장을 다루지는 않을 것이다. 경제학자들의 관념에서는 거의 모든 것이 교환되고, 모든 것은 시장이며, 이 모든 것에 수요와 공급이 존재한다. 분명 환원주의적인 시각이지만 이런 관점을 탈규제 시장에 동조하려는 새로운 시도로 봐서는 안 된다. 환원주의적 시각은 몇몇 특정한 동역학을 더 정확히 이해하는 것만을 위한 단순화일 뿐이다.

시장을 적절히 규제하려면 서로 다른 재화를 대상으로 한 각 시장의 경계를 인식해야 한다. 모든 것이 시장이고 모든 것에 수요와 공급이 존재한다는 단순화 속에서 **동의하에 이루어지는** 모든 성관계는 시장 교환의 대상으로 개념화된다. 여기에 특히 중요한 것은 동의 여부다. 성폭력과 섹스 시장의 관계는 노예제가 노동 시장과 맺는 관계와 같이 순수하게 힘에 의해 이루어지는 제약적인 지배 관계라는 점에서 시장 개념에 반대된다. 성관계의 대가가 반드시 돈은 아니다. 자기 자신에 대한 이미지나 섹스 파트너, 친구를 비롯한 타인이 내게 품는 이미지, 애정, 더 나아가서는 결혼 기회 등이 존재한다. 엄밀한 의미에서는 성매매의 대가가 바로 돈인 셈이다. 경제학자들은 섹스 시장을 남성의 수요가 여성에 의한 공급보다 높은 시장으로 모델화한다. 대부분 남성인 내 경제학과 동료들이 때로는 성차별적이지만 이런 예시와 관련해 꼭 그렇지는 않다는 점에 주의하자.

경제학자들이 섹스의 수요를 남성에, 공급을 여성에 귀속시키는 이유는 남성이 자연적으로 섹스를 더 많이 원한다거나 섹스를 선호한다거나 섹스에서 더 큰 이득을 본다고 가정하기 때문이 아니다. 학자들이 고려하는 것은 섹스를 원하는 성향이 아니라 섹스의 비용이다. 여성이 섹스에서 얻는 이득이 남성과 같다고 하자. 하지만 이 경우에도 섹스의 가격은 같지 않다. 여성에게 비용이 전가될 수밖에 없는 잠재적 임신이라는 요인이 있어서다. 잠재적 임신은 생리학적일 뿐 아니라 경제학적이기까지 하다. 남성이 임신한 상대와 결혼하지 않는다고 한다면 더더욱 그렇다. 이득은 남성과 여성이 같으나 비용은 남성이 적으므로 남성이 여성보다 섹스를 더 많이 욕망한다는 결론이 따라 나온다. 만약 수요가 공급을 초과하면 비용은 자연히 상승한다. 여기에서 여성이 결정하는 섹스의 가격은 잠재적 임신에 대한 경제적 비용 혹은 이에 가장 가까운 것, 곧 결혼이라는 점이 드러난다. 성매매를 제외하고서 섹스에 접근하기 위해 그토록 오랜 시간 남성은 여성과 결혼해야만 했던 것이다.

이러한 맥락에서 경구용 피임약은 피임을 일반화해 여성의 임신 위험과 여성에게 최종적으로 전가될 비용을 줄여 수요와 공급의 균형을 이뤘고, 섹스의 비용을 감소시켰다. 이로써 결혼은 더 이상 필수가 아니게 되었다. 이와 비슷한 시기 일반화된 임신 중절 접근권이 지닌 효과 역시 같았다. 경구용 피임약이 약속하는 성 해방은 섹스를 위해 남성이 지불하는 가격을 낮춘 동시에 결혼 자체가 크게 줄어드는 것을 의미했다. 일반적으로 미혼 여성이 더 많이 일하므로 이러한 추세는 자동적으로 여성의 노동 시장 참여를 증가시켰다. 피임약이라는 기술은 다른 모든 여성의 섹스 공급을 늘려서 결혼 관계 내에서 여성의 협상력 또한 감소시켰고, 여성의 노동 공급에 추가적인 긍정적 효과를 이끌어 냈다.

여성 노동에 미친 정량적 효과를 넘어 정성적인 결과도 나타났다. 여성이 자기 커리어에 투자하도록 이끈 이 기술은 결국 교육에 대한 투자 역시 가능하게 한 셈이다. 피임약이 발명되기 전이라면 여성이 왜 스스로를 교육하고 경력에 투자해야 했을까? 결혼한 여성은 노동 시장에서 추방될 테니 임신 위험이 있는 사람이 학업을 이어 나갈 이유가 없다. 경력에 치명적인 우발적 임신을 피하기 위한 또 다른 해결책은 금욕이었지만 여기에도 위험이 있었다. 만약 그 누구도 금욕하지 않아서 다른 모든 여성이 일찍 임신하고 결혼한다면 금욕한 여성이 결혼할 수 있는 남성은 더 이상 남아 있지 않을 것이다. 피임약은 이러한 제약을 느슨하게 해 주었고, 이로써 **모든 여성**이 함께 결혼 연령을 늦출 수 있었다. 왜냐하면 사실 학업에 관심 없는 여성조차 처음 연애한 남성과 결혼하기를 원하지 않고, 어린 나이에 부부의 삶으로 유폐되고 싶어 하지 않기 때문이다. 피임약 덕에 모든 여성의 결혼 시기가 늦어지며 여성들이 교육과 커리어에 더 많이 투자할 유인이 제공되었다.

이것이 정확히 클로디아 골딘과 로런스 캐츠의 연구가 보여 주는 바다.[25] 이 연구는 1960년대 미국의 여러 주가 경구용 피임약과 임신 중절 접근권을 변별적으로 도입한 사례를 활용했다. 1972년 연방 정부의 결정으로 성년 연령이 18세로 낮아지고 피임 접근권이 일반화되기 전까지 주 차원의 여러 법은 여성 미성년자가 경구용 피임약에 접근하는 것을 제한했다. 그렇기에 피임약이 초래한 거시 경제적 효과와 세대 간 변화의 효과를 놓치지 않으면서도 서로 다른 코호트 집단이 피임약 접근에 걸린 시간과 주에 따른 차이를 활용해 이 기술이 여성의 결혼, 교육, 커리어에 미친 영향을 평가할 수 있었다.[26]

여성의 피임약 접근권은 분명 결혼 연령을 늦췄다. 1941년에서 1949년 사이 태어난 여성 중 47%가 스물세 번째 생일을 맞기 전 결혼한 반면 1950년에서 1957년 사이 태어난 여성 중에서는 38.3%가 그러했다. 이 감소한 8.7%p의 약 3분의 1에 피임약과 임신 중절 접근권이 기여했다.

학업을 계속하게 된 여성들은 의사나 법조인처럼 남성의 전유물이던 직능에 접근할 수 있었다. 미국에서 여성 판사와 변호사 비율은 1970년 5.1%에서 1980년 13.6%로 10년 사이 두 배가 되었다. 여성 의사 비율은 1970년 9.1%에서 1980년 14.1%로 올랐고, 2000년에는 27.9%로 증가했다. 1940년 이전에 태어난 코호트 집단은 피임약을 전혀 사용하지 않았지만 1950년대에 태어난 코호트 집단에서는 35%가 약을 먹었다. 이러한 변화는 1970, 1980, 1990년대 여성에게서 나타난 직업적 진보의 약 3분의 1을 설명해 준다. 이와 마찬가지로 결혼 불균형과 결합한 피임 접근권도 여성의 경제적 조건에 지속적으로 영향을 주는 관습의 혁명을 일으켰다. 이제 이 과정이 어떻게 이루어졌는지 살펴보자.


## 임금 평등을 요구하다

결혼 불균형과 결합한 피임 접근권은 더 장기적인 반향을 일으키는 문화적 혁명, 곧 성 혁명과 페미니즘 운동에 기여했다.[27] 앞서 확인했듯 피임약은 섹스의 가격을 낮추어 사람들을 관습에서 해방시켰다. 결혼이라는 구속에서 벗어난 여성은 더 나은 조건에서 교육과 커리어에 집중하게 되었다. 한편 결혼 불균형은 결혼을 더 까다로운 것, 매력적이지 않은 것으로 만들어 여성을 노동의 세계로 밀어 넣었다.

그런데 여성이 새로 진입하도록 추동하는 그 세계에서 이들은 채용 차별부터 임금 차별에 이르기까지 불합리하고 참을 수 없는 불평등을 맞닥뜨렸다. 물론 노동 세계의 불합리함은 이전에도 존재했다. 하지만 여성이 단지 결혼할 날을 기다리며 단기간 일하거나 일에서 숙련을 쌓지 않거나 남성과 다른 직능을 차지했을 때와 인식이 크게 달라졌다. 여성은 더 이상 결혼에 크게 의존하지 않는다. 경력을 쌓으려 일터에 왔고 공부도 오랫동안 했다. 이들 중 일부는 남성과 같은 직능을 수행하기에 더는 불평등을 참을 수 없었다.

이러한 사회적 자각은 법에 반영되었다. 이 영역에서 프랑스는 유럽의 이웃 국가에 훨씬 앞서[28] 1946년 이미 '여성 임금'이라는 통념을 폐지했다. 그 전까지만 하더라도 여성이 여성이라는 이유 하나로 임금을 더 적게 받는 것은 법적으로 정당했다. 고용주들은 여성 임금을 후려치는 조항이 폐지된 것에 손쉬운 노동과 고된 노동을 구분하는 여러 단계를 만드는 식으로 응수했다. 두 노동 유형의 성비가 어떨지, 보수 차이가 얼마나 날지를 한번 짐작해 보라. 고용주들의 상상력은 절대 부족하지 않다. 이들은 여성과 남성의 평등을 요구하는 최저 임금법을 우회하고자 온갖 종류의 수당을 만들고 필요 숙련도를 설정하는 등 고용과 관련된 변별적인 범주와 단계를 고안하기 시작했다.[29] 이처럼 경제 활동에서 여성의 삶이 진보했음에도 고용주에 의해 여성-남성 불평등을 유지하는 경제적이고 사회적인 위계질서가 다시 만들어졌다. 예를 들어 고된 노동이라는 통념은 다양한 경제적 보상을 주고 퇴직 연령을 늦추는 데 긍정적인 영향을 미치는데 이는 주로 남성에게 유리하다.

우리 머릿속에서조차 이런 유형의 노동은 광산 노동이나 건설 노동처럼 남성적인 활동으로 상상된다. 여성 계산원은 아무리 허리가 아파도 철도 노동자처럼[30] 50세 이전에 은퇴할 기회가 주어지지 않는다. 물론 프랑스국영철도공사(SNCF) 직원들 사이에서도 비슷한 구분이 나타난다. 1909년부터 적용된 체제에 따르면 기관사와 상임 관리직은 50~52세에 은퇴할 수 있지만 지상 관리를 맡은 상임 관리직은 55~57세에나 가능해 몇 년 더 기다려야 한다. 계약직은 특별 은퇴 제도에 접근조차 할 수 없다. 한 번 더 이 범주 내에서 여성-남성의 비율이 어떨지 상상해 보라. 2018년에 SNCF 기관사는 남성이 1만 3218명, 여성이 356명으로 여성 비율 2.62%라는 놀라운 수치를 기록한다. 정규직이면서 지상 관리를 맡은 유사 관리직의 여성 비율은 19%이며[31] 파트타임 계약직의 71.2%가 여성이다.[32]

미국에서 1963년 시행된 임금 평등법은 동일한 직능의 여성과 남성에게 임금 평등을 강제했다. 프랑스에서 이러한 취지의 법은 1972년에 시행되었다. 하지만 여기에서도 법적 변화는 단선적이고 자동적으로 진보하지 않았다. 임금 평등법이 같은 직능임에도 성별에 따라 임금 차이가 컸던 산업과 직업군에서 여성 임금에 긍정적인 효과를 준 것은 맞다. 그러나 이는 숲을 가리는 나무에 불과했다. 법이 시행된 후 소득이 높고 최근에서야 여성이 접근할 수 있게 된 직능에서 여성 비율이 상당히 감소했기 때문이다. 여성에게 남성만큼 임금을 지급해야만 하자 고용주들은 남성을 고용하기 시작한다. 여성이 보수가 좋은 직능에서 그보다 못한 직능으로 재배치되면서 임금 측면에서 얻은 이득은 평균적으로 완전히 상쇄되었다. 임금 평등법 시행에도 경제에서의 평균 임금 격차는 변치 않았다.[33]

이들 예시는 법 영역에 한정된 변화가 일부 한계를 노정한다는 점을 보여 준다. 이 책 3부에서 확인하듯 변화의 진정한 동력은 문화적이다. 그럼에도 법적 변화의 의의가 있다면 변화가 사회적 기대를 응축할 뿐 아니라 그러한 기대를 촉매할 수 있다는 것이다. 이 점은 마지막 4부에서 살펴보게 될 것이다.

미국의 임금 평등법은 사람들의 기대만큼 효과적이지 않았다. 하지만 사람들의 정신에 임금 평등이라는 관념을 불어넣었고, 인종 차별을 금지하기 위해 시행된 1964년 미국 민권법의 선구적 역할을 했다. 또 차별적인 법과 조항을 조금씩 제거해 나간 법적 투쟁 다수의 토대를 마련해 주기도 했다. 미국시민자유연합은 여성 인권 프로젝트를 통해 1972년에서 1974년 사이에만 300건 이상의 성차별 소송을 진행했다.[34] 프랑스에서 가장 널리 알려진 법적 변화는 세계 대전 직후인 1944년 여성 투표권과 피선거권이 부여되고 1946년 헌법 서문에 여성과 남성의 평등 원칙이 기입된 일들이다. 미국과 마찬가지로 그 진보는 1960년대 중반 이후, 특히 1970년대에 가속화됐다.[35]

## 가전제품과 집안일

경구용 피임약 이외의 기술 혁신은 20세기, 특히 1960년대와 1970년대에 집 안에서 이루어지는 여성 노동의 본성과 여성이 가사에 할애해야 했던 시간을 변화시켰다. 임금 노동 또는 완전히 다른 일을 하도록 여성의 시간을 해방하면서 말이다. 세탁기는 물론 그날 남은 음식을 보관하고 완전히 조리된 음식을 저장할 수 있게 한 냉장고도 시간상의 이득을 주었다. 여러 연구는 이 해방의 기계들과 여성의 노동 시장 참여 증가를 연결 짓는다.[36] 몇몇 연구는 심지어 해방의 기계들이 베이비 붐을 촉발했다고 보기도 한다.[37] 여성의 시간이 해방되면서 이들이 더 많이 일할 뿐 아니라 더 많은 자녀를 가질 수 있게 되었다는 설명이다.

하지만 최근 연구들은 이러한 상관관계가 오류일 가능성을 환기한다. 심지어 기존 연구의 인과성은 반대로 설정된 것일 수 있다. 사실 이 기계들은 베이비 붐 훨씬 이전에, 여성의 출산율이 여전히 낮았던 시기에 출현했기 때문이다.[38] 더욱이 1940년부터 1960년 사이 미국에서 가전제품이 쓰인 것과 다산성 간의 상관관계는 부정적이다. 여성은 세탁기와 냉장고에 대한 접근권이 더 컸던 베이비 붐 시기에 자녀를 더 적게 가졌다. 현대 문명과 단절된 기독교 아미시 여성의 사례는 이런 논의를 종결시킨다. 이들은 전기는 물론 여러 해방의 기계에 접근할 수 없었지만 베이비 붐을 겪었다.

더 최근에 내 동료 세라 워커와 고탐 보즈, 테런 제인은 여성 노동과 가전제품 채택 사이의 인과성이 실은 반대로 향한다는 점을 보여 주었다.[39] 연구에 따르면 여성의 노동과 소득 **덕분에** 이런 기계를 살 수 있었지 그 역이 아니다. 가전제품이 늘린 시간상 이득도 생각만큼 놀랍지 않았다. 기계 사용은 여성을 해방했다기보다는 가사 노동을 둘러싼 상황과 이를 대하는 사람들의 기준을 바꿔 놓았다.[40] 청결한 의복과 신선한 음식을 향한 사회적 기대치가 커지면서 기계가 여성에게 주었을 혜택의 상당

부분이 제거되었다.


## 여성 노동의 특징

베이비 붐, 피임약, 가전제품 사용 확대는 1960~1970년대 백인 기혼 여성의 노동 시장 참여를 증가시켰다. 이러한 진보에도 여성은 전통적으로 여성적이라 불리는, 숙련도가 거의 필요 없고 보수가 적은 부문과 임금 상승과 심지어 노동조합 가입에서 배제되는 범주에 남아 있었다.[41] 따라서 여성은 임금 상승 측면에서 거의 이득을 보지 못했다. 임금 격차는 거의 변하지 않았고 여성은 여전히 남성보다 약 40% 적게 벌었다.

그러나 중대한 변화는 분명 있었다. 여성은 1980년대의 눈부신 진보를 예기하며 점점 더 많이 교육받고 있었다.

# 3 경력이 막히는 지점

1980년에 곧장 미국과 프랑스 여성은 학업에서 남성을 따라잡았고, 오래지 않아 추월했다. 2010년 미국에서는 학사 학위 57%, 박사 학위 51%를 여성이 취득했고 다음 해 프랑스에서[42] 학사·석사 과정생 58%와 박사 과정생 48%가 여성이었다. 그러나 사실 이 수치는 성별 전문화의 장 안에서 벌어지는 중요한 차이를 은폐하고 있다.

학위 취득 현황에서 확인하듯 교육 수준을 높이고 노동 세계에 대한 애착을 늘린 여성은 1980년대 동안 그 과실을 수확하기 시작했다. 오늘날 여성, 최소한 백인 여성의 근로 환경은 결혼하거나 자녀를 가지면 일을 그만두었던 몇십 년 전과 다르다. 프랑스는 1970년대부터 국가가 여성 육아 휴직의 90%를 보조해 여성은 출산 후 일터로 되돌아간다. 국가에서 육아 휴직을 의무화하지 않고 공적으로 지원하지 않는 미국에서조차[43] 더 많은 여성이 출산 후 일터로 복귀하고 있다. 그 결과 1981년 남성은 여성보다 7년이나 더 일했지만 1999년 경제 활동 기간 격차는 3.8년으로 줄었고 2011년에는 1.4년까지 감소했다.[44]

교육과 일 경험의 증가에 힘입은 여성은 자기 업계에서 앞으로 나아갔고, 그전까지 여성 배타적이던 직능에 진입하게 됐다. 위계질서의 상층에 올라간 이는 관리자가 되었다. 1981년 미국에서 남성 관리자는 여성 관리자보다 12% 더 많았는데 이 차이는 2011년 2%로 감소한다.[45] 노동계 전체가 전례 없이 여성화되었으며 의료계와 법조계에서 특히 이런 변화가 두드러졌다. 프랑스 국립사법관학교에서는 1975년 처음으로 여성이 학위 취득자의 과반수를 차지했으며 1980년 이후 여성 득세가 더욱 체계화됐다.[46] 이 시기에 시작된 변화는 일부 직업군에서 역전 불가능한 것으로 나타난다. 2003년 이래 국립사법관학교의 여성 비율은 72~81% 사이를 오르내리고 있다. 최근에는 일부 사람이 여남 불균형을 우려할 정도로 이 직업군의 남성 수가 적다.[47]

위계질서의 상부로 올라선 여성, 훨씬 나은 보수를 제공하는 고학력 직업군에 등장한 여성. 이러한 변화의 결과 1980년대에 성별 임금 격차는 지금껏 관찰된 적 없는 빠른 속도로 감소했다. 이전 20년 동안 여성은 남성보다 40% 적은 임금을 받았고 그 어떤 뚜렷한 진보도 나타나지 않았다. 1960~1970년대의 격차는 무려 20세기 초반에 다름없었다! 단 10년 사이에 여성 임금은 엄청난 진보를 이룬다. 하지만 이 엄청난 진보는 다음과 같은 조건을 달고 있었다. 여성은 이 대단한 10년을 보내는 끝자락에야 남성보다 30% 적은 임금에 겨우 도달했다.

또한 전통적으로 남성적인 산업 분야에 여성이 진입하는 일은 여전히 예외적이었다. 사법관은 인상적인 사례이지만 고위 행정 관료의 상황은 또 다르다. 프랑스 국립행정학교는 입학생 중 단 30%가 여성이다. 은행권, 금융계, 대형 로펌은 더하다. 국립행정학교에 입학하는 여학생은 같은 학년의 남학생과 근본적으로 다른 커리어를 경험하며, 전자가 명예가 적고 보수가 덜한 길이라는 점은 말할 필요도 없다. 이는 여성이 최근 여성화된 직업에서조차 유리 천장 아래 머무르기 때문이다. 여성이 위계질서상 높은 위치까지 올라가는 분야는 교육계처럼 전통적으로 여성적인 직군이다. 임금이 가장 높은 직업군에서 정확히 그렇듯 남성적인 직군의 꼭대기는 남성이 지배한다. 비록 여성이 판사나 검사 같은 국가 사법관직에 진입하고 있기는 하나 지도부는 변함없이 남성이 차지하며, 대형 로펌처럼 돈을 가장 많이 버는 일자리도 남성이 지배하고 있다. 프랑스 국립사법관학교와 파리시에서 여성 교장, 여성 검사장은 단 한 번도 배출되지 않았다. 국립사법관학교 졸업생 80%가 여성임에도 여성 법조인은 남성 동료보다 보수가 적은 커리어를 이어 가고 있다.[48]

보수가 가장 좋은 변호사와 사업가 직군을 대상으로 한 미국의 다음 두 연구는 이 주제와 관련해 가장 많은 이야기를 들려 준다.

마리안 베르트랑, 클로디아 골딘, 로런스 캐츠는 미국의 가장 명성 높은 MBA 중 하나인 시카고 대학 MBA 학생들이 1990~2006년 사이에 거쳐 간 커리어를 상세히 분석했다.[49] 은행권과 금융계 경력의 포문을 여는 MBA 과정에서 여성 비율은 1980년대에 세 배 증가했고, 2000년에는 전체의 43%에 도달했다.

시카고대 MBA 졸업생들은 유사한 환경에서 비슷한 임금을 받으며 경력을 시작했으나[50] 오래지 않아 성별 차이가 나타났다. 남성은 일하기 시작한 지 5년 후 여성보다 33%를 더 벌었고, 10~16년이 지나면 82%를 더 벌었다. 이 분석에서 우리가 낮은 임금을 이야기하는 것이 아니라는 점을 기억하자. 이들 중 10년 이상 커리어를 쌓은 여성은 1년에 평균 14만 3481달러를 벌었지만 남성은 44만 2353달러를 벌었다.[51] 또 임금 수준 상위 10%에 속하는 남성은 다른 남성보다 1년에 100만 달러를 더 번 반면 상위 10%의 여성은 다른 여성보다 43만 8000달러를 더 벌었다. 이 격차는 두 가지 요인으로 설명된다. 하나는 경력 단절, 다른 하나는 남성보다 적은 여성의 주당 노동 시간. 여성은 왜 경력 쌓기를 그만두고 남성보다 더 적게 일할까? 몰디브로 놀러 가서는 아닐 것이다. 여성은 아이를 키우려고 휴직계를 쓴다. 그런데 육아 휴직을 쓴다는 단순한 사실, 간명한 사유만큼이나 기간도 짧은[52] 이 휴직 기간이 여남 임금 격차의 3분의 2를 설명한다.[53] 휴직을 얼마나 하느냐는 중요하지 않다. 고소득 직군에서 '더 적게 노동한다'라는 말은 일주일에 80시간 대신 70시간 일한다, 일요일에는 일하지 않는다는 정도를 의미할 따름이니까. 이는 직업적 성공에 관한 남성적 이상을 되묻게 하는 지점이기도 하다.

변호사 직군에서도 상황은 다르지 않다.[54] 미국 미시간 대학 법학 전공 학위가 있는 여성 변호사와 남성 변호사는 동일한 임금 수준에서 시작해 곧 자녀를 가질 나이가 된다. 여성 변호사는 장기 프로젝트를 거절하고 미국에서 특히 더 짧은 육아 휴직을 써 탁아소에서나 유모에게서 자녀를 데려온다. 이 모든 상황 때문에 야근을 할 수 없다. 여성은 자녀를 돌보려 일정 기간 일을 쉬고 또 파트타임으로 일한다. 자녀가 있는 여성의 42%가 그러한 반면 동일 표본에서 남성은 어떨까? 고작 0.68%가 그렇다. 또한 이들은 변호사로서의 삶과 엄마로서의 삶을 양립할 수 있는 환경을 지닌 팀에 합류하려 회사를 옮긴다. 이렇게 15년이 지나면 같은 시기 경력을 시작한 남성 동료보다 50% 더 적은 돈을 벌게 된다. 여성은 더욱이 경력을 유지하는 데 드는 개인적 비용이 더 크다. 이 연구에서 여성 중 70%가 결혼하고 남성 중 85%가 결혼한 것처럼 여성은 남성보다 덜 결혼하고, 자녀가 더 적고, 자녀가 없을 확률이 남성의 두 배다. 여성은 자녀가 평균 1.31명, 남성은 1.86명이었고 여성의 36%가 자녀가 없는 데 반해 남성은 19%가 그러했다. 자녀가 없는 여성 변호사의 보수 수준은 남성 변호사의 일반적인 보수 수준과 일치했다. 자녀는 여성에게만 경력상 비용으로 작용한다. 여자가 모든 걸 가질 순 없지 않은가.

이렇듯 1980년대에 여성은 직업 영역에서 진보했지만 보수가 가장 좋은 직업에서는 꾸준히 배제되었다. 최소한 엄마인 여성은 그랬다. 고소득 직군 여성의 임금은 1980년대 말까지 꾸준히 상승했으나 그 후 여성의 진보는 정체되고 만다. 2010년 미국에서 여성은 여전히 남성보다 평균 20% 적게 번다.

여성의 진보는 항상 자녀의 유무와 연결되어 있다. 아이가 있는 노동자에게 경력 단절, 일정이 유연한 일터 찾기, 노동 시간 단축, 파트타임 노동은 불가피하다. 불행히도 이 모든 책임은 불균등한 방식으로 엄마에게 전가된다. 앞서 살핀 변호사 표본에서 엄마가 파트타임으로 일할 가능성은 아빠보다 62배 더 높았다. 이어지는 2부에서 우리는 엄마라는 처지가 자아내는 효과를 다른 요인과 비교해 더욱 정확히 정량화할 것이다. 그리고 여성이 자녀를 가질 수 있다는 사실이 생물학적 상수인 것과 달리 노동 시장이 여성에게 가하는 불이익은 그렇지 않다는 점을 보여 줄 것이다. 여성의 임출산과 달리 이런 불이익은 각 나라의 문화적 태도에 따라 달라지는 데다 생물학적 자녀가 있는 엄마에게서나 입양한 자녀가 있는 엄마에게서나 다름없이 크다. 일하는 여성이 받는 불이익은 성별이라는 생물학적 조건과 정말 아무 관계가 없다![55] 또 사회 과학 연구자들이 남녀 임금 격차와 직업상의 차이를 설명하기 위해 가져온 설명 대부분이 문화적 요소와 관련 있다는 점도 확인할 것이다.

　다음 부로 넘어가기 전에 코로나19 바이러스 감염병이 여성-남성의 임금 격차와 불평등에 미친 영향을 간략히 분석해 보자. 가장 근래에 나타난 변화를 확인할 수 있을 것이다.

# 4 팬데믹을 지나며

    코로나19 팬데믹이 일하는 여성의 삶에 재앙에 가까운 영향을 미쳤으리라는 점은 의심할 여지가 없다. 여성 다수는 고객을 직접 대하는 서비스 업종에서 일한다. 봉쇄 정책에 가장 크게 영향 받은 이 산업은 재택근무 체제가 적용되기 가장 어려운 영역이기도 하다. 게다가 문 닫은 학교 대신 자녀를 돌볼 의무는 주로 여성에게 전가되었다. 보통 여성이 남편보다 가사를 더 많이 담당하는 데다 어린 자녀가 계속 집에 있어야 할 때 부부 모두 전일제 근무를 하는 것이 사실상 불가능하기 때문이다. 상황이 이렇다면 달리 선택의 여지가 없다. 노동 시간을 줄이거나 일을 그만두어야 할 뿐이다. 이때 어김없이 등장하는 경제적 논리대로 더 적게 버는 쪽이 노동 시간을 줄이는 것이 합리적이다. 둘 중 더 적게 버는 사람이 누구일까?

## 코로나19발 경제 위기

이런 이유로 코로나19 팬데믹의 영향을 받은 대다수 국가에서 여성 노동 시간은 감소했다(표 6). 여성 노동자가 자녀를 돌보기 위해 자발적으로 그만뒀기 때문이기도 하지만 다른 한편 이들이 속한 기업도 경제적 타격을 입었다. 코로나19 위기가 시작된 이래 여성이 다수를 차지하는 일자리가 사라지면서 여성의 노동 시장 참여는 남성보다 더 많이 줄었으며 실업률 또한 훨씬 빠르게 증가했다. 이런 상황은 학교나 어린 자녀를 맡길 수 있는 기관이 문을 닫았을 때, 국가가 책임지는 부분 실업 조치처럼 공권력에 의한 일자리 보호가 시행되지 않았을 때 더 심화됐다. 미국에서 여성 실업률은 남성 실업률과 3%p 차이를 보이며 더 빨리 증가했으나 프랑스에서 코로나19로 인한 경기 침체의 영향은 훨씬 성별 중립적이었다. 하지만 대부분 나라에서 경기 침체는 여성 노동에 더 큰 타격을 주었고 가정 폭력 사례를 증가시켰다. 프랑스를 비롯한 많은 나라에서 가정 폭력 신고는 봉쇄 첫 주에만 30% 증가했다.

개발 도상국에서 여성 경제 활동 상황은 재앙에 가깝다. 이러한 나라들에서 여성의 일은 비공식 경제 영역과 요식업 등 서비스업에 집중되어 있다. 이 영역들은 팬데믹과 봉쇄 효과로 공적 부조를 전혀 받지 못한 채 무너지고 말았다. 유네스코의 추정에 따르면 2020년 3월 전 세계 취학 아동, 청소년 중 15억 2000명이 팬데믹으로 인해 학교에 가지 못했다. 빈곤층 아동은 인터넷이나

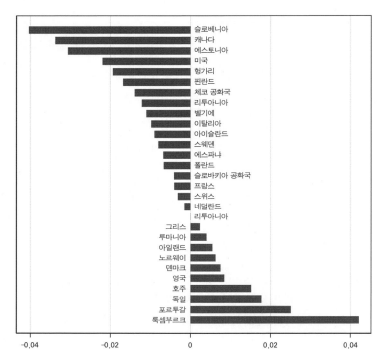

표 6

**코로나19발 경기 침체기 동안 성별 일자리 변화**

출처: Titan Alon, Sena Coskun, Matthias Doepke, David Koll, & Michèle Tertilt, "From Mancession to Shecession: Women's Employment in Regular and Pandemic Recessions"(Working paper, Northwestern University, 2021)

컴퓨터에 대한 접근권이 없어 비대면 수업의 여지도 없었다. 이렇게 학업에서 이탈한[56] 여자 어린이들은 조혼과 조기 임신 위험을 비롯해 성적으로 노예 상태에 놓일 가능성이 커졌다. 이는 2014년 에볼라 바이러스 팬데믹에 의한 결과이기도 하다.[57] 공적 부조의 부재로 각 가정이 심각한 경제적 위기에 빠지고 가계 불안전성이 커지면 가정 폭력 또한 악화된다. 2020년 7월부터 두 달간 나는 동료 연구자 빅토리아 바라노프와 세라 워커, 지도 학생 파티마 자말칸과 함께 파키스탄의 도시 주변부 지역에 있는 925개 가정을 조사했다. 이 연구에서 이들 가정의 수입은 평균 25% 감소했다. 전체 표본에서 일자리가 있는 가족 구성원은 남성뿐이었으며 실직한 20% 중 절반만 정부나 가족, 이웃에게서 재정적 지원을 받았다. 실직과 관련된 불안전화는 가정 폭력을 50% 상승시켰다.

일부 경제학자들은 팬데믹이 여성 노동에 미치는 불균등한 경제적 영향을 목도하며 시세션(She-recessions/She-cession) 현상을 논했다.[58] 여성에 특화된 침체는 성별 중립적인 불황이나 남성 경제 활동에 특히 부정적인 히세션(man-cessions)에 해당한 지난 불경기와 크게 다르다.[59] 특히 코로나19발 시세션은 히세션을 포함한 과거의 모든 경기 침체보다 강력해 여성 실업률과 남성 실업률의 격차가 이전 모든 경기 침체에서 나타난 격차의 역수일 뿐 아니라 차이 자체도 훨씬 더 크다.

불황은 실직한 사람에게 장기적인 영향을 미친다. 일자리를 잃는 것은 소득뿐 아니라 직업적 경험을 쌓을 기회를 잃게 된다는 뜻이다. 일하기를 멈추면 숙련도는 떨어진다. 기술의 발전 속도를 고려할 때 이는 각별히 문제적이다. 나중에 새 일자리를 찾을 수 있겠지만 최소한 이전 일자리만큼 조건 좋은 곳에 가기는 훨씬 어려워질 것이기 때문이다. 그간의 연구들은 불황기의 실직자들이 장기적인 소득 상실을 경험한다고 전한다. 심지어 재취업을 한 이후에도 말이다. 그렇다면 이렇게 물을 수밖에 없다. 코로나19가 일으킨 시세션은 여성 진보를 몇 년이나 후퇴시킬까?

2020년 7월 2일 자 《뉴욕 타임스》에는 이런 제목의 기사가 올라왔다. 「코로나19 경제 상황에서 아이를 갖거나 일자리를 얻을 수 있다, 하지만 둘 다는 안 된다.」[60] 2020년 여름 휴가가 끝날 시점에 맞춰 나온 뉴욕시의 제안처럼 자녀가 3주 중 한 주만 학교에 갈 수 있다면 어떻게 하루 종일 일하러 사무실에 가겠는가?

지금까지의 연구와 조사를 보면 이렇다. 코로나19 팬데믹은 어린 자녀가 있는 가족, 특히 여성이 임금 노동과 가사 노동 모두를 아울러 감당 불가능한 수준의 노동을 견뎌 내도록 했다. 미국 데이터에 따르면 부부 모두가 고등 교육 학위를 보유한 가정에서 코로나19 이전 엄마들은 매주 평균 8시간에서 28시간을 자녀 돌봄에 썼다. 가장 어린 자녀의 나이에 따라 오르내리는 이 시간은 전체 가사 노동 시간의 약 60%를 차지한다.[61] 그리고 코로나19 동안 가사 노동 시간은 두 배로 뛰었다.

코로나19 위기 동안 어떻게 전일제로 일하는 동시에 자녀를 돌볼 수 있을까? 그 해답은 발로 배를 걷어차는 듯한 우리 고용주의 따끔한 메시지에 분명히 나타난다. "가족 돌봄 의무가 있는 직원은 통상적인 방식과 다른 일정표로 근무하기를 권고한다." 새벽 2시까지, 갓난쟁이 아들이 깨기 세 시간 전까지 일하면

안 될 이유가 어디 있느냐는 것이다. 정말 굉장한 해결책이다. 왜 이 생각을 못 했을까!

봉쇄 기간에 집에 있어야 했던 남성도 자녀와 보내는 시간이 많이 늘었다. 하지만 늘 그렇듯 여남 임금 격차 때문에, 남성은 여성보다 돈을 더 벌기 때문에 남성 노동을 더 특권화하고 집안에 남자의 노동 공간을 더 확보해 주어야 하는 것이 '자연스럽다'. 봉쇄가 끝난 후 사람들이 일터에 다시 나가게 됐을 때 부부 중 대면 업무를 하러 가는 쪽은 남성이었다. 성차별적인 이유가 아니라 순수하게 경제학적인 추론에 의한 결정이었다. 2020년 7월 경제학자 클로디아 골딘은 여성의 커리어가 이 단순한 추론 때문에 심각하게 퇴보할 것이라 내다봤다.[62]

물론 많은 남성과 마찬가지로 여성은 일자리를 포기하든지 집에서 하루 종일 중노동을 하고 밤 9시부터 새벽 2시 사이에 또 일하든지 둘 중 하나를 선택해야 했다. 그런데 후자는 피로라는 예측 가능한 문제 외에 다른 물음을 제기한다. 첫째, 한밤중 노동이 특별히 효율적이거나 생산적이라는 점은 증명된 바 없다. 둘째, 이 특이한 시간대에 할 수 있는 일은 한정적이다. 나는 강의 시간만 제외하면 통상적인 시간대이든 아주 늦은 시간이든 상관없이 일할 수 있고, 이런 업무 시간 변경은 샌프란시스코나 파리에 있는 다른 공저자들에게 아무런 영향을 끼치지 않는다. 내가 언제 일하든 우리 중 한 명은 항상 자고 있을 테니까. 하지만 제시간에 손님을 응대하거나 물건을 팔아야 하는 사람들에게 이런 예외는 허용되지 않는다. 결과적으로 비관습적인 일정에 따라 일하는 것은 더 적은 임금, 더 어두운 승진 전망과 이어진다.

많은 연구자가 여성 커리어의 진화에 대해서도 비관적인 전망을 보여 주었다. 학술 분야를 포함해서도 그렇다. 과학 학술지 《네이처》는 2020년 4월부터 비상경보를 울렸다. 이 학술지에 실린 한 연구는 학술 노동이 다른 노동과 마찬가지로 집에서 아이를 돌보는 것과 양립할 수 없다고 주장하며 여성 연구자의 과학적 성과와 이들이 학계에서 승진할 가능성이 줄어들 것을 우려했다.[63]

과학적 생산이 이루어지는 방식에 관한 연구의 이점은 연구자 다수의 자기중심적 경향과 무관하게 연구 논문 수와 논문당 피인용 횟수로 그 생산성을 측정하기 쉽다는 데 있다. 완벽한 기준은 아니지만 적어도 활용할 가치는 있다.[64]

아이들의 컬러링 북 놀이와 운동 시간을 함께하며 나는 팬데믹 동안 엄청나게 많은 연구 논문이 쏟아져 나온 것을 확인했다. 거의 대부분 남성 학자가 쓴 것들이었다. 팬데믹이 과학적 생산에 미친 영향을 더 형식적으로 추정한 연구는 여성 경제학자가 쓴 논문 수가 2020년 3월에 12% 감소했고 그다음 달에는 20% 감소했다고 지적했다. 내 직관과 비슷하게도 경제학 분야 공동 논문에서 여성 저자는 평균적으로 약 20%인 반면 팬데믹 기간에 쓰인 논문과 팬데믹에 관해 쓴 논문의 여성 저자는 평균

약 12%였다.[65] 여성 학자들은 분명 팬데믹이라는 주제를 연구하기보다 다른 할 일이 있었을 것이다.

아마도 이런 수치는 대학의 남성 연구자가 여성 전업주부와 결혼할 확률이 여성 연구자가 남성 전업주부와 결혼할 확률보다 네 배 높다는 사실 때문에 나오지 않았을까 싶다. 내가 육아 휴직을 마치고 학교에 복귀했을 때 얼마 전 아이가 태어난 남성 동료에게 축하의 말을 건네자 그는 정말 순수한 말투로 이렇게 말했다. "아이를 갖는 건 내 연구 생산력에 아무 영향도 주지 않았어. 사람들이 왜 그런 말을 하는지 도대체 모르겠네." 임신 초기부터 일을 못 할 정도로 심한 입덧을 겪고, 쉽지 않은 출산 과정과 불면의 밤들을 경험한 나는 어떻게 반응해야 할지 몰랐다. 팬데믹이 여성 학자의 과학적 생산에 미치는 부정적 영향은 7세 미만 자녀를 가진 가족에 집중되어 있다. 이 시기는 종신 교수직을 받기 전 학술 커리어에서 가장 중요한 때이기도 하다.


### 우리가 가진 희망의 불씨

하지만 나는 경제학자 대부분보다 불안이 덜하다. 여성이 코로나19 경기 침체 영향을 정면으로 받고 있다는 점은 분명 지극히 좋지 않다. 그러나 세계는 몇 년 전보다 달라졌다. 지금 우리는 미투 운동 이후의 시대를 살고 있다. 내 눈에는 이토록 많은 논문이 팬데믹과 마주한 여남 불평등을 기술한다는 사실 자체가 이제 모든 사람이 불평등에 더 민감해졌다는 것을, 불평등을 더 잘 해결할 잠재력을 가지게 됐다는 것을 증명하는 듯 보인다. 나조차도 앞서 남자 동료가 한 것 같은 말을 들을 때 더 이상 침묵하지 않는다. 승진을 결정하는 학내 위원회에서는 더더욱 말을 아끼지 않을 것이다. 나는 사람들의 반응이 진정으로 바뀌었다고 느낀다. 여남 불평등에 관한 문제를 무시하기는 훨씬 어려워졌고, 이런 문제를 축소하는 입장을 방어하기도 까다로워졌다. 이 문제에 관한 인식의 제고, 미디어의 관심, 불평등을 가시화하는 여러 유형의 숫자들이 상황을 바꾸어 주었다.

물론 불안한 구석이 없지 않다. 앞으로의 경제 회복은 가정 내 여남 동역학 때문만 아니라 이런 경향을 심화하는 공공 정책 때문에도 의심할 여지 없이 남성 우호적일 것이다. 여러 국가의 평균을 보면 여성 실업률은 남성 실업률보다 훨씬 빨리 증가했다. 여성은 남성보다 노동 시간을 훨씬 더 줄이며 소득 감소로 인한 고통을 더 많이 겪었고, 이런 변화는 장기적인 영향을 미칠 것이다.

그러나 국가 차원에서 이루어지는 경기 회복 정책은 기반 시설을 짓거나 건물을 세우는 등 전통적으로 **남성적인** 경제 활동 영역에 가장 큰 혜택을 준다. 프랑스의 포스트 코로나 회복 계획 '르네상스 프랑스'는 연구 분야에 29억 5000만 유로를, 보건 분야에 60억 유로를 배정했는데 항공 산업·수소 산업·원자력 산업·자동차 산업에는 82억 유로가 배정되었다. '생태 혁신'이라 불리지만 실상 건설 산업에 해당하는 열에너지 혁신 영역에는 67억 유로가 할당되었다.[66] 호주의 상황은 그보다도 나쁘다. 정부의 부분 실업 정책은 대학을 제외한 모든 영역에 마련되었다. 경기 회복책 중에서도 9500~1만 6000유로 상당의 보조금이 투입된 혁신 프로젝트들은 집행 규모가 큰 선도적 조치 중 하나로[67] 남성적 영역인 건설업과 자가를 보유한 가장 부유한 가계를 직접적으로 지원한다. 바이든 행정부는 어린 자녀가 있는 가족을 대상으로 적지 않은 재정 지원을 할 예정이지만 미국에서 역시 회복 계획의 중심축은 기반 시설 원조다. 임금 사다리의 최하층에 몰려 있는 여성에게 도움이 될 시간당 15달러의 최저 임금 법안은 아직 표결조차 부쳐지지 않았다. 이런 문제들은 내가 미투 운동 이후에 품고 있는 희망을 갉아먹는다.

경기 회복 정책이 왜 그토록 남성을 특권화하는지 모르겠다. 코로나19 위기로 집 안팎에서 가장 큰 타격을 입고 취약해진 사람들은 여성일 텐데 말이다. 이는 아마도 우리 정치 지도자들이 남성이기 때문일 것이다. 이들은 대부분 전업주부 혹은 "남편의 경력에 헌신하려" 일을 그만둔 여성과 살고 있다.[68] 그리고 마치 내 남자 동료처럼 문제를 잘 인식하지 못한다. 다른 경기 회복책을 마련할 상상력이 부족할 수밖에. 전통적인 경기 회복 정책은 예나 지금이나 남성적 산업 영역과 기반 시설을 특권화한다. 이어지는 2부에서는 임금 수준이 다소 높고 공적 보조금도 충분한 여러 경제 활동 영역을 더 자세히 보며 성별에 따른 직업적 분리가 낳은 결과를 살필 것이다. 그러나 어떤 경우에서도 엘리트 계급이 품은 표상이 하나의 관성으로 우리 사회에 미치는 영향은 분명하다. 3부와 4부에서는 먼저 최근 정체하는 여성 노동 부문에서 요인들 각각이 하는 역할과 그 끈질긴 지속성을 확인한 후 여남 불평등의 문제 설정에 미치는 영향을 통해 문화적 규범과 가치의 역할을 알아본다. 각 요인의 관성과 문화적 규범, 가치의 역할은 시간의 흐름에 따라서도 분석할 예정이다. 앞으로 확인하겠지만 기존의 관성을 넘어서야만 오랜 불평등의 시대가 막을 내린다. 마지막으로는 사회를 이러한 방향으로 이끄는 공공 정책과 민간 이니셔티브의 영향을 들여다볼 것이다.

# 성별 불평등을
# 다르게 설명하기

2부

지난 20세기 동안 여성의 노동 시장 참여, 여성 노동의 본성, 여성-남성 임금 격차는 크게 변화했다. 이에 따라 이러한 격차에 대한 설명 또한 큰 변화를 맞이했다.

　　20세기 초 여성은 교육을 거의 받지 못했고 결혼과 동시에 일을 그만두었다. 따라서 교육과 직업적 경험이라는 두 요소가 성별 임금 격차의 거의 전부를 설명했다.

　　그 후 여성은 교육에 대한 접근권을 얻었다. 1980년대부터는 남성을 추월하기까지 했다. 또 결혼한 후에도 계속 일했다. 최소한 첫 번째 자녀가 태어날 때까지 혹은 아이를 낳은 후로도 쭉. 그렇게 여성은 교육적 측면뿐 아니라 일 경험 측면에서도 성별 격차를 메웠고 남성을 추월하기 시작했다. 여전히 일부 여성이 출산 후 일을 그만둔다는 점을 고려하면 남성만큼의 직업적 경험이 없다고도 할 수 있겠지만 이런 부족분은 이제 남성 평균보다 더 높은 여성의 교육 수준으로 상쇄된다. 그렇다면 오늘날 여성-남성 불평등 설명에서 '전통적인' 요인이 차지하는 몫은 매우 적다고 볼 수 있다. 이 두 요인은 1980년대에 여남 평균 소득 격차의 20%를 설명했지만 더는 특별한 역할을 하지 않는다.[1]

여성과 남성은 서로 다른 영역에 고용되었고 지금도 변함없이 그렇다. 경제 영역의 상당수는 초등 교육처럼 여성화되었다. 여성은 법관, 의사, 고등 교육자, 연구자가 되었고 정치인이 되기도 했다. 그러나 다음 두 요인이 여남 소득 평등화에 제동을 걸었다. 첫째, 여성은 특정 영역에서 다수 혹은 무시할 수 없을 정도의 비중을 차지하지만 여전히 위계질서상 유리 천장 아래 직급을 차지하고 있다. 의회에는 입성했지만 대통령 집무실까지 진입하지는 못한 것이다. 정치적 사례는 여성이 어떻게 때때로 유리 천장 아래에 난폭하게 갇힐 수밖에 없었는지를 알려 준다. 유리 천장은 거의 완전히 여성화된 직업군에조차 존재한다. 학교 교사의 82%가 여성임에도 교육 감독관에서 그 비율은 20.5%에 불과하다.

둘째, 여남 소득 격차는 여성화된 직능이 종종 본래 갖고 있던 명예와 보상을 상실하면서 유지되었다. 지난 몇십 년간 언론인 직군에서 일어난 변화가 대표적이다. 마지막으로 여성-남성 경제 불평등에 관한 설명에서 산업과 직능이라는 두 관점이 차지하는 비중이 더 커졌다. 여기서 산업은 근로자가 활동하는 영역을, 직능은 전체 직업에서의 위계 수준을 말한다. 1980년대에 이 두 요소에 따른 차이는 여남 평균 소득 격차의 20%를 설명했지만 오늘날에는 51%를 설명한다.[2]

교육 수준과 직업 경험이 같은 여성과 남성이 있다 하더라도 동일 산업, 동일 직능 내에서 성별 소득 격차는 여전히 존재한다. 관찰 가능한 모든 차이를 고려하다 보면 관찰되지 않는 요소가 여성-남성 소득 격차를 이해하는 데 여전히 중요하다는 것을 알 수 있다. 이 설명되지 않은 요인은 2010년 여남 소득 격차의 거의 40%를 말해 준다.[3] 게다가 이 평균값은 임금 수준에 따른 중요한 차이들을 가려 버린다. 소득이 낮은 구간은 최저 임금이 있기 때문에 '설명되지 않은 요인'이 아무 역할을 하지 않는다. 일이 같다면 임금 사다리 위보다 맨 아래에서 여성에게 남성보다 적은 임금을 주기가 더 어렵다. 사다리 위에 있는 고소득자의 경우 설명되지 않는 요인의 역할이 훨씬 중요하며 1980년대 이후 그 영향은 더 **증가**했다. 다만 이러한 현상은 임금 사다리 위쪽 여성이 최저 임금을 받는 동료 여성보다 더 차별받음을 의미하지 않는다. 최저 임금을 받는 여성에게 이러한 노동은 대부분 선택이라기보다 역사와 젠더 불평등 등의 무게에 의한 결과이며, 이는 관찰 가능한 요인에 속한다.

사회 과학 분야에서 평균값의 문제는 여성이 항상 남성과 다른 영역과 직급을 차지한 이유, 남성과 같은 직능에서는 더 낮은 임금을 받은 이유를 연구하게끔 했다. 일부 연구자는 여성과 남성 사이의 심리적, 행동적 차이에서 답을 찾으려 했다. 2013년 출간된 페이스북 최고운영책임자 셰릴 샌드버그의 저서 『린 인』에서 그는 여성이 책임을 지는 직책을 맡고자 하는 의지가 부족하며 성공과 야망을 여성적 자질로 간주하지 않는다고 지적했다.[4] 내가 보기에 그 추론은 심각하게 제한적이고 근본적인 오류가 있다. 특히 『99%를 위한 페미니즘』[5]의 저자들은 이 같은 주장이 여성이 가장 큰 책임을 지는 직책을 맡으면 여성-남성 불평등 문제가 해결될 것이라는 믿음을 생산한다는 점에서 한계가 있다고 말한다. 이러한 주장은 경제 체제에서 낮은 임금을 받을 수밖에 없는 99%의 다른 여성의 존재를 무시할 뿐더러 데이터에 의해 완전히 반박된다. 일반적으로 직업 세계에서 가장 높은 곳까지 올라서는 여성은 임금 사다리의 아래에 있는 여성에게 별다른 영향을 주지 않거나 그들을 위한 행동을 전혀 하지 않는다.

더욱이 셰릴 샌드버그의 논증은 평등의 책임을 경제 구조에 묻는 것이 아니라 여성에게 전가하기 때문에 근본적으로 덜 그럭거린다. 그의 생각은 부당하거니와 순진할 따름인데, 여성적 또는 남성적이라 간주되는 특성은 부분적으로 사회적 구성물로부터 만들어지기 때문이다. 즉 우리는 항상 결정된 방식으로 여성으로 태어나지 않는다. 그런데 이 사회적 구성물은 굳어진 것이 아니다. 부분적으로 이러한 사회적 구성물을 활용해 불평등을 재생산하는 경제 시스템의 결과일 수 있다. 진정한 문제는 여성과 남성이 같지 않다는 것이 아니라 가부장 자본주의 체제에서 여성적인 것이 체계적으로 자격을 박탈당하고 가치가 깎여 나간다는 점이다. 오해하지 말길 바란다. 남성과 정확히 똑같이 행동하고 남성만큼 두각을 보이더라도 여성은 제대로 인정받지 못할 것이다. 오히려 그 반대임을 5장에서 확인할 수 있다.

일반적으로 어떤 자질은 여성에게서, 다른 자질은 남성에게서 더 발달했다는 점을 받아들인다 해도 노동 세계는 부드러움이나 공감 능력 같은 여성적 자질보다 힘이나 경쟁심 같은 남성적 자질을 더 긍정적으로 보며 더 많은 보상을 부여한다. 이런 평가는 체계적이고 진화적인 방식으로 이루어진다. 이전에 사람들은 물리적인 힘이 요구되는 노동을 더 중요하다 보고, 더 많은 보상을 받는 것이 '정상'이라고 생각했다. 오늘날에는 CEO처럼 높은 경쟁심을 요구하는 일자리가 그런 평가를 받는다. 왜 사람들은 야망과 경쟁심에 이토록 높은 가치를 부여할까? 더 나아가 왜 여성이 아닌 남성이 이런 자질을 지닐 때 높은 가치가 부여되는 것일까? 남성적, 여성적 자질에 대한 평가에서 드러나는 체계적인 차이는 여남 불평등을 재생산하는 젠더와 경제 시스템을 둘러싼 사회적 규범의 결과 아닐까?

2부에서는 여성과 남성 간 임금 격차의 변화를 살피고, 경제학에서 이 격차를 분해하는 다양한 요인을 분석한다. 이를 통해 여남 차별이 임금 격차를 어느 정도나 설명해 줄 수 있을지 검토할 것이다. 이러한 논의는 전공 선택, 직능 선택, 노동 시간,

경력 단절, 특정한 심리적 자질에 대한 표현과 가치 부여 등 서로 다른 설명 요인 전부가 상당 부분 문화적 규범에 영향받는다는 결론으로 나아간다. 가장 확고 불변한 여성적 특질, 곧 '아이를 낳는 것은 여성'이라는 사실이 근로소득에 불이익을 미치는 방식조차 각 나라의 문화적 규범에 따라 달리 나타난다.

문화의 중요성을 고려할 때 가장 어두운 소식은 여성-남성 불평등을 제거하기가 무척 어렵다는 것이다. 반면 이 불평등이 절대 바뀔 수 없는 근본적인 요인에서 비롯되지 않으므로 변할 수 있다는 점은 희망적이다. 이 책의 3부는 역사적 사례에서 출발해 어떻게 문화적 규범이 두 성별의 경제적 불평등을 만들었는지를 확인한다. 문화가 경제적 불평등에 영향을 주는 방식을 먼저 이해한다면 문화를 변화시킬 열쇠를 찾을 수 있을 것이다.

# 5 차별 측정하기

이번 장은 사회 과학 분야의 차별 연구에서 주요하게 사용되는 세 가지 측정 방법을 검토한다. 임금 격차의 요인 분해, 허위 이력서 보내기, 자연 실험을 차례로 살펴보자.

## 임금 격차 요인 분해

경제학자는 옥사카 분해(Oaxaca-Blinder)라는 방법으로 서로 다른 요인들 사이에서 여성과 남성 간 평균 임금 차이를 분해한다. 이 방법을 적용하려면 우선 임금에 영향 미치는 요인을 특정해야 한다. 이를테면 교육 수준, 직업적 경험, 어떤 사람이 한 직장에서 비슷한 유형의 업무를 맡는 기간, 경제 활동 영역, 일자리 등이 모두 임금에 영향을 준다. 그렇다면 이렇게 분해해 볼 수 있다. 더 혹은 덜 교육받은, 더 많은 혹은 더 적은 경험을 가진 이러저러한 일자리 또는 업종에 종사하는 사람들의 임금을 비교해 임금 측면에서 요인들 각각의 평균 '산출량'을 측정하는 것이다. 여성 임금과 남성 임금 각각에서 평균 산출량을 측정하는 방정식을 얻을 수 있다.

다음으로 여성과 남성 사이의 평균 임금 격차를 다음 두 구성 요소로 분해한다. 첫 번째 구성 요소는 임금에 영향을 미칠 것으로 예상되는 각 특징에서 발견되는 여성과 남성의 객관적 차이다. 남성이 직업적 경험을 더 많이 쌓았다는 사실이 이에 해당한다. 두 번째 구성 요소는 여성과 남성에게 유사하게 나타나면서 둘의 산출량 차이를 발견할 수 있는 특징이다. 바칼로레아를 통과해 대학 입학 자격을 얻었거나 대학 교육을 1년 더 받았을 때 여성보다 남성에게서 산출량이 더 많다는 사실이 그 사례다.

첫 번째 구성 요소는 여성과 남성 사이의 관찰 가능하고 객관적인 차이에 의한 평균 격차가 차지하는 비중을 나타낸다. 달리 말해 이 요소는 어떤 여성이 남성과 같았다면, 즉 첫 번째 단계에서 정의된 각각의 특징에 비추어 남성과 같은 조건이라면 얼마를 벌었을지를 측정하도록 한다. 가령 여성이 남성보다 평균적으로 교육을 1년 덜 받고, 남성이 더 받는 1년 치 교육이 남성의 10% 더 높은 임금과 관련된다면 여성과 남성의 교육 차이는 성별 임금 격차의 10%를 설명한다.

두 번째 구성 요소는 첫 번째 단계에서 고려한 객관적 특징이 설명하지 않는 불평등의 비중을 나타낸다. 이는 여성이 실제로 벌어들이는 임금과 만약 그 여성이 같은 특징을 가진 남성이었다면 벌어들였을 임금, 즉 '노동과 숙련도가 유사한 조건에서 성별에 따라 다르게 나타나는 임금' 간 차이를 측정한다. 그러나 이런 분석에서는 단지 실제로 측정한 노동과 숙련도만을 알 수 있기 때문에 불평등이 전부 차별에서 기인했다고 간주하는 것은 너무 손쉬운 결론이다. 이 둘을 주의해 구별하자.

차별은 전적으로 두 번째 구성 요소에 속하며 이 요소를 파악하는 데 아주 중요하다. 하지만 모든 것을 정확히 관찰하기란 쉽지 않으므로 첫 번째 단계에 포함된 특징은 종종 조악하게 측정된다. 예를 들어 교육을 평가할 때 보통 수학 연수(年數)를 활용하는데, 앞으로 3부에서 확인하듯이 여성과 남성이 서로 다른 계열을 체계적으로 선택하고 있다면 과연 연수가 같다는 사실만으로 이 두 교육을 같다고 할 수 있을까? 또 이런 임금 분해 연구가 전제하는 설문은 일반적으로 직능에 관한 질문을 포함하지만 위계질서 수준에 관해서는 묻지 않는다. 노동 시간에 관한 문항이 이 노동이 9시에서 17시 사이에 이루어지는지 한밤중에 이루어지는지를 묻지 않고, 산업에 관한 문항이 특정 기업에 관해 묻지 않는 것처럼 말이다. 간단히 말해 이런 조사는 여성과 남성의 모든 객관적 차이를 충분히 해명할 만큼 정확하다고 할 수 없다.

한편 교육 수준이 같다면 일반적으로 남성은 보상이 더 큰 과학 계열을 여성보다 더 많이 선택하고 졸업한다. 또 같은 직능에서 남성은 더 높은 직급을 차지하며 연차가 쌓임에 따라 더 상승 가능한 시간당 임금을 받는다. 심지어 같은 업종에서도 여성은 남성보다 규모가 작고 평균적으로 임금을 더 적게 주는 기업에서 일하는 경향이 있다. 예시는 훨씬 더 많다.

　　모든 특징을 정확히 측정할 수 없는 데다 이 중 몇몇은 아예 관찰을 못 하므로 모든 조건이 완벽히 같은 여성과 남성을 설정하기란 불가능하다. 차별을 측정한다는 임금 요인 분해 방법의 한계가 드러나는 지점이다. 앞서 3장에서 고용주가 창의성을 발휘해 서로 다른 노동 범주를 만들어 낸 것을 보면 '노동과 숙련도가 같은 조건에서 서로 다른 임금을 받는' 경우를 진정으로 증명하기란 불가능하다.

　　사회 과학 연구자들은 이런 한계를 넘어서기 위해 창의적인 실험 방법을 고안했다. 그중 한 가지는 이력서를 조작해 조건이 같은 여성과 남성을 창조하는 것이다. 명백히 남성적인 이름과 명백히 여성적인 이름을 쓴 동일 이력서 두 장을 만들어 어떤 이력서가 면접을 통과하는지, 누가 더 초봉을 많이 받는지를 비교하는 방법이다.


**허위 이력서 연구**

　　2004년 마리안 베르트랑과 센딜 물레나탄이 수행한 연구는 이런 유형의 경제학 연구로 가장 잘 알려져 있다.[6] 이들은 인종 차별의 효과를 보기 위해 '에밀리'나 '그렉'같이 백인처럼 보이는 성과 '라키샤'나 '자말'처럼 아프리카계 미국인으로 보이는 성을 사용할 때의 차이를 연구했다. 많은 이력서를 보낸 후 이들은 고용주들이 '아프리카계 미국인' 이력서보다 '백인' 이력서에 연락할 가능성이 두 배 더 높았다고 결론 내렸다. 심지어 이력서의 주소가 같아 고용주가 지원자의 사회적 배경을 똑같이 추측할 수 있을 때도 결과는 마찬가지였다. 불행하게도 이러한 상황은 미국에 국한되지 않는다.[7]

여남 차별에 관한 메시지는 이보다 더 미묘하다. 1975년 레빈슨의 연구와 1987년, 2006년 라이아치와 리치의 연구, 2010년 부스와 라이의 연구[8]는 출판 시기는 다르지만 모두 성별에 따른 고용 차별이 분명하게 존재한다는 점을 보여 준다. 하지만 이때의 차별은 영역에 따라 다르게 나타나고 여성뿐 아니라 남성에게서도 발견되는데 본래 차별이란 각 직업군에서 과소 대표되는 성별을 대상으로 하기 때문이다. 보통 여성이 과잉 대표되는 직능은 고용 시 남성을 차별하고 여성이 과소 대표되는 직능은 여성을 차별한다. IT나 녹지 공간을 관리하는 일자리는 여성을 차별하는 반면 남성은 종업원처럼 80% 이상이 여성인 일자리에서 차별받는다.[9]

다시 말해 이 연구들은 여성에 대한 특수한 차별이 아니라 성별이 다른 개인에 대한 차별이 존재함을 보인다. 그러나 남성이 가장 보수가 높은 직종을 지배한 기간이 긴 만큼 이런 형태의 차별은 여성-남성 소득 불평등에 계속 기여하게 될 것이다.

또 허위 이력서에 기반한 연구는 여성에 대한 체계적 차별을 보이지 않지만 엄마에 대한 차별이 있다는 점은 분명히 드러낸다. 다른 어떤 실험은 고용주들에게 모든 점에서 비교 가능하며 부모인지 아닌지 여부가 포함된 여남 지원자의 허위 이력서를 보냈다. 그 결과 여성이 엄마인 것은 고용 전망뿐 아니라 임금 측면에서도 상당한 불이익을 주었고, 그와 달리 남성이 아빠인 것은 이득이었다![10] 엄마들은 **이력이 같음에도** 덜 유능하고 업무에 덜 헌신적이라 인식되었으며 더 낮은 임금을 제안받았다.[11] 반면 업무에 더 헌신적이라 판단된 아빠들은 더 높은 임금을 제안받았다. 아빠는 영웅으로 인식된 것이다.

나 또한 임신했을 때 학생들로부터 완전히 바닥인 강의 평가를 받은 적이 있다. 나 자신은 처음이 아닌 그 강의의 질이 특별히 나빴다고 인지하지 못했는데도 말이다. 반면 육아 휴직을 마치고 복귀했을 때는 밤에 잘 잠들지 못하는 딸을 돌보느라 완전히 녹초가 된 상태로 저녁 수업을 해야 했지만 평가는 평소과 거의 다름없이 좋았다. 이러한 차이는 임신해 불룩해진 배가 생산한 효과다.

나는 우리끼리 한번 재밌게 놀자는 차원에서 친구이자 옛 동료인 앨러산드라 카사르와 소규모 실험을 진행했다. 우리는 미시경제학 수업 학생들에게 보충 해설 영상을 틀어 주었다. 실험은 짧은 시간 단 한 번 진행했고 영상에는 여성 교수가 아닌 여배우가 출연했다. 두 버전 중 한 영상은 여배우가 임신한 것처럼 보이도록 가짜로 불룩한 배를 만들었다. 강의 내용은 완벽하게 같았다.

허위 이력서를 활용한 연구 결과와 내 개인적인 경험에 부합하게도 '임신' 버전 강의에 대한 학생들의 평가는 최악이었다. 학생이 이쪽에 매긴 점수는 평균적으로 20% 더 낮았다. 평가 기준을 더욱 자세히 보면 이 최악의 점수가 영상의 객관적인 내용 대신 여성 교수자의 개인적 자질을 고려했다는 점을 알 수 있다. 예를 들어 '해설 내용은 미시경제학 수업에 적합했는가?'라는 질문에 대한 답변은 비슷했지만 '여성 교수자는 유능한가?' 혹은 '잘 준비되어 있는가?'라는 질문에는 가짜로 불룩한 배가 강력한 불이익을 초래했다. 이는 학생들이 남성 교수자보다 여성에게 체계적으로 더 좋지 않은 평가를 부여하는 방식으로 여성 교수자를 차별할 뿐 아니라[12] 임신한 여성 또한 차별하고 있음을 알려 준다. 그리고 최고로 멋진 점은? 대학이 승진과 보상을 결정하는 데 학부생의 평가를 활용하므로 성차별적이고 차별적인 시각에 직접적으로 고정되며 심지어 이 관점을 통해서만 정당화되는 임금 격차가 형성된다는 것이다.

물론 실험과 허위 이력서에 기반한 연구는 한계가 있다. 특히 경험 연구는 항상 제한적일 수밖에 없으며 그 결과를 경제 일반에 적용하지 못한다. 아마 누군가는 훨씬 더 불안전한 다수의 직능에서 여성이 더욱 차별받고 있음에도 학술적인 직업군에 너무 큰 비중을 둔다고 지적할 것이다. 허위 이력서 연구 결과는 훨씬 쉽게 일반화될 수 있지만 오직 **채용에서의** 불평등만을 측정하므로 유리 천장 문제를 간과하고 만다. 더욱이 이러한 연구는 채용 면접을 목적으로 접촉하는 순간에 발생하는 차별만 보기에 결정권자의 행동을 측정하지 못한다. 마지막으로 익히 강조했듯 고용주 혹은 최소한 인사 담당자의 시간을 뺏는다는 비판이 있다. 대학연구윤리위원회는 이런 이유로 허위 이력서 연구를 점점 더 허가하지 않고 있다.


## 우연 활용하기

그러나 연구자들이 이런 한계를 넘어서려면 창의성을 발휘하는 것 외에 다른 선택지가 없다. 거의 대부분 우연적으로 통제된 조건을 실제 조건으로 활용하는 '자연 실험'은 창의적인 연구의 좋은 사례다.

1970~1980년대에 미국의 관현악단들은 블라인드 채용 시스템을 채택하기로 했다. 지원자들이 심사 위원을 직접 대면하는 오디션 방식에서 여성 혹은 남성 지원자가 가림막 뒤에 있어 심사 위원이 그의 정체성, 젠더, 신체적 특징을 알 수 없는 방식으로 변경한 것이다. 오랫동안 관현악단은 남성 지배적이었으며 오늘날에도 그러하다. 1980년에는 보스턴, 시카고, 클리블랜드, 뉴욕, 필라델피아 등 미국 5대 관현악단 구성원 중 12%가 여

성이었고 20년 뒤에는 보스턴 필하모닉 연주자의 35%가 여성이었다. 클로디아 골딘과 서실리아 라우스[13]는 심사 위원과 대면 면접하는 방식과 가림막 뒤에서 면접을 보는 방식에서 여성의 상대적 성공을 확인하고, 더 나아가 한 여성 연주자가 채용 방식이 다른 오케스트라들에서 여러 번 면접 본 결과를 비교해 젠더를 비롯한 지원자의 특성이 결과에 어떤 영향도 미칠 수 없음을 보이며 채용 차별을 입증했다. 연주자의 성별을 알 수 있던 시스템에서 알지 못하는 쪽으로 변화한 것은 여성이 채용될 가능성을 10% 증가시켰고, 1970년부터 1990년대 말 사이 관현악단 내 여성 진보의 절반을 설명해 준다.

다른 최신 연구들은 학계 내 차별을 평가한다. 여기에서도 한 번 더 학계에서는 생산성 측정이 쉽다는 것이 학계 내 차별 연구의 이점이다. 연구자가 하는 노동의 핵심은 논문 쓰기, 종종 저서 집필이다. 논문 수는 셀 수 있고, 논문의 질은 해당 논문의 피인용 횟수와 논문이 실린 학술지의 명성으로 평가할 수 있다. 한 사람이 쓴 논문의 수와 질에 따라 그가 승진할 가능성을 보면 차별 측정 기준을 충분히 마련할 수 있다.

지난 몇십 년간 여성이 학술 장에 진입해 왔음에도 학계 내 유리 천장이 여전하기에 이런 연구는 특히 중요하다. 미국에서 경제학 박사 학위의 3분의 1을 여성이 받지만 이들은 종신 교수직의 14%만을 차지한다. 이전의 공산주의 국가, 그다음으로 프랑스 덕분에 유럽 상황은 조금 더 낫다.[14] 유럽에서 여성은 교수자이자 연구직 커리어의 첫 단계인 전임 강사의 40%를 차지하나 교수 집단에서는 그 비율이 20%에 불과하다. 여성은 대서양 양쪽에서 거의 비슷하게 위계질서 사다리 밑으로 떨어지고 있는 셈이다.[15]

여성 경제학자는 경제학자에게 가장 명예로운 협회인 세계 계량경제학회 내에서 오랜 기간 차별받아 왔지만 오늘날에는 그렇지 않다.[16] 2010년 이후 최신 자료는 이력서가 같을 때 여성 경제학자가 오히려 더 유리하다고 말한다. 이는 지금도 여성이 겨우 15%뿐인 매우 남성적인 제도 내에서 다양성을 증진하려는 의지의 결과이거나 아니면 같은 이력서가 꼭 같은 자질을 의미하지 않는다는 사실로 설명될 것이다. 또 다른 최신 연구는 같은 방법으로 물리학계와 명예로운 프랑스 국립과학연구원(CNRS)에서 여성이 더 이상 차별받지 않는다고 설명한다. 논문 성과의 양과 질이 같다면 여성의 채용 가능성은 남성과 동일하다는 것이다.[17] 이 연구가 분명히 보여 주듯 여성이 남성보다 평균적으로 논문을 훨씬 더 적게 쓴다는 점만 제외한다면 말이다. 이는 의심의 여지 없이 여성에게 주어진 또 다른 책임과 연관되며 특정 학술지에 논문을 싣는 데 요구되는 논문의 수준이 남성이 쓴 것보다 여성의 것에서 평균적으로 더 높다는 사실과도 관련이 있다.[18] 이처럼 겉보기에 같은 이력서는 여성이 더 열심히 전투를 치러야 했다는 점과 이들이 남성이었다면 훨씬 풍부한 이력서를 제출했으리라는 점을 은폐한다. 따라서 동등한 이력서로 동일한 승진 가능성을 보았다고 해서 차별이 존재하지 않는 것은 아니다. 같은 학술지에 실린 논문의 수준이 모두 같으리라고 암묵적으로 가정하는 비교 방식이 설득력을 얻기 어려운 이유이기도 하다.

협업 과정에서 여성이 나눠 받는 크레딧은 또 다른 차별의 원천이다. 히서 사스스와 다른 학자가 함께한 연구는[19] 1985년에서 2014년 사이 미국 상위 35개 대학에서 경제학자의 **종신직** 결정을 분석한다. 이 연구는 최소한 경제학 내에서 여성이 단독 논문을 쓸 때는 차별받지 않음을 보여 준다.[20] 단독 논문은 남성의 승진에서나 여성의 승진에서나 값이 똑같이 매겨진다. 오늘날 학계는 연구 방법론의 전문화와 복잡성 때문에 공동 연구가 더 보편화되었다. 그러나 두 사람이 함께 쓴 논문에서 남성 연구자와 공저한 여성 연구자는 여성 연구자와 공저한 남성 연구자보다 더 적게 인정받았다. 이는 여성이 남성과 공저하는 순간부터 사람들이 암묵적으로 남성이 더 많이 기여하므로 공을 더 가져가도 된다고 가정한다는 점을 드러낸다. 각별히 흥미로운 점은 여성이 받는 불이익이 단순히 공동 작업을 했다는 사실에서 비롯하지 않는다는 것이다. 다른 여성과 논문을 쓸 때 여성은 불이익을 받지 않는다. 이 연구는 사람들이 같은 노동을 할 때 여성보다 남성에게 더 많은 공로를 인정하는 경향을 보여 주는 아주 명백한 차별의 사례다.

여기서 내 논문 「협업에서 크레딧 배분에 관한 성별 차이」

의[21] 후일담을 전해야겠다. 이 논문은 경제학 분야에서 가장 저명한 학술지 중 하나인《정치경제학 저널》에 최근 게재되었다. 논문의 핵심은 앞서 언급한 히서 사슨스의 박사 논문에서 가져왔는데 여러 차례 발표된 그의 논문은 일각의 경제학자 사이에서 큰 반향을 일으킨 바 있다. 거의 3년에 걸쳐 진행되는 길고 고통스러운 출판 과정 중에 저자는 학술지 편집 위원장으로부터 연구 결과 확인을 위해 실험실 연구를 하고 메커니즘 일부를 밝혀 보라고 요구받았다. 그는 요청대로 했다. 이 논문은 히서가 편집 위원장의 요구대로 실행한 실험에 대해 남자 경제학자 두 명과 여자 경제학자 한 명이 컨퍼런스에서 함께 토의한 사실이 확인된 후에야 출간되었다. 나는 상황이 어떻게 흘러갔는지 정확히 알지 못한다. 하지만 공동 연구에서 여성이 남성보다 불이익을 받는다는 박사 논문을 혼자 써내어 유명해진 이 젊은 여성은 우스꽝스럽게도 자기 논문에 셋 중 둘이 남성인 공저자들을 추가해야만 했다. 정말 누구를 탓해야 할지 모르겠다.

# 6 교육과 일 경험의 함정

노동 경제학 연구 대부분은 임금 결정 요인, 더 좁혀 말해 잠재적인 성별 임금 격차의 결정 요인을 분석할 때 다음 두 전통적 요인을 논의의 중심에 둔다. 첫 번째는 교육, 두 번째는 노동을 통해 획득한 경험. 이 두 요인은 우리가 인적 자본이라 부르는 바를 구성한다.

최소한 가장 부유한 국가의 여성은 교육 측면에서 남성을 이미 추월했고, 결혼과 출산 뒤 일터로 되돌아가며 경험 측면에서도 남성 뒤를 바짝 쫓아가고 있기에 두 전통적 요인은 성별 임금 격차를 설명하는 데 극히 작은 역할을 한다. 이 요인들은 평균적으로 1980년에 약 10%p의 차이를 설명하지만 2010년에는 3%p보다 더 적게 설명했다.[22] 그러나 이어질 논의에서 교육 유형이나 경험 유형에 따른 미묘한 차이가 여남 격차의 상당 부분을 설명한다는 것을, 또 이 현상이 평균 임금 수준에 따라 불균등하게 나타난다는 점을 확인하게 될 것이다.


## 불평등을 재생산하는 교육

오늘날 여성은 남성보다 평균적으로 교육 연한이 길고 학위가 더 많음에도 여전히 이공계에서는 과소 대표되고 어문학 또는 인문학 계열에서는 과대 대표된다. 그런데 이공계 학위는 어문학이나 인문학 학위보다 보상이 크다. 예를 들어 수학과 정보공학 석사 학위자는 어문학이나 사회 과학 석사 학위자보다 초봉이 50% 더 높고, 경제학과 경영학 석사 학위자는 33% 더 높다.[23]

심지어 자연 과학 내에서도 여학생들이 가장 높이 평가하는 생물학 같은 학과는 보상이 가장 적다. 생물학 석사 학위는 어문학 석사 학위보다 약 5% 높은 초봉을 가져다줄 뿐이다. 인문학 내에서 남학생이 가장 높이 평가하는 경제학, 회계학 등은 보상이 가장 크며 대다수 이공계 학과보다도 보상이 좋다.

따라서 여성-남성 불평등을 줄이고자 한다면 왜 여성이 이공계에서 과소 대표되는지를 물어야 한다. 여성은 특히 이공계 중 가장 보상이 큰 분과나 경제학, 재정학 계열 학과에서 과소 대표된다.

이 질문에 대한 가장 단순한 답변은 수학에서 성취도 차이로 여자아이와 남자아이의 차이를 보는 것이다. 학업과 관련한 거의 모든 영역에서 여아는 남아보다 뛰어나지만[24] 수학은 그렇지 않다. SAT, GRE나 PISA의 조사에 따르면[25] 남아는 여아보다 수학에서 더 강한 경향을 보이고, 가장 능력이 뛰어난 학생에 주목하면 더욱 그렇다.[26] 2018년 통계에서 프랑스는 이런 식으로 OECD 평균에 근접했다. 읽기에서는 여아가 남아보다 25%p 앞섰지만 수학에서는 여아가 남아보다 7%p 뒤처졌다. OECD 평균에서는 읽기의 경우 30%p, 수학의 경우 5%p 차이가 났다.[27] 이공계는 물론 경제학과 회계학도 수학에 기대는 학문이기에 이런 경향으로 앞선 질문에 답할 수 있을 것이다.

하지만 도대체 왜 여자아이는 남자아이보다 수학에 약할까? 여아가 모든 다른 학업 분과에서 남아를 넘어서는데 말이다.

이에 관한 답은 풍부하고 강력하다. 어떤 이들은 남자아이들이 어렸을 때 공놀이를 더 많이 하므로 공간 지각 능력이 뛰어나고, 이에 따라 타고난 기하학 재능이 나타나 수학적 능력이 더 좋을 것이라는 가설을 낸다.[28] 또 다른 이들은 남아가 단지 공놀이 때문만 아니라 수렵자이자 채집자인 남성 선조들이 사냥을 했다는 이유로 공간 지각력이 더 좋으리라 생각한다. 우리 선조가 기하학에 대한 재능을 Y 염색체를 매개로 남성 후손에게만 전달하기로 했다고 가정하면서 말이다.[29] 이 이론 자체나 이론에 반영된 명백한 어리석음을 경험적으로 검증할 수 없으므로 나는 이에 대해 더 논하지 않으려 한다. 다만 남성을 따라 사냥에 나선 여성이 길을 잃을 수밖에 없다고 생각하니 슬픔이 눈앞을 가릴 뿐이다. 이 이야기는 3부 10장에서 다시 다룰 것이다.

진지하게 접근하자면 매우 단순한 사실이 수학적 성취 차이가 어떤 생물학적 결정 요인에 의한 것이길 바라는 이런 이론들을 반박한다. 미국이나 영국, 프랑스 등에서는 남아가 여아보다 수학에서 더 강하지만 그리스 같은 국가에서는 차이가 없고, 스웨덴이나 아이슬란드 같은 국가에서는 차이가 정반대로 나타나기도 한다.[30] 여아의 수학 성취도는 젠더 스테레오 타입, 곧 젠더 규범에 따라 정형화된 유형에 영향받는다. 교사와 부모가 품은 스테레오 타입의 영향은 특히 강하다.

교사의 스테레오 타입을 측정하는 한 가지 객관적인 방법은 분석 대상인 여학생 또는 남학생의 기말시험 성적과 바칼로레아의 성적을 비교하는 것이다. 바칼로레아 역시 교사가 점수를 매기지만 익명 시험이므로 응시자의 성별을 알지 못한다. 이런 방식으로 각 교사의 성차별 정도와 각 학생의 성차별 노출 정도를 측정할 수 있다. 빅토르 라비와 리지사 메갈로코노무는 그리스의 사례로 이를 밝혔다.[31] 그리스에서는 학생들이 의학과나 법학과에 가려면 최소 몇 점 이상을 받아야 하는 식으로 바칼로레아 성적에 따라 고등 교육 과정이 결정된다. 빅토르 라비와 리지사 메갈로코노무의 연구 결과는 여남 교사들이 성차별적인 스테레오 타입을 가지고 있음을 분명히 보여 준다. 가령 수학, 물리학, 정보공학에서 여학생과 남학생이 획득한 점수 차이는 기명인 기말시험 성적보다 익명인 바칼로레아 성적에서 훨씬 더 적었다. 수학에서는 절반이나 차이 났다! 그리고 어문학에서는 반대 결과가 나타났다. 교사의 성별과 관계없이 이들은 여학생이 남학생보다 어문학에 더 강하고 과학에 약하다는 스테레오 타입을 내면화했고 학생에게 성적을 줄 때 이런 상식을 따랐다. 이 같은 상식은 교사가 학생에게 동기 부여할 때나 학생의 진로를 상담할 때도 통하리라 짐작할 수 있다. 또한 각 교사의 학생들이 바칼로레아에서 보여 주는 체계적으로 낮은 성취도를 가지고 교사를 평가한 결과 덜 '훌륭한' 교사일수록 더 차별적인 규범적 유형을 가지고 있었다. 교사 채용 시스템에 관해 한 번 더 생각하게 하는 결과다.

　이러한 교사들의 성차별적 스테레오 타입은 대입 시험에서 학생의 성취도뿐 아니라 학과 선택에도 분명 영향을 주며, 장기적으로 여성과 남성의 소득 불평등을 결정짓는 요인이 된다.

　교육자의 편견 외에 가정 환경과 사회적 규범도 여아의 수학 성취도에 영향을 미친다. 미국은 여아와 남아의 수학 성취도 차이가 가장 큰 국가 중 하나인데, 그 차이는 여성이 가정주부일 가능성이 더 큰 부유한 백인 가정에서만 발견된다. 전통적으로 여성이 항상 노동해 왔던 가난한 흑인 가정에서는 차이를 관찰할 수 없다.[32] 또 수학에서의 여아-남아 격차는 아빠만 일하고 엄마는 가정주부인 가정에서 더욱 크다.[33] 에스파냐에서 이 격차는 일하지 않는 여성이 더 많은 지역에서, 여성이 남성보다 집안일을 훨씬 더 많이 하는 지역에서, "실업 상황에서 남성이 여성보다 일자리에 대한 권리를 더 많이 가져야 한다."[34]와 같은 질문에 대한 응답으로 측정되는 가장 성차별주의적인 지역에서 더 크게 나타난다.[35] 이렇듯 모부와 사회가 가진 성차별적 스테레오타입이 미치는 영향은 무척 중요하다.

남학생이 여학생보다 수학을 더 잘한다는 결론에 이르는 데 사용되는 평가와 시험의 특성을 원인으로 지목할 수도 있다. 남학생과 비교되는 여학생의 재능과 기교의 진정한 본성을 평가할 수 있다는 이러한 시험의 능력에 의문을 제기하는 것이다. 여학생은 압박 상황에 있을 때 과업에 덜 성공한다는 다수의 연구를 보면, 일부 시험은 경쟁이 치열하고 스트레스가 크기 때문에 학생의 실제 능력만큼이나 이들의 스트레스 대처 능력을 측정한다고 볼 수 있다.[36] 특히 이 스트레스가 규범적 유형과 충돌한다면 더욱 그럴 것이다.

그랑제콜 입학시험은 프랑스 학생이 치르는 가장 경쟁적이고 스트레스가 큰 시험이다. 그랑제콜 학위는 일반대와 비교해 일자리를 얻을 수 있는 중요한 열쇠이며[37] 납세자 관점에서 드는 비용도 훨씬 크다. 그랑제콜에는 학생당 2만 1000유로가 들지만 일반대 문과는 학생당 4000유로가 투입된다.[38] 하지만 시험의 본성상 그랑제콜 시험은 여학생보다 남학생이 더 유리하다.[39]

프랑스의 상경계 명문 그랑제꼴인 HEC(École des hautes études commerciales) 입학 시험을 토대로 한 연구가 이를 뒷받침

한다.[40] 연구자들은 학생들의 바칼로레아 성적과 HEC 입학 후 성적을 비교해 여학생과 남학생의 성취도 차이를 밝힘으로써 여학생이 입시에서 강한 불이익을 받는다는 점을 보여 준다.[41] 경쟁적인 환경에서 여학생의 성취도는 더 낮게 나타난다. 물론 일반 바칼로레아나 HEC 입학 후 첫해의 평가 또한 스트레스가 크겠지만 탈락이 있는 입시보다는 덜할 것이다. 극도로 경쟁적인 시험 특성상 그랑제콜 입시는 여학생에게 강한 불이익을 줄 수 있다. 그랑제콜이 성공적인 커리어를 위한 열쇠이자 납세자 관점에서 비용이 매우 큰 기관임을 고려하면 교육 체계의 구조 자체가 여성-남성 불평등을 재생산하는 것이다. 이러한 사회적 재생산은 능력주의라는 외관에 가려져 촉진된다.[42]

그러한 역사는 다른 나라에서도 똑같이 발견된다. 미국 남학생은 대입 시험인 SAT 수학 시험에서 여학생보다 좋은 성적을 거둔다.[43] 세계에서 가장 경쟁적인 시험 중 하나로 알려진 중국의 가오카오(高考, 보통고등학교 학생모집 전국통일시험)도 상황은 비슷하다.[44] 이 시험의 경우 한 학생이 진짜 시험에서 받은 점수와 그보다 두 달 전에 치르는 모의시험에서 받은 점수로 성취도를 비교할 수 있다. 모의시험과 실전 사이에 여학생이 명문대 중 한 곳에 들어갈 확률은 남학생이 그럴 확률에 비해 15% 하락한다.

이러한 결과는 무척 중요하다. '남학생은 수학에 강하고 여학생은 어문에 강하다'는 유형화가 모부와 교사가 아이들을 보는 방식, 아이들에게 말하는 방식, 아이들을 격려하고 가르치는 방식을 빚어낸다. 따라서 이런 상식은 본질적으로 여학생에게 불이익을 주는 시험 결과에 근거해 나타난다. 해결해야 할 질문은 "경쟁적이고 스트레스를 주는 시험은 왜 여학생에게 불이익을 주는가?"이다. 앞으로 사회적 규범과 그 규범에 따른 유형화, 가정 및 교육 환경이 이 문제에 무시할 수 없는 역할을 한다는 점을 확인하게 될 것이다. 강하고 용감하고 경쟁적인 남자아이, 수줍고 얌전한 여자아이라는 구분은 클리셰에 불과하다. 이는 결국 스테레오 타입을 만드는 유형화이며, 고정관념이 만든 예언이 실현되게끔 한다. 여자아이는 부드럽고 수줍음이 많다. 그래서 사람들은 소녀를 경쟁적인 환경에 밀어 넣지 않는다. 이들은 소녀를 가여워하고 그들의 아픔을 달래 주지만 남자아이에게는 울지 말고 일어나라고 말한다. 그리고 극도로 경쟁적인 시험에 이들이 함께 평가받자 여자아이는 남자아이보다 덜 성공적이었다. 정말이지 놀랄 일도 아니다.

요약하자면 여성이 남성보다 더 많은 시간을 대학에서 보내면서 커진 여성과 남성의 교육 격차는 소득 불평등을 전도시키는 경향이 있지만 불평등은 여전하다. 학력이 같을 때 임금이나 전일제 일자리에 대한 접근권에서 나타나는 불평등 등을 보면 말이다. 우리는 이런 측면을 설명하고자 남학생이 여학생보다 일자리가 더 많고 보상이 더 큰 이공계에 진학하는 경향이 더 짙다는 점을 관찰했다. 남학생들은 프랑스의 HEC나 미국과 중국의 엘리트 대학 입시처럼 빛나는 커리어를 약속하며 최고의 학생을 선발하는 시험에서 더 성공하는 경향이 있다. 이런 시험의 본성은 여학생에게 불이익을 주며 고소득층에서 여남 불평등을 재생산한다.

임금 격차에 대한 가장 전통적인 두 번째 설명인 직업적 경험은 어떨까?

### 1.4년의 경력 단절

그리 오래되지 않은 옛날에 여성은 결혼하면서, 자녀를 가지면서 일을 그만두었다. 한 번 더 강조하자면 물론 산업화된 민주주의 국가에 사는 서구의 부유한 여성의 경우에, 이들의 남편이 살아 있는 경우에 한정된다. 이러한 여성이나 그들이 한때 일한 기업은 여성을 위한 특수한 활동에 맞춰 교육받거나 맞춤 교육을 제공할 필요가 딱히 없었다. 따라서 여성이 직업적 경험과 전문 지식을 거의 축적하지 않은 점은 여성의 소득 및 일자리 유형과 남성의 그것이 심대하게 다른 이유를 설명해 주었다. 설령 여성이 다시 일을 시작하더라도 이는 자녀를 기르기 위한 기나긴 단절 이후에 가능했다. 따라서 고용주뿐 아니라 여성 자신이 경력 단절을 예상하면서 특수한 자질이 필요한 직능을 피하고 비서나 아동 돌봄처럼 시간이 흘러도 가치가 저하되지 않는, 일반적 자질을 요구하는 활동을 선호했다.

하지만 1960~1980년대 이후 상황은 그때와 전혀 다르다. 1980년에 미국 여성은 평생에 걸쳐 남성보다 거의 7년을 덜 일했으나 오늘날 이 격차는 단 1.4년에 불과하다. 그렇다면 직업적 경험과 축적된 지식의 결여, 탈숙련화에 기반한 설명은 여성-남성 불평등을 설명하기에 적당하지 않아 보인다.

전 생애에 걸쳐 1.4년간 경력 단절된 것이 어떻게 노동자의 숙련이나 노하우에 진정으로 영향 미치게 되는지 상상하기 어렵지만 적어도 이 단절이 계속해서 임금 측면의 막대한 불이익을 준다는 것이 드러났다. 앞서 소개한 미국 MBA 학생에 관한 연구가 보여 주듯 몇 달, 심지어 몇 주에 불과한 짧은 단절조차 졸업 후 15년이 지나 82%까지 차이를 벌리는 거대한 임금 격차를 만든다. 이러한 단절이 무해하지 않기 때문이다. 경력 단절은 자본의 눈, 가부장-자본의 눈이 보기에 죄악이다. 아이를 낳은 엄마인 상태와 노동을 감히 결합하길 원한다는 점에서 그렇다.


## 출산 이후의 경력

OECD 국가의 육아 휴직은 평균 18.1주이고 EU 국가 평균은 22주, 프랑스는 16주다.[45] 육아 휴직이 상대적으로 짧은 프랑스 같은 곳에서처럼 여성은 아이를 낳고 단 몇 주 만에 일터로 돌아온다. 하지만 자녀 출산은 성별 임금 불평등의 주요한 결정 요인으로 남아 있다.

오직 여성만이 모부인 상태와 관련된 임금 불이익화를 경험한다. 이후 논의에서 이성끼리 결합한 전통적인 커플의 여성이 레즈비언 혹은 덜 전통적인 커플의 여성보다 훨씬 더 그렇다는 점을 확인하게 될 것이다. 여기서 전통적이란 여성이 가사와 육아를 더 많이 맡고 남성이 돈을 버는 노동을 수행한다는 의미이며, 특정한 규범적 입장을 드러내지 않는다. 여성과 달리 남성은 어떤 편견도 겪지 않는다.

노동 소득 관점에서 자녀 출산이 여성에게 가하는 편견은 오늘날 여성과 남성 간 평균 임금 격차의 가장 큰 부분을 설명해 준다.[46] 이는 임금 불평등이 여성 **대** 남성이 아니라 엄마 **대** 엄마가 아닌 사람 사이에 존재한다는 점을 시사한다. 데이터는 이러한 점을 매우 분명히 말해 준다. 여성과 남성은 거의 비슷한 임금에서 시작하고 함께 승진하지만 여성이 아이를 낳으면 이런 발전이 끊긴다.

실질적으로 중요한 이 편견은 나라에 따라서도 차이가 있다. 일반적으로 여성과 남성이 함께 자녀를 가짐에도 덴마크 여성은 평균적으로 첫 번째 자녀 출산 후 남성에 비해 소득이 20% 감소한다. 미국에서 소득 상실 정도는 31%, 영국에서는 44%이며 독일에서는 최대 61%에 이른다![47]

엄마들은 이후로도 절대 이 격차를 따라잡지 못한다. 손해가 자녀를 낳을 때마다 심해질 뿐 아니라 장기적으로 지속되기 때문이다. 심지어 일터로 복귀하고 10년이 지나서도 따라잡을

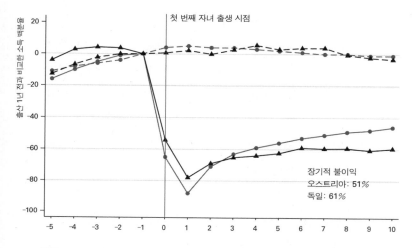

첫 번째 자녀 출생 시점

장기적 불이익
오스트리아: 51%
독일: 61%

| 표 7 |
| --- |

**오스트리아와 독일의 출산 관련 임금 불이익화**

출처: Figure 3, "Replication data for: Child Penalties across Countries:
Evidence and Explanations"(Nashville, Tenn., American Economic
Association, 2019), Ann Arbor, Mich., Inter-university Consortium for
Political and Social Research, 2019.10.13., Henrik Kleven et al(2019)의
데이터를 바탕으로 재구성했다.

- - ●- - 오스트리아 남성
──●── 오스트리아 여성
- - ▲- - 독일 남성
──▲── 독일 여성

수 없다.

　표 7에서 오스트리아와 독일에 나타난 이 불이익화의 규모
와 지속성을 확인할 수 있다. 가로축은 경력 기간을, 세로축은
자녀를 낳기 전 해와 비교해 시간의 흐름에 따라 발생한 소득 차
이를 나타낸다. 수직선으로 표시한 자녀 출산은 시간 0에 발생
한다. 각각의 점은 첫 자녀가 태어난 시점을 기준으로 경력 중
특정 시점의 소득을 나타낸다. 따라서 -1은 첫 자녀 출산 이전
해를, 1은 첫 자녀 출산 다음 해를, 10은 10년 뒤를 가리킨다.

점선으로 표시된 남성 임금 그래프는 시간의 흐름에 따라 다음과 같이 변한다. 세로축의 -5에서 -1에 해당하는 이들의 경력 초기 동안 임금은 약간 증가한다. 그리고 경력의 중간 시기 동안 계속 상승하고 마지막에 조금 희미해지는데 자녀 출산은 이 상승 궤도를 전혀 방해하지 않는다.

여성 또한 경력 시작 단계에서는 남성과 같은 방식으로 임금이 상승한다. 하지만 여성의 상승 궤도는 첫 자녀가 태어나며 깨진다. 첫 자녀를 낳는 해에 이들은 1년 전보다 약 60% 적은 돈을 벌고, 출산 1년 뒤에는 80% 더 적게 번다. 첫 자녀 출산 10년 뒤에도 여전히 약 50%를 적게 번다.

이 데이터는 개인의 노동 시장 참여 여부와 관계없이 전체 인구에 기반한 것이다. 따라서 많은 여성이 출산에 따라 일을 그만둔다는 사실이 여성 임금의 이 현기증 나는 추락을 설명해 준다.[48] 엄마가 되며 일을 그만두는 여성이 덴마크나 프랑스보다 독일에 더 많기에 이러한 편견은 독일 전역에서 더 심각하다. 더욱이 대부분 국가에서 육아 휴직은 이전 임금의 100%를 보전하지 않는다. 휴직 기간에 줄어든 임금은 자녀를 출산한 해 소득 추락의 일부분을 설명한다.

하지만 경제 활동을 하는 삶에서 벗어난 것이 현상 모두를 설명하지는 않는다. 이는 측정된 소득 하락의 3분의 1만을 대표할 뿐이다. 출산 후에 일하는 여성은 파트타임으로 일하며 노동 시간을 줄이기에 심각한 임금 하락을 경험한다. 또 엄마들은 가족에 대한 책임을 다할 수 있도록 근무 시간을 더 유연히 두려 한다. 그 결과 가족적 삶의 요구에 더 적합한 일자리를 찾아 직장을 옮기게 되며, 이런 일자리는 평균 급여가 더 적은 소규모 기업이나 공공 부문이 대부분이다. 전체 노동 시간의 변화가 없더라도 가족적 삶의 요구에 적합하게 일한다는 사실 자체가 엄마들의 임금에 편견을 부과하는데 이 점은 뒤에서 다시 다룰 예정이다. 물론 여기서 차별이 수행하는 역할을 잊어선 안 된다. 허위 이력서에 기반한 연구나 학생들의 강의 평가와 관련한 내 경험을 다시 떠올려 보라.

보다시피 불이익의 상당 부분은 여성이 일을 그만두거나, 파트타임으로 옮기거나, 자녀를 돌보고 집안일을 하기 위해 더 유연한 근무 형태를 추구한다는 사실 때문에 발생한다. 한편 남성은 마치 아무 일도 없다는 듯이 계속 일하고 돈을 번다. 그 경제적 논리는 이럴 테다. 이론상 가계 구성원 중 한 명은 가사를 포함한 집안일을 돌보는 데 전문화하고 다른 한 명은 돈 버는 일과 자기 경력에 집중하는 것이 논리적으로 보인다. 노동 시간 단축이 급여에 비례하는 것 이상으로 불이익을 초래하기에 더욱 그렇다. 그러나 이 역시 '아래로 볼록형' 소득에 해당하는 이야기다. 반일제로 일하는 노동자는 전일제 노동자와 비교해 평균 50%보다 더 적은 돈을 벌고 그와 같은 직업적 성장을 기대하지 못한다.

자녀와 집안일에 집중하기로 한 사람이 첫째, 노동 시장에서 가장 적게 벌며 커리어 전망이 상대적으로 좋지 않은 쪽이거나 둘째, 자녀 돌봄에 경제학자가 말하는 비교 우위를 가진 사람, 곧 자녀 돌봄에 더 생산적이고 효율적이고 적합한 쪽이어야 한다는 점은 위와 같은 관점에서 또한 논리적이다. 여성과 남성 중 두 기준을 충족하는 이가 누구일지 추측해 보라. 성별 임금 격차와 유리 천장으로 인해 여성은 일반적으로 첫 번째 기준을 충족한다. 그리고 역시 이들은 자녀 돌봄에 비교 우위가 있다. 육아 휴직을 하며 기저귀와 약, 여자 친구들이 준 5세용 옷을 어디에 놓는지를 익힌다는 점에서 말이다. 또 남편과 달리 아주 어렸을 때부터 설거지, 빨래, 요리를 배우기 때문이기도 하다. 자녀를 입양한 사례에 같은 편견이 적용되곤 하지만 무엇보다 생물학적으로 여성만 자녀에게 수유할 수 있다는 이유도 있다. 사회적으로는 말할 것도 없이 가정주부 아빠가 가정주부 엄마보다 잘 받아들여지지 않는다. 엄마가 아닌 아빠가 육아 휴직을 쓰는 부부도 괴로움을 겪는 것으로 보인다.[49] 이러한 사회적, 개인적 비용도 중요하게 고려할 점이다.

만약 전문화라는 단순한 이야기가 모든 것을 설명할 수 있다면 레즈비언과 게이 커플에도 적용되고 이들에게서 똑같은 수입 동역학이 발견되어야 한다. 이성 커플처럼 레즈비언 또는 게이 커플 중 적게 버는 쪽은 가사와 자녀 돌봄을 전문화하고 돈 버는 노동 시간을 줄이며 자기 수입이 감소하는 것을 목도하게 될 것이다. 그런데 동성 커플에게서 이는 사실이 아니다.

레즈비언 커플 중 생물학적 엄마는 자녀가 태어나는 해에 임금 감소를 경험하지만, 불이익은 이성 커플의 엄마보다 훨씬 덜하다. 노르웨이 데이터에 따르면 이성 커플에서는 22%인 반면 동성 커플에서는 13%에 그친다.[50] 또 이성 커플의 아빠와 다르게 레즈비언 커플의 공동-엄마는 자녀가 태어난 첫해에 임금이 하락하지만 하락 폭이 제한적이며 임금의 약 5%만을 차지할 뿐이다. 이성 커플의 엄마가 겪는 총소득 상실에 비하면 22% 대 18%로 적지만 레즈비언 커플의 두 엄마도 자녀를 출산한 해에 이성 커플 엄마에 비견할 만한 소득 감소를 경험한다. 그러나 이성 커플에 비하면 두 엄마 사이의 총소득 상실 분배는 덜 불평등하다. 2년이 지나면 생물학적 엄마의 소득이 공동-엄마의 소득을 따라잡고, 5년이 지나면 이들 커플은 더 이상 자녀 출산으로 인한 불이익을 경험하지 않는다. 반면 앞서 확인했듯 이성 커플 엄마의 소득은 아빠의 소득을 절대 따라잡지 못한다.

게이 커플에게 자녀 출산은 두 남성 구성원 중 어느 쪽에도 임금 손해를 전혀 입히지 않는다. 이는 단순한 경제적 논리에 따른 전문화 설명을 완전히 배제하는 것처럼 보인다.[51]

일부가 옹호하고 싶어 하는 생물학적 논리를 살펴보면 이 논리는 레즈비언 커플과 이성 커플의 생물학적 엄마들을 비교함으로써 완전히 기각된다. 이성 커플에서 자녀를 출산한 경우와 입양한 경우 모두 동일하게 엄마의 소득 불이익이 나타났다는 연구 결과도 있다.[52]

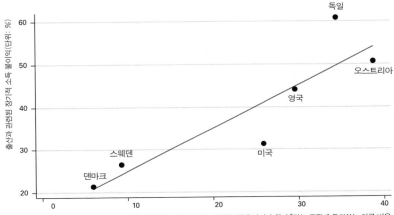

표 8

**국가별 여성 노동 규범에 따른 출산 관련 소득 불이익화**

출처: figure 4, "Replication data for: Child Penalties Across Countries: Evidence and Explanations,"(Nashville, Tenn., American Economic Association, 2019), Ann Arbor, Mich., Inter-university Consortium for Political and Social Research, 2019.10.13., Henrik Kleven et al.(2019)

만약 가계 내에서 전문화라는 것이 존재한다면 이는 경제적 논리나 비교 우위, 수유 같은 엄마의 생물학적 우위에 의해 설명될 수 없다. 새로운 설명은 문화적 결정 요인에서 찾아야 한다. 바로 젠더 규범, 아빠와 엄마를 향한 사회적 기대, 편견과 이런 편견을 동반하는 잠재적 차별에서.

자녀 출산과 관련된 소득 불이익이 젠더 관련 문화적 규범에 따라 각 나라에서 다르다는 사실은 문화적 요인이 중요한 역할을 한다는 직접적인 증거다. 이 사회적 규범과 기대는 세계가

치관조사(WVS), 국제사회조사프로그램(ISSP), 유럽사회조사(ESS)와 같은 다수의 조사가 진행한 다음 질문에 따라 측정된다. "어린 자녀가 있는 여성은 일해야 한다고 생각합니까, 아니면 집에 있어야 한다고 생각합니까?" "남성은 노동하고 여성은 집에 있는 것이 가족 구성원 모두에게 이롭다는 데 동의하십니까?" 또는 더 나아가 "여성이 남성 배우자보다 돈을 더 번다는 사실 때문에 이 부부가 고통을 겪으리라 생각합니까?" 이성 커플에서 여성이 겪는 소득 불이익은 어린 자녀가 있는 여성이 집에 있어야 한다고 생각하는 인구가 많을수록 커진다(표 8). 이 비율은 스웨덴보다 오스트리아에서 세 배 더 높으며 자녀 출산과 결부된 소득 하락은 스웨덴보다 오스트리아에서 네 배 더 크다.

자녀 출산과 관련한 소득 불이익은 엄마의 역할과 노동에 관한 사회적 규범 및 기대에 따라 각 국가에서 달라진다. 더욱이 한 국가에서도 이 불이익은 여성이 가정을 지탱해야 하고 자녀가 태어나면 일을 그만두어야 한다는 고전적이고 전통적인 도식에 가족들이 순응하는 정도에 따라 달라지며, 이러한 가족 내에서 세대를 거쳐 전승된다. 덴마크 데이터에 따르면 여성이 겪는 불이익은 그 엄마와 외할머니가 과거에 더 큰 불이익을 경험했을수록 커지며, 친할머니의 경험과는 관련이 없다.[53] 즉 이 사회적 규범과 이런 규범을 동반하는 소득 불이익은 엄마에서 딸로 대물림된다!

지금까지의 논의를 요약해 보자. 오늘날 여성은 예전보다 더 교육받았다. 비록 가장 보상이 높은 직업군으로 이어지는 이공계에서 여성이 과소 대표되는 식으로 계열 선택에서 여남 차이가 나타나지만 말이다. 여성은 더 이상 결혼했다는 이유로 자기 경력을 단절하지 않으며 자녀를 가진 후에도 대부분 그렇다. 이처럼 직업적 삶이 이어짐에 따라 여성은 남성과 거의 같은 직업적 경험을 쌓는다. 하지만 여기서도 차이는 여전히 존재한다. 비록 여성 대부분이 자녀를 낳고 일터로 돌아가지만 노동 시간을 줄이고 더욱 유연한 근무 환경을 선택하며 공공 영역이나 더욱 **가족 친화적**이고 보상이 적은 기업 쪽으로 이직한다. 여성의 노동 시간이 꼭 변하는 것은 아니지만 이러한 선택 때문에 이들의 직업 숙련도는 변한다. 그리고 이 변화는 사람들이 여성에게 부과하는 혹은 이들 스스로 받아들이는 책임의 수준이 바뀐 만큼 막대한 소득 손실과 관련된다. 하지만 직능, 위계상 위치, 산업에 따른 체계적 차이는 여성이 엄마가 되기 이전에 존재하는 것이며 소득 불평등에 관한 매우 중요하고 보편적인 요소, 불평등을 점증해 나가는 한 가지 설명 요소를 구성한다.

이제 곧 살펴보듯 문화적 결정 요인 또한 직능, 위계상 위치, 경제 활동 영역을 결정하는 데 중요한 역할을 한다.

# 7 경제 활동 영역의 성차

여성은 노동 시장 참여, 교육, 자기 경력을 위한 헌신에서 놀라운 변화를 일으켰다. 그러나 여성과 남성 사이에는 이들이 속한 직업의 성격과 경제 활동 영역에 중요한 차이가 남아 있다.

여성은 여전히 임금이 적은 직업군에 유폐되어 있고, 노동조합의 보호에서 배제되어 있다. 제조업에 비하면 서비스 산업 노동자는 노조에 거의 가입되어 있지 않다. 그 결과 영광의 30년 시기에 일어난 임금 상승 추세에서 배제되었다. 여성은 보수가 가장 좋은 직업, 가장 명예로운 직업에서 남성을 따라잡지 못하고 있다. 기이하게도 여성이 이런 직능과 경제 활동 영역에 진입하면 그 보수와 명예가 체계적으로 상실되는 경향이 있다. 마치 여성의 진입이 이 직능과 영역을 오염시킨다는 듯이 변한다. 이를 설명하는 이론이 바로 '오염을 통한 차별' 이론이다.[54] 여성이 할 수 있는 일은 어렵지 않은 것으로 여겨지면서 명예와 보수가 사라진다.

따라서 여성과 남성 간 직업과 경제 활동 영역의 성격 차이가 평균 임금 격차의 중요한 부분, 증가해 가는 부분을 설명한다. 이 차이는 1980년에 이 격차의 20%를 설명하다가 2010년에는 50% 이상을 설명하게 됐다.

이제 다음의 경향을 자세히 살펴보자. 우선 여성과 남성이 참여하는 직능과 경제 활동 영역은 상당히 변했다. 이전에 거의 배타적으로 남성적이었던 직능 전체가 여성화되었다. 하지만 그로 인해 보수가 상대적으로 줄었고, 이런 직업군과 결부된 명예도 낮아졌다. 오늘날 보수가 가장 좋고 가장 명예로운 직업과 경제 영역은 대부분 남성이 차지한다. 1990년대 이후 비약적으로 늘어난 고소득층이 집중된 곳이 바로 이런 직업과 경제 영역이다.[55] 이처럼 급격히 오른 소득은 여성-남성 불평등과 경제적 불평등을 악화시켰다. 여성-남성 **평균** 임금 격차가 줄어든 듯 보이지만 소득 구간 상위권의 상황은 전혀 다르다. 1980년에 여성-남성 임금 격차는 소득 수준과 무관하게 변함없었지만 2010년에 이르면 더 이상 그렇지 않다. 성별 임금 격차는 평균 소득 수준 구간보다 상위권에서 약 10%p의 차이를 보이며 크게 벌어졌다.[56]

## '오염'된 일자리

여성과 남성은 여전히 서로 다른 직능과 경제 활동 영역에서 일한다. 유정(油井) 시추 작업 같은 일은 남성적이라 인식되고 아이 돌봄 같은 일은 여성적이라 인식된다. 경제학자는 소득의 체계적 차이를 동반하는 직능의 '분리'에 관해 논하는데 이러한 분리의 성격은 20세기 후반부에 아주 많이 변했다. 분리 자체가 사라지지는 않았지만 말이다.

이 기간에 여성은 의심할 여지 없이 엄청난 진전을 이뤘고, 그간 배제되었던 직능과 경제 활동 영역에 진입했다. 하지만 두 성별 사이의 직업적 분리를 끝장내지는 못했다. 분리된 영역이 바뀌거나 여성에게 불리했던 분리가 남성에게 불리한 쪽으로 혹은 그 역으로 뒤집혔을 뿐이다.

이는 여성이 특정 직능에 진입하면서 남성이 이 영역에서 벗어났기 때문이다. 일례로 2차 세계 대전까지 남성이 거의 전담한 초등 교육은 여성적인 직업으로 변형되었다. 1940년 초등 학교 교사 중 여성 비율은 25% 미만이었으나 1972년에는 35%, 1977년에는 67.8%, 2018년에는 83% 이상을 차지한다.[57]

다른 직능은 남성이 여전히 주를 이룬다. 정치가 대표적인 사례다. 현재 미국 의회의 여성 비율은 20%에 불과하다.[58] 세계 최초로 여성에게 투표권을 부여한 뉴질랜드에서는 여성 국회 의원이 전체의 31%다. 1902년 세계 최초로 여성에게 투표권과 피선거권을 동시에 부여한 호주에서 여성은 2016년 국회 의원 중

32%를 차지한다.[59] 상황이 좀 더 나은 유럽은 2020년 유럽 의회 의원 중 39.5%가 여성이다. 다만 지역에 따라 차이가 현저하다. 핀란드에서는 유럽 의회 의원의 57.1%가 여성이지만 키프로스 공화국에서 유럽 의회에 선출된 여성 의원은 한 명도 없다.[60]

애초에 여성이 다수였지만 기술 발달로 보수 수준이 높아지면서 남성적으로 변한 영역도 있다. 사람들은 정보공학이 바로 그런 사례라는 것을 잘 모른다. 오늘날 남성 지배적인 직업의 본보기인 정보공학은 원래 여성이 많은 직군이었다. 1940년대 미국 펜실베이니아대에서 개발한 초창기 컴퓨터 중 한 대는 여성만으로 이루어진 팀이 만들었다. 2차 세계 대전 당시 독일군이 활용한 에니그마 암호를 해독해 낸 연합군 통신 센터 블레츨리 파크의 직원 1만 명 중 3분의 2는 여성이었다. 1967년 《코즈모폴리턴》에 실린 기사 「컴퓨터 소녀들」은 정보공학이 전형적으로 여성적인 자질을 요구한다고 설명했다. 프로그래밍과 코딩은 정확히 다음과 같은 일로 묘사되었다. "저녁 식사 준비하기: 미리 생각하고, 무언가가 필요할 때 쓸 수 있도록 모든 것을 계획해 두어야 한다. 인내심을 갖고 세부 사항에 주의해야 한다. 프로그래밍은 여성에게 본성적이고 자연스러운 일이다."[61] 심지어 여성은 이 직군에서 높은 자리에 있었다. 자료 처리와 관리 분야 최초의 직능 단체가 1969년 처음으로 수여한 '올해의 남성'(!) 상을 받은 사람은 여성인 그레이스 호퍼였다.

1940년대에 여성은 최초의 컴퓨터를 프로그래밍할 수 있었고 사람들은 이를 쉬운 일로 여겼다. 노동, 그러니까 컴퓨터를 만드는 '진짜' 노동은 남성의 일이었다. 하지만 프로그래밍과 코딩이 사소한 작업이 아니라는 것이 알려지고 프로그래밍이 권위를 얻게 되면서, 프로그래밍에 요구되는 자질이 저녁 식사 준비에 필요한 것보다 천재적인 특성에 가깝다고 간주되면서 남성이 이 영역에서 지배적인 자리를 차지하게 됐고 여성은 사라졌다. 비율로 보자면 오늘날 정보공학을 공부하는 여성은 40년 전보다 더 적다![62] 이제 집단적 상상계와 대중문화, 영상에서 **컴퓨터 괴짜**는 오로지 남성으로 표현된다. 그 결과 이 분야에 요구되는 자질은 전형적으로 남성적인 것으로 바뀌었다. 이제 정보공학 분야의 천재는 약간의 자폐 스펙트럼이 있는, 자신의 감정과 거리를 두고 엄청난 집중력을 발휘할 수 있으며 항상 남자인 논리적 존재로 등장한다. 그는 사회적으로 유복한 환경의 백인이기도 하다.[63]

서로 연결된 두 물병 속 물이 '남성적' 직업과 '여성적' 직업 사이에서 움직일 때마다 그 직업의 사회적 이미지는 달라진다. 따라서 여성이 특정 직군에 진출하기 시작하면 시소 효과가 관찰된다. 어떤 산업에서 여성 참여가 일정 수준에 도달하면 그 산업이 빠르게 여성화하는 것이다.[64] 클로디아 골딘은 남성의 이러한 집단 탈출을 오염으로 인한 분리 이론으로 설명한다.[65] 여성적 자질과 결부된 다소 부정적인 이미지를 고려하면 어떤 직능의 사회적 이미지는 여성이란 존재 때문에 손상되고 오염된다.

요약하자면 여성이 어떤 직능을 수행할 수 있으면 이는 그 일이 어렵지 않고 높은 신체적·지적 자질을 요구하지 않기 때문이다. 과거에 프로그래밍은 저녁 식사를 계획하는 것 정도의 숙련이 필요한 쉬운 일로 취급되었으나 이제 그 일을 하는 사람은 천재로 불린다. 초등학교 교사는 존경받고 보수가 좋은 엘리트 직종이었지만 지금은 존경도 못 받고 보수도 적다. 만약 어떤 직능이 여성이 할 수 있을 정도로 간단하고 많은 자질을 요구하지 않는다면 그런 일을 왜 굳이 존중하겠는가?

여성이 어떤 직능에 진입하는 순간부터 이 일의 사회적 이미지는 변한다. 이러한 변화로 이 직능에 속한 남성이 품는 **자기 이미지**가 손상될 수도 있다.[66] 같은 남자들 사이에서 남자는 남성의 일을 하는 쪽이 편할 것이다. 모두 각자에게 어울리는 자리가 있는 법이니까. 그런 이유로 이들은 여성의 일을 맡길 거부한다. 이 해석은 성차별적인 사회일수록 여성화하는 직종에서 남성의 이탈이 더 빨리, 아마 여성이 맨 처음 진입하는 때부터 일어날 것이라고 예상한다. 바로 이것이 우리가 보고 있는 현상이다.[67]

자신이 속한 직군에서 자기 이미지와 관련된 이득을 보는 여성에게도 똑같은 논리가 적용된다. 결과적으로 우리는 여자들이 더 여성적인 직군에서 여성을 채용하길 선호한다는 점을 관찰하게 될 것이다. 여기서 한 번 더 짚자면 이는 정확히 앞서 살펴본 채용에 관한 성차별 데이터와 그러한 차별의 동역학이 보여 주는 바다.

## 유리 천장

더 나아가 때때로 유리 천장은 어떤 직업군의 가장 명예롭고 보수가 좋은 직위에서 여성을 배제한다.

우리가 익히 확인한 법조계 사례가 이에 해당하며, 정계에서도 이러한 현상이 확인된다. 프랑스에서는 여성 대통령이 당선된 적이 없다. 에디트 크레송이라는 여성 총리가 취임한 적은 있다. 나는 그를 향한 외설적인 조롱과 모욕을 자세히 기억할 만큼 나이 먹었다. 농업 직역 단체 FNSEA는 농림부 장관에 '불과'한 크레송을 저격해 "에디트, 당신이 장관직보다 침대에서 더 잘하길 바라."라는 문구가 쓰인 벽보를 붙였다. 그는 1991년 5월부터 다음 해 4월까지 1년이 채 안 되는 시간 동안 총리직에 있었다. 프랑스 제5공화국 역사상 가장 짧은 기간이었다. 어쨌든 좋다. 이미 오래된 1990년대 일이니까. 그렇지 않나?

나는 줄리아 길라드가 호주 역사상 처음으로 여성 총리에 오른 때 이 나라에 오는 행운을 누렸다. 그가 총리직을 역임한 2010년부터 2013년까지 3년간은 호주의 황금시대였다. 호주를 제외한 나머지 세계가 금융 위기와 심각한 불황에 허덕이고, 거의 모든 서구 국가가 마이너스 경제 성장률을 경험했을 때 호주는 정부의 재정 지출 정책으로 위기를 모면했다. 길라드는 정치적 재능을 발휘해 기후 위기 문제에 용감하게 맞서 싸웠다. 그는 의회에서 지구 온난화에 대응하는 탄소 배출권 거래제 법안을 통과시키는 데 성공했다. 유럽연합과 미국, 캐나다의 많은 주, 심지어 중국에서도 시행 중인 제도를 따라 한 이러한 조치는 분명 아주 혁명적이라 할 수 없다. 하지만 경제가 광물 자원, 특히 석탄 채굴에 의존하는 국가에서 이 법안은 위대한 정치적 성공을 표상한다. 따라서 이 법의 통과는 기후 위기의 해로운 영향과 정면으로 부딪친 국가에 무척이나 중요한 것이었다.[68] 줄리아 길라드는 보건과 학술 연구 분야에도 투자를 많이 했다.

그러나 길라드 역시 모욕을 피할 수 없었다. 그의 명예는 더럽혀졌고 조롱은 끊이지 않았다. 남성과 여성 모두가 그의 외모와 사생활에 대해 천박한 공격을 펼쳤다. 호주 출신으로 한때 래디컬 페미니스트로 유명했던 저메인 그리어는 줄리어 길라드의 엉덩이가 크다고 했다. 영국 일간지 《데일리 텔레그래프》는 여성 언론인 애니타 퀴글리의 기사로 총리의 헤어스타일과 패션을 비난했다. 제발 좀 스타일리스트를 고용하시라며 말이다. 물론 많은 사람이 그가 '유약하다'고 생각했고 그의 '코맹맹이' 소리를 지적했다. 하지만 그 무엇보다 길라드는 아이를 가지지 않았다는 이유로 동료와 언론으로부터 수도 없이 비판받았다. 프랑스어로 '생식 능력이 없는(stérile)', '좋은 결실을 거둘 수 없는(ingrate)'으로 옮길 수 있을 barren이라는 형용사가 수차례 회자되었다. 이 빛나고 혁신적이며 강인한 여성에 대한 모욕과 차별과 혐오는 극에 달해 보수 매체와 야당 정치인들이 그를 불태워 죽이자고, 말 그대로 마녀를 화형대에 보내자고 할 정도였다. 그가 제안한 탄소 거래제에 반대하는 사람들은 "마녀를 화형시키자." 또는 "마녀를 해고하라."라고 쓴 플래카드를 들었다. 이는 집단적 상상계 속에서 힘 있는 여성이 여전히 어떠한지를 보여 주는 사례다. 그 모습은 바로 마녀다. 1400년에서 1750년 사이 유럽에서 약 10만여 명이 마녀로 판결받고 그중 절반이 사형당했다고 추정되는데,[69] 서양 중세사에서 가장 폭력적이고 몽매주의적인 측면 중 하나에 대한 부끄러움을 모르는 요청은 줄리아 길라드의 경쟁자나 유권자 어느 쪽에서도 비판받지 않았다. 오히려 그 반대였다. 이들은 서로의 말에 박수를 보냈고 서로에게서 보상받았다. 보수 야당 지도자 토니 애벗은 선거 캠페인 당시 "마녀를 해고하라."라는 플래카드 앞에서 행진했다. 이와 매우 비슷해 그만큼 노골적인 다른 플래카드에는 이렇게 쓰여 있었다. "줄리아는 거짓말쟁이, 밥 브라운의 암캐, 밥 브라운의 갈보년". 밥 브라운은 당시 생태주의 정당 지도자였다. 토니 애벗은 몇 달 뒤 총리로 선출되었고, 장관 열아홉 명 중 단 한 명만을 여성으로 임명했다. 줄리아 길라드는 정계를 떠났다. 하지만 2012년 그 자신이 피해자였던 성차별과 여성 혐오를 비판한 연설은 강력할 뿐 아니라 감동적이기까지 하다.[70] 이 책의 결론에서 확인하겠지만 의회에서 벌어진 일들 이후에도 호주의 상황은 나아지지 않았다.

## 극한 직업의 사회적 구조

여성은 왜 여전히 가장 보수가 좋고 명예로운 자리를 차지하지 못할까? 유리 천장은 왜 존재할까?

특정 직능의 사회적 이미지, 명예, 보수를 설명하는 요소들은 앞서 언급했다. 하지만 임금 격차는 같은 직군과 경제 활동 영역 내에서도 존재한다. 정치에서의 사례는 성차별의 역할을 보여 준다. 하지만 정치와 관련된 여성의 접근권이라는 단 한 가지 유형에 관한 사례 연구는 제아무리 의미가 중요하더라도 일반적인 결론까지 이끌어 내지 못한다. 지금 우리가 가진 데이터는 충분하지 않다. 그러므로 더욱 체계적으로 노동 시장을 분석해 보도록 하자.

클로디아 골딘이 이러한 연구를 진행한 바 있다.[7] 그는 현재 노동 시장에서 일의 분리가 고착화하는 수렴을 종식하려면 시장 그 자체, 곧 노동 조직 방식과 임금 구조를 바꿔야 한다고 결론 내린다. 그러려면 노동을 재사유해야만 한다. 이러한 재고 없이 여성은 절대 사회적 위계질서의 상층에 도달할 수 없을 것이다.

골딘에 따르면 모든 것은 근무 일정의 신축성에 달려 있다. 골딘은 금융 투자 전문가, 기업 변호사처럼 가장 수익성 높은 직종이 일과 관련된 시간에서 높은 신축성과 확장 가능성을 체계적으로 요구한다는 점을 지적한다. 가족을 돌보기 위한 시간의 신축성 대신 말이다. 이들은 고객이나 일의 사안에 따라 밤마다,

주말마다 일해야 한다. 그 직업의 문화적 실천 때문에도 그런데, 사람들은 컨설턴트 같은 직업이 매일 자정까지 사무실에 남아 있을 필요가 없다는 걸 알면서도 그런 행동이 윗사람들에게 매우 좋게 보일 수 있다는 점을 암묵적으로 인정한다. '극한 직업'이라 불리는 이런 직종은 매우 높은 보수를 받으며 일주일에 최소 70시간 이상 일하도록 요구받는다.[72] 2006년 임노동자 상위 6%에 속하는 고소득층 중 62%가 일주일에 50시간 이상 일했으며 35%는 60시간 이상, 10%는 80시간 이상 일했다.[73] 여기서 확실히 지적하자면 여성은 취침 전 아이 목욕, 아이 숙제 챙기기, 아이 저녁 먹이기 등 가족에 대한 책임 때문에 눈코 뜰 새 없이 바쁘며, 긴 노동 시간을 감당할 가능성이 남성보다 훨씬 적다. 이들 직종에 여성은 단 20%뿐이다.

더 많이 일할수록 더 높은 임금을 받는다. 앞서 확인한 바와 같이 임금은 노동 시간에 따라 아래로 볼록하다.[74] 피로도가 올라감에 따라 명백히 감소할 생산성을 고려하면 우리는 정확히 반대 결과를 예상하므로 '아래로 볼록형' 그래프는 조금 이상해 보인다. 따라서 경제학자들은 고전적인 생산성 관점으로 이 현상을 보아서는 안 된다고 결론 내린다. 맞는 설명이다. 이런 직업은 승자가 모든 것을 독식하는 모델에 따라 작동하기에 극도로 보수가 좋다.[75] 예전에 기업을 비롯한 여러 조직은 여러 위계질서 수준을 유지했다. 사람들은 연차가 쌓이면서 위로 올라갔다. 밤새워 일할 필요 없이 참을성 있게 승진을 기다리기만 하면 됐다. 이제 조직들은 훨씬 더 평평하며 사이를 매개하는 많은 단계가 사라졌다. 이제 조직에는 노동자와 노동자이면서 책임자 위치에서 전보다 보수를 더 많이 받는 총괄 관리자, 이렇게 두 부류만 존재한다. 그리고 총괄 자리에 오르려면 단순히 참을성을 갖고 기다리기만 할 수 없다. 이를 위해서는 '상어' 또는 월 스트리트의 '늑대'가 되어야 하며, 다른 사람보다 더 많이 일할 준비가 되어 있어야 한다. 그렇지 않다고 해도 어쨌든 내가 다른 이보다 그런 사람이란 걸 더 잘 꾸며 내어 보여 줘야 한다. 어떻게 해야 할까? 밤새워 일하고 주말에도 일하는 사람이 되어야 할 것이다.

이처럼 위계질서의 중간 단계가 사라지면서 노동자들은 점점 더 많이 일하기 시작했다. 우리는 여성-남성 불평등이라는 질문을 넘어 노동을 통한 승진 모델의 부조리에 대해서도 물어야 한다. 미국에서 고등 교육 학위를 받은 사람 중 일주일에 50시간 이상 일하는 노동자 비율은 1980년 22.2%에서 2001년 30.5%로 증가했다.[76]

특정 직업의 임금이 아래로 볼록할수록, 곧 노동 시간에 비례한 것 이상으로 임금이 더 많이 증가할수록 노동 시간을 더 유연하게 연장할 수 있게 되며, 여성-남성 임금 격차는 커진다. 은행과 금융계가 그렇고 의사보다는 기업 변호사가 특히 이런 경향을 보인다. 심지어 정보공학도 그렇다. 그런데 이상하게도 가장 보수가 좋은 전문적인 의료 영역은 그렇지 않다. 전문 의료 영역 중에서도 외과 직종은 여전히 남성이 지배하고 일반의 대다수는 여성이 차지한다. 이로부터 나오는 결론은 여성이 가족적인 삶과 양립 불가능한 직업 대신 근무 일정이 더 유연하고 더 적게 일해도 되는 일자리를 선호한다는 것이다. 그 대가로 더 적은 임금을 수용할 테고.

아마 현실이 그럴 것이다. 하지만 머릿속에는 이런 질문이 떠오른다. 첫째, 왜 항상 남성이 아니라 여성이 밤마다 자녀를 돌봐야 할까? 여성은 남성과 함께 자녀를 가지지 않았는가. 물론 이런 제약이 있기는 하다. 자녀를 출산하는 사람, 그래서 최소한 잠깐이라도 일을 멈춰야만 하는 사람은 바로 여성이다. 하지만 '아래로 볼록형' 직업에도 해결책은 존재한다. 예를 들어 내가 아는 두 여성 기업 변호사는 둘이서 연달아 출산하고 의뢰인을 교환하기로, 그리고 의뢰인을 되돌려주기로 약속해 자기 의뢰인을 동료 남성에게 빼앗기지 않을 수 있었다. 육아 휴직 후 돌아온 여성 변호사에게 보통 무슨 일이 일어날까? 그는 자기 의뢰인을 절대 다시 보지 못한다.

둘째, 나는 극도로 오래 일하고 임금도 많이 받는 직업군을 완전히 부정하지 않지만 그런 방식이 합리적인지에 대해서는 의문이 든다. 밤새도록 일해야 할 필요가 정말 있을까? 주말까지 일할 필요는? 그렇다. 밤이고 주말이고 일하는 남성이나 여성은 그렇지 않은 사람보다 특정 측면에서 더 성공할 것이다. 경제학과 교수라는 내 직업에서도 주말마다 일하면 더 많은 논문을 생산하리라는 점은 명확하다. 비록 책을 읽거나 다큐멘터리를 시청하거나 사람들을 만나고 운동하고 휴식을 취하는 시간이 연구자를 더 열리고 지성 있는 사람으로 만들어 더 혁신적인 연구를 할 수 있게 해 준다는 점에서 양과 질의 반비례 관계는 성립하겠지만. 나는 또 이런 궁금증이 든다. 내 직업을 보자면 우선 대학은 승진을 결정할 때 연구의 질보다 양에 관심을 둔다. 올바른 방향일까? 특히나 이런 관심이 중립적이라 할 수 있을까? 전혀 그렇지 않다. 학술 커리어가 양이 아니라 연구자가 낸 가장 좋은 출판물 세 건의 질로 결정된다고 상상해 보자. 남성이 겪을 변화와 비교해 여성의 경력은 어마어마하게 바뀔 것이다.

셋째, 런던의 한 은행에서 몇 년간 근무한 때를 회상하며 드는 질문이다. 당시 나는 투자 은행에 다니며 밤새워 일하는 많은 사람, 특히 그런 남성들과 알고 지냈다. "집에 안 가고 뭐 해?" 내가 묻자 그들은 이렇게 말했다. "아무것도 안 해. 그냥 내가 이렇게 할 수 있단 걸 보여 주려고. 밤에야 뭔가를 하기엔 너무 피곤하니까 아무것도 못 하지." 그렇다. 이들은 할 수 있다는 걸 보여 주려고 그렇게 한 거다. 그런데 누가 진짜로 그렇게 할 수 있을까? 나는 때때로 정말 지켜야 할 제약이 존재한다는 걸 의심하지 않는다. 만약 재판이 예정되었으면 달리 어찌할 도리가 없다. 재판 준비를 해야 하고 최종 기한을 지켜야 한다. 하지만 이 불가피한 기술적 제약이 기나긴 근무 시간을, 그로 인한 보수의 차이를 모두 설명한다고 생각하지 않는다. 배제를 생산하는 것이

**목적**인 이 직업의 구조화가 이를 상당 부분 설명한다. 같은 직업군의 지인들은 자기들끼리 많이 어울려 놀았지만 고객과도 많은 시간을 보냈다. 오페라나 연극을 보면서 노는 것이 아니라 술집이나 스트립쇼 클럽에서 어울리며 말이다. 이런 곳에 여성 동료를 데려가는 경우는 별로 없다. 여성에게는 안된 일이다. 그렇게 어울려 노는 것이 거래를 성사시키고 고객과 신뢰를 쌓는 데 핵심이니까. 나는 이런 선택이 기술적 제약으로 설명된다고 생각하지 않는다. 시간당 생산성은 술집에서 상당히 가파르게 감소하는 경향이 있지 않은가. 이는 문화에 의해 설명된다.

이제 여성이 가장 보수가 좋은 지위와 직업을 차지하지 못하는 이유에 대한 다른 설명을 살펴보겠다. 심리적이고 문화적인 요인에 기반한 것들이다.

# 8 임금 격차에 대한 새로운 접근

나는 경제학자들이 관습적으로 임금 또는 임금 격차의 결정 요인 혹은 측정 요인으로 간주하는 교육, 경험, 경제 활동 영역 등을 취급하지 않는 설명을 여성-남성 불평등에 관한 '비전통적' 설명이라고 표현하려 한다. 심리적 요인을 다루는 이런 설명은 이미 고정되거나 결정되어 있어 연구할 만한 가치가 없다고 여겨지거나 설명 범위가 제한되었다고 이해되어 최근까지도 크게 무시받았다.

게다가 심리적, 문화적 설명은 측정하기 어렵다. 이로 인해 일반적으로 임금 또는 임금 격차에 대한 설명 중 잔여 부분에 포함된다. 이 점을 다시 상기하자. 임금 격차는 측정 가능한 요인의 객관적 차이에 의해 설명되는 부분과 나머지로 분해된다. 전통적으로 잔여 부분을 설명하는 데 두 가지 요인이 제시되어 왔다.

첫 번째 요인은 차별이다. 이는 동일한 특성을 가진 한 여성과 남성이 서로 다른 보수를 받는다는 사실을 반영한다.

두 번째 요인은 기술이다. 기술은 손쉽게 측정할 수 없어 보통 잔여 부분에 포함되는 요소로 간주되었다. 임금 격차 설명에서 이 요소는 남성이 더 생산적이기 때문에 더 많은 임금을 받는다는 것을 뜻한다. 심지어 동일한 특징을 가졌다고 측정된 경우에도 적용된다. 가령 앞서 보았듯 남성이 수학에 더 강하기 때문에 혹은 근무 시간을 더 늘려 일할 수 있기 때문이라는 식으로.

그런데 잔여 부분은 차별이나 기술 때문에만 존재하지 않는다. 심리적이거나 문화적인 요인에서 형성될 수도 있다. 이러한 관점의 채택은 진정으로 경제학계에 작은 혁명을 일으켰다.[77] 차별 문제를 중시하는 연구자는 여성과 남성에게 성별 임금 격차를 정당화하는 서로 다른 심리적 선호와 자질이 있음을 인정하는 쪽으로 연구가 귀결된다는 이유로 이런 설명 방식을 거부했다. 기술을 중시하는 연구자 또한 오랫동안 이를 거부하며 피상적 차원에 머물렀다.

하지만 이제 많은 연구가 심리적이고 문화적인 요인이 임금의 잔여 부분을 설명할 수 있을 뿐 아니라 직업 선택이나 경제 활동 영역, 교육, 근무 일정, 아이 출산에 쓰이는 시간, 무엇보다 직업적 경험에 영향을 미친다는 점을 보여 준다.[78] 정말이지 혁명적이다!

이 장에서는 먼저 여성과 남성 사이의 심리적 차이에 관한 연구를 기술한다. 그러나 머지않아 이 차이가 보편적이지 않을 뿐 아니라 문화적으로 결정된다는 점, 더 나아가 이를 측정하는 방식이 문화적 영향력에 종속되어 있다는 점이 드러날 것이다. 여성은 자신의 진정한 야심을 **숨긴다**. 직업적 야심을 드러내면 사회, 특히 남성의 눈에 안 좋게 보인다는 점을 알고 있기 때문이다.

따라서 관찰된 심리적 차이를 형성하는 것은 문화적 규범이라는 점을 다시 한번 확인할 수 있다. 그다음 우리는 이러한 규범의 기원과 규범이 변할 수 있는 방식을 살필 것이다.

### 심리와 선호를 파고들기

최초의 발단은 유리 그니지, 뮤리얼 니덜, 알도 러스티치니의 2003년 연구였다. 이들 연구에 따르면 여성은 경쟁에 내몰릴 때 남성보다 더 낮은 성취를 보인다.[79] 가장 보상이 큰 직업은 그만큼 매우 경쟁적이므로 심리적 차이가 경쟁적인 직업 내에서의 임금 격차를 정당화할 수 있다.

비슷한 연구에 따르면 여성은 남성과 달리 경쟁하는 것도 위험 부담을 지는 것도 **좋아하지 않는다**.[80] 이들은 선택할 수 있다면 경쟁과 위험 부담이 덜한 보상 체계에서 일하길 선호한다. 특히 여성은 성과가 가장 좋은 사람이 훨씬 더 큰 보상을 받고 나머지는 아무것도 받지 못하는 **승자 독식** 방식보다 모두가 같은 방식으로 보상받기를 선호한다.

　이런 연구는 경쟁이나 위험 부담 같은 요소의 영향을 정확히 측정하기 위해 실험실에서 진행된다. 경제학 또는 심리학에서 실험실이란 보통 컴퓨터가 비치된 강의실이며, 실험 참가자의 행동을 다양한 차원에서 측정하고자 연구자가 정밀하게 설정한 서로 다른 양태, 곧 실험 조건에 따라 참가자가 특정 과업을 하도록 준비되어 있다. 연구자는 조건을 통해 차별이나 기술로 인한 행동 차이 같은 다른 잠재적 설명을 제거할 수 있다. 실험 참가자는 대개 비슷한 교육 과정을 밟는 대학생이므로 이들의 교육적, 인구사회적 출신은 동질적이다. 이 문제는 뒤에서 다시 살필 것이다.

　일반적으로 경쟁에 대한 선호를 측정하는 실험 조건은 다음과 같다. 과제의 핵심은 단순한 미로 또는 산수 문제를 푸는 것이다. 해결한 문제 수에 따라 보상이 지급된다. 참가자는 여섯 명 정도가 한 집단으로 묶여 실험에 참여한다. 통제 조건, 즉 경쟁이 없는 조건에서는 보상이 동등하게 지급된다. 개별 참가자는 자신이 푼 문제 수에 따라 보상을 지급받는다. 반면 경쟁이 있는 실험 조건은 승자 독식 체제다. 집단 내에서 문제를 가장 많이 푼 사람만 보상받고 나머지는 아무것도 받지 못한다. 승자 보상은 자신의 성과뿐 아니라 집단의 성과에 따라서도 달라진다.

　이런 유형의 실험은 미국, 영국, 독일, 네덜란드, 이스라엘 대학생을 대상으로[81] 수없이 반복되었고 결과는 늘 같았다. 통제 조건에서는 여남 학생의 성과가 차이 나지 않은 반면, 경쟁 조건에서는 여학생의 성취는 그대로이고 남학생의 성취가 더 좋아졌다. 경쟁이 있을 때 차이가 나타나는 것이다. 이때 남학생의 성취가 더 좋아지고 보상이 승자 독식 체제를 따르면서 남학생이 모든 것을 차지하게 된다. 여학생은 선택지가 있다면 경쟁적인 조건 대신 동등 지급이라는 더 확실한 방식을 택했다. 더 경쟁적인 조건에서 일부 여학생이 더 많은 보상을 받을 수 있음에도 말이다. 또한 이들은 다른 여학생보다 남학생과 경쟁 상태에 놓일 때 성취가 더 떨어졌다. 따라서 성별이 같은 집단끼리 비교할 경우, 즉 여학생 집단 내 여학생의 성과와 남학생 집단 내 남학생의 성과를 비교하면 혼성 집단의 경우와 달리 성별에 따른 성과와 보상 차이가 발견되지 않는다.

단순한 논리다. 여학생은 경쟁 조건에서 남학생보다 성과가 떨어진다. 책임을 져야 하는 높은 직급 대부분에서 그렇듯이 말이다. 성과 차이에 따른 임금 차이가 존재하므로 경쟁에 따른 성과 차이는 같은 직업군 내에서의 차이를 비롯해 성별 임금 격차의 일부를 설명한다. 더욱이 여성의 선호로 인해 이들은 극도로 경쟁적인, 따라서 보상도 극적으로 큰 직업을 선택하지 않으려는 경향 또한 보일 것이다.

따라서 심리적, 문화적 차이는 소득 구간의 상위권에서 발견되는 임금 격차와 직업적 분리 역시 설명해 준다.

여기서 끝이 아니다. 경쟁에 대한 선호도 차이는 교육 수준과 계열의 선택을 설명한다. 이 선택은 더 나아가 미래 임금을 예상하게끔 한다. 네덜란드에서 진행된 뮤리얼 니덜 등의 연구는 고등학생의 경쟁 선호도를 측정한 후 이들의 고등 교육 진학과 취업 후 경력을 추적했다.[82] 학업 성취도가 같을 때 경쟁에 대한 선호가 높은 학생은 이공계나 더 명예로운 계열을 선택하는 경향을 띠었다. 여기서 학업 성취도는 성적으로, 경쟁 선호도는 고전적인 실험실 연구로 측정되었다. 남학생의 높은 경쟁 선호는 이공계 진학과 관련된 여학생과 남학생 간 차이를 최대 20%까지 설명했다. 하지만 이 20%가 전부는 아니다. 또 다른 연구는 위험 부담에 대한 태도[83]나 자신감[84] 등 경쟁 외에 심리적이고 행동적인 차이들을 측정했다. 이런 차이는 학업과 경력에서의 선택뿐 아니라 임금의 조건과 수준에 영향을 미쳤다.

그리하여 여자들은 평균적으로 위험을 덜 감수하고, 자신감이 떨어지고, 자기 자신을 덜 내세우고 성과를 체계적으로 평가절하하며,[85] 승진 요청을 더 적게 하고 협상을 충분히, 그러니까 남자보다 하지 않으며, 남성보다 더 낮은 임금을 요구하고 받아들이며 가면 증후군을 겪는다. 할 말은 많지만 이 정도로 해 두겠다. 예를 들어 미국 경영대 남학생은 여학생보다 임금 협상을 네 배 더 자주 하고, 여학생은 임금 협상 시 남학생보다 30% 더 적은 보수를 요구한다.[86] 대학 연구자 중에서는 여성이 자질이 같은 남성보다 승진을 덜 요구하는 경향이 있다. 승진 가능성이 그들과 거의 비슷한데도 말이다.[87]

또한 여성은 다른 사람에게 더 열려 있고 무료 봉사를 더 많이 한다. 승진이나 임금 상승에 전혀 연결되지 않는 그런 과업을 수용하는 경향이 남성보다 더 높은 것이다. 그리고 사람들은 여성이 절대 아니라는 말을 하지 않는다는 점을 알고 있기에 돈과 승진에서 멀어지게 만드는 무급 노동을 여자들에게 더 자주 요구한다. 일례로 대학에서 관리자 위치에 있는 사람들은 여성 연구자에게 위원회 자리를 맡으라는 요구를 더 자주 하는데, 여성들은 이를 더 자주 수락하고 그 일에 시간도 더 많이 쓴다. 이런 종류의 일이 승진에 전혀 도움이 안 된다는 걸 매우 잘 알고 있음에도 그렇다.[88] 나는 개인적인 경험 덕에 이런 위원회가 경력과 임금 상승에 도움이 전혀 안 된다는 점을, 위원회에 무언가 흥미로운 것이나 개인을 발전시킬 만한 것이 전혀 존재하지 않는다는 점을 힘주어 말할 수 있다. 아니면 내가 이타주의자로 타고나질 않아서 그럴지도 모른다. 사기업에서 상급자는 역시나 여성에게 만족스럽고 유망한 프로젝트에서 일할 기회를 남성보다 적게 제공하곤 한다.[89]

요약해 보자. 두 성별의 심리와 선호는 서로 다르다. 남성의 심리와 선호는 노동 세계, 특히 극도로 경쟁적이고 보상이 높은 극한 직업에 더 적합할 테다. 결국 우리가 이렇게 생겨 먹었다면[90] 남은 선택지는 이런 차이를 받아들이고 지금 이 세계가 최선의 세계라고 생각하며 아무것도 하지 않는 것, 아니면 결론에 만족하지 않고 더 경쟁적인 태도로 더 자주 협상하며 여성이 세계를 변화시

키는 것뿐이다. 후자는 앞서 본 『린 인』이 제시하는 바다.[91]

이제껏 지적했듯 이런 식의 설명은 여성에게 죄책감을 유발한다. 무엇보다 최악인 점은 이런 연구가 암묵적으로 남성의 불평등한 세계를 우리가 따라야 할 모범처럼 전제한다는 것이다. 마치 타인에게 열린 태도를 보이기보다 경쟁심을 품는 쪽이 더 특권화되어야 한다는 듯이, 승자가 **모든 것**을 갖고 나머지는 **절대 아무것도** 얻지 못하는 승자 독식 과제에서 승리하는 일이 사회적 목표라는 듯이! 그리고 여성의 조건 문제는 여자들이 이를 충분히 따르지 않았기 때문에 생겨났다는 듯이. 수십, 수백 개의 연구가 그 토대를 의심하지 않은 채 이런 논의를 재생산하고 있다. 이 얼마나 지적으로 빈곤한가. 사회적 모델의 오류이자 공포 그 자체다! 이런 연구는 과학적으로도 완전히 허술하다. 다음 세 연구가 이를 보여 준다.

첫째, 이런 차이가 보편적이거나 선천적이지 않으며 문화적 규범, 경제 발전 수준, 경제적 불평등, 교육에 영향받는다는 점을 이해하기에는 프랑스의 사회 직업적 구분상 최상위 계급인 CSP+ 계층의 대학생들로 가득한 서구 대학의 실험실 밖에 나오는 것만으로 충분하다.

가부장 사회인 케냐의 마사이족 여성은 서구 여성과 마찬가지로 남성보다 덜 경쟁적이지만, 모계 사회인 인도의 카시족 여성은 같은 집단 남성보다 **더** 경쟁적이다.[92] 중국에서 다수 민족인 한족 여성은 공산주의 평등 이데올로기에 노출되었기에 평등주의에 노출된 적 없는 중국의 소수 민족 여성보다 더욱 경쟁적이다.[93] 이렇듯 교육은 차이를 빚어내는 데 중요한 역할을 한다.

둘째, 경쟁 조건에서 여학생과 남학생의 성과 격차는 과제와 보상의 성격에 따라 달라진다.

경쟁심 측정에는 실험 참가자에게 미로나 산수 문제를 풀게 하거나 100미터 달리기를 시키는 방법이 있다. 그러나 바로 이 과제에 문제가 있는데 보통 수학이나 공간 지각 과제는 남자아이 전용으로 간주된다. 공놀이와 사냥에 관한 우리 선조들의 이야기를 다시 떠올려 보라. 100미터 달리기는 말할 것도 없다. 남자아이의 활동을 하라고 요구받은 여자아이는 지극히 불편해질 텐데, 남자아이와 경쟁해야 하는 조건에서 특히 더 그럴 것이다. 결국 여자아이는 사실 전혀 그렇지 않은데도 즉각 남자아이가 자기보다 더 뛰어나다고 생각하게 된다. 규범적 유형에 따른 위협이 악순환하는 것이다. "여자애들은 수학에 소질이 없어, 공놀이도 잘 못 하지."처럼 부정적 스테레오 타입을 환기하는 행동은 능력 발휘에 영향을 미친다. 긴장감, 불편함, 부정적 사고, 자신감 상실, 부주의해진 사람들은 정확히 스테레오 타입이 예언한 방식대로 행동하게 된다.

따라서 같은 실험이라도 기억력 테스트처럼 전형적으로 여성적인 과제나 특정 알파벳으로 시작하는 단어를 최대한 많이 쓰는 것처럼 중성적인 과제를 수행하는 실험에서는 결과가 완전히 바뀐다.[94]

중성적인 과제에서는 경쟁심과 관련한 어떤 성차도 발견되지 않는다. 기억력 테스트에서 여성은 남성보다 더 경쟁적이다.[95] 다시 한번 말하지만 여성과 남성을 평가하는 방식에 따라 두 성별 집단 중 어느 쪽이 더 나은 성과를 낼지가 크게 좌우된다.

나의 전 동료 앨러산드라 카사르와 현재 동료인 시드니 제인 장의 연구 이전에 경쟁심을 측정하는 데 활용된 과제들은 항상 참가자가 돈을 얻는 식으로 보상을 지급했다. 앨러산드라와 제인은 자기 자신에게만 배타적으로 이득인 돈 같은 것이 아닌 다른 보상을 주면 성과와 경쟁 선호에서 여남 차이가 사라진다는 점을 발견했다. 상하이에서 어린 학생을 둔 부모를 대상으로 처음 진행한 실험에서 돈을 보상으로 주었을 때의 결과는 서구의 대학생을 대상으로 한 것과 같았다. 경쟁이 있을 때 남성은 여성보다 성과가 더 좋았고, 경쟁을 더 자주 선택했다. 하지만 보상이 자녀의 참고서를 살 수 있는 도서 상품권이었을 때 여성-남성 격차는 사라졌다. 보스니아 헤르체고비나, 콜롬비아, 토고에서도 결과는 같았다. 마찬가지로 우승자가 상금 전부를 갖기보다 참가자들에게 나눠 줄 수 있도록 한 미국의 한 실험에서 여성은 남성만큼 경쟁적이었다.[96] 다시 말해 사회적 모델이 완전히 불평등한 승자 독식이 아니거나 최종 목표가 돈이지 않을 때 여성은 남성**만큼** 경쟁적이다. 노동 세계에서도 경쟁적인 일자리가 팀워크를 강조한다면 여성이 이 일에 지원할 가능성은 더 커진다.[97] 누가 죄책감을 느껴야 할지에 관한 선입견에 조금은 의문이 들지 않는가?

이러한 결과는 여성과 남성의 성과 차이에 영향을 주는 업무, 하지만 보다 일반적으로 기업과 사회가 이득을 보는 그런 일과 보상 체계에 대한 정의를 되묻도록 한다. 수학일까, 기억력일까? 한 사람이 모든 것을 차지하는 개인적인 경쟁일까, 다른 사람에게도 이익이 되는 일일까? 불평등한 승자 독식일까, 자원의 배분일까? 사무실에서 밤을 새우는 것일까, 아니면 아이를 재우려 집에 좀 더 일찍 들어가는 것일까?

보상에 관한 이러한 질문은 경쟁심 측정 과제에서 보상을 제공하는 방식을 건드릴 뿐 아니라 더욱 일반적으로 **사회**가 여성과 남성의 서로 다른 심리적 특성을 어떻게 달리 보상하는지를 성찰하도록 한다. 이것이 내가 제시하는 세 번째 논점이다. 사람들은 자기 어필을 열심히 하고 나흘에 한 번씩 임금 인상을 요구하는 경쟁적이고 야심 있는 여성을 좋아하지 않는다. 게다가 그런 여성은 '섹시'하지 않다고 여겨진다. 경쟁적이고 야심 있고 잘 뽐내는 남성은 가치를 인정받고 섹시하다**고까지** 생각하는 것과 달리 말이다. 뉴욕 컬럼비아대에서 진행한 스피드 데이트 실험은 이 점을 확실하게 보여 주었다. 남성은 자기보다 더 야심 차거나 똑똑한 여성을 좋아하지 않는다. 이들은 이런 상대의 연락처를 묻지 않는다.[98] 또 일터에서 협상을 하는 여성은 남성보다 체계적으로 좋지 않은 평가를 받게 된다.[99]

여성들은 이를 너무나 잘 알고 있다. 친애하는 셰릴 샌드버

그 여사님, 여자들은 미치지 않아서 자기 자신을 내세우지 않는 것입니다. 여성이 남성보다 반드시 경쟁심이나 야심이 덜한 것이 아니다. 여성은 야망을 드러내면, 자기 자신을 뽐내면, 경쟁에서 이기면 남들에게 안 좋은 시선을 받고 부정적인 결과를 겪게 되리라는 점을 정확히 알고 있을 뿐이다. 여러 영역에서 나타날 부정적 결과들을 말이다.

우선 노동 시장을 보자. 노동 시장에서 '좋지 않게' 보인 여성은 어떤 부정적 반작용에 노출될 것이다. 반면 이들은 자기 자신이 아닌 타인을 위해 협상할 때는 남성만큼이나 잘한다.[100] 그러나 앞서 말한 나쁜 반작용이 없더라도, 그토록 기다리던 승진을 하거나 오스카상을 받거나 선거에서 당선되더라도 여성은 훨씬 더 근본적인 대가를 치르게 된다.

이는 바로 엄마이자 여성으로서 치르는 대가다. 주당 75시간 근무하는 '극한' 직업은 엄마의 가족적 삶과 양립할 수 없기 때문이다. 또 이러한 삶은 남성보다 여성에게 더 중요할 수 있다. 이미 예상했겠지만 나는 진화 생물학을 참조하는 것을 별로 좋아하지 않는다. 그러나 암컷과 수컷 영장류가 필연적으로 더 경쟁적이거나 덜 경쟁적이지 않다는 지적은 흥미롭다. 이때 암컷과 수컷이 경쟁으로 추구하는 목표는 서로 다르다. 수컷 영장류는 서로를 위협하고 자원을 독점하고자 자기 가슴을 두드리고 상대방의 가슴을 친다. 영장류에서 자원은 직접적으로 암컷이지만 인간에게서 이는 돈이다. 세라 허디가 지적하듯[101] 암컷 영장류의 목표는 자기 후손의 후생이다. 침팬지 사회는 여성적 위계 구조가 엄격한 모계 사회다. 지배하는 위치에 있는 암컷과 그 딸들은 가장 좋은 음식에 접근할 수 있고 더 어린 나이에 재생산을 하며 더 튼튼한 후손을 더 많이 낳는다. 북아메리카의 작고 귀여운 마멋처럼 초원에 서식하는 다람쥣과 포유류들은 지배적 위치의 암컷이 다른 암컷에 압력을 행사해 배란기를 멈추게 한다. 다른 암컷이 자식을 갖지 못하면서 지배적인 암컷의 자원이 더 많아진다. 이렇듯 침팬지와 북아메리카 평원 다람쥐의 세계는 극도로 경쟁적이다. 다만 과시적인 방식으로 싸우는 수컷보다는 눈에 덜 띈다. 후자는 광범위한 경쟁과 내세우기가 아닌 다른 암컷과의 복잡한 동맹을 통해 이루어진다. 분명 연구하기가 더 어렵기 때문에 연구자들은 그토록 오랜 기간 이 문제에 관심 갖지 않았을 것이다. 이들에게는 어떤 종이든 암컷은 수동적이라는 편견이 있기도 했다. 다윈 또한[102] 여성은 남성이 하는 선택의 수동적 대상일 뿐이기에 남성만큼 진화하지 않았다고 주장했다. 남성은 다른 남성을 능가하기 위해 강하고 지능적으로 진화한 반면, 여성의 목표는 남성의 관심을 받을 만한 이가 되는 데 있기에 진화 과정에서 외모 대신 지성을 희생시켰다는 설명이다. 여자들은 아름다우**면서도** 지적일 수는 없는 것이다.

　여성은 자신이 너무 노골적으로 야심에 차 있고 경쟁적이면, 자기 자신을 너무 내세우면 '안 좋게 보일' 것이라는 점 또한 매우 잘 알고 있다. 컬럼비아 대학의 스피드 데이트 실험이 이를 잘 보여 준다. 남성은 자기보다 야망 있는 여자를 좋아하지 않는다. 그래서 여성은 자신을 숨긴다. 그렇다. 다윈의 말처럼 우리 여성은 더 매력적으로 보이기 위한 소소한 전략을 갖고 있다. 여성은 화장으로 야심을 감춘다. 스스로를 낮추면서 더 낮은 임금을 원하고 출장 가기를 원하지 않는다고 말한다. 하지만 여기에 흥미로운 사실이 있다. 우리 여성은 이를 진정으로 원하는 것이 아니다! 여성은 같은 노동을 하면서 남성보다 더 적게 벌기를 바라지 않는다. 만족도가 떨어지고 명예와 보상이 적은 경력을 갖길 **진정으로** 원하지 않는다. 밤마다 집에 돌아와 하는 설거지와 빨래를 **진짜** 원하는 것이 아니다. 그럼에도 남들 눈에 '안 좋게 보일까' 두려워서 그렇게 한다.

'안 좋게 보인다'란 무슨 의미일까? 이는 관습과 사회문화적 규범을 위반하는 것을 의미한다. 여성에 대한 사회적 이미지를 따르지 않는 것이다. 이제 이러한 규범이 여성의 직업과 사생활에 미치는 영향을 살펴보자.


## 집과 회사를 오가는 젠더 정체성

여성은 자신의 직업적 성공과 야망이 애정 생활에 미치는 위협을 정확히 알고 있다. 「아내인 척하기」라는 자극적인 제목을 단 연구는 여성이 남성보다 야망이 덜하거나 자신감이 적지 않지만 잠재적 남편을 겁주지 않으려 야심을 **숨기고** 체계적으로

자신을 낮춘다는 점을 보여 준다.[103]

　이 연구는 미국의 한 명문대 MBA 과정 학생을 대상으로 진행되었다. 앞서 확인했듯 성별에 따른 임금 불평등이 있기는 하지만 이들 모두는 탄탄대로인 경력이 약속되어 있다. 연구자들은 잠재적 채용자인 것처럼 꾸미고 여학생과 남학생에게 희망 연봉과 희망 노동 시간, 출장 가능 일수를 말하도록 요청했다. 또 평소 '리더십' 정도, 동료와 비교해 가진 직업적 야망, 경쟁적 환경에서 편안함을 느끼는 정도, 읽고 쓰는 능력을 평가해 보라고 요구했다. 리더십, 야망, 경쟁심 등 처음 세 영역은 집단적 상상에서 스테레오 타입상 남성적인 역량으로 인식되고, 어문과 관련된 네 번째 영역은 다소 여성적인 역량으로 인식된다.

　이 설문 조사가 이룬 중요한 혁신은 학생들이 전혀 알지 못하는 사이에 우연한 방식으로 구별한 두 집단을 연구했다는 점이다. 첫 번째 집단의 학생은 자신의 답변이 공개되지 않을 것이라고, 두 번째 집단의 학생은 답변이 공개적으로 논의될 것이라고 공지 받았다.

　남학생의 경우 자신이 말하는 바가 공개되거나 공개되지 않는다는 사실이 아무 변화도 일으키지 않았다. 여학생들은 달랐다. 답변이 공개되면 여성은 자기 야심을 체계적으로 숨기고 희망 연봉을 낮췄으며, 규범상 남성적인 영역 전체에서 자기 평가를 낮췄다. 여성적인 영역은 이런 변화에 제외되었다. 더욱이 이러한 효과는 파트너를 아직 찾지 못했고 아마도 자신이 속한 집단에서 찾고 있을 미혼 여성에게서만 유일했다. 결혼한 여성은 더 숨길 것이 없다! 물론 이는 미혼 여성이 정말로 파트너를 찾고 있는 조건에서만 유효한데 이 가정에 대해서는 질문을 제기해 볼 만하다.

이러한 연구가 측정한 효과는 매우 중요하다. 연구 결과를 보면 미혼 여성은 남성보다 평균 1만 8000달러 더 낮은 연봉, 주당 네 시간 적은 근무 시간, 한 달에 7일 적은 출장을 요구한다고 말한다. 연구자들은 또한 답변을 분석하며 미혼 여성이 필기시험에서 남성 전체나 기혼 여성만큼 좋은 점수를 받았음에도 구술시험에서 훨씬 낮은 점수를 받고, 수업 참여도에서도 낮은 점수를 받는다고 했다. 확실히 이는 미혼 여성이 자기를 내세우는 데 너무 큰 두려움을 갖고 있기 때문이다.

이 연구는 여성, 최소한 MBA 과정을 밟는 여성이 남성보다 야심이 덜하거나 경쟁적이지 않다는 것을 증명한다. 특히 이들은 남성과 마찬가지로 까다롭지만 그만큼 보상이 큰 커리어를 원한다. 하지만 그러한 직업이 여성과 아내로서의 잠재적인 자기 이미지에 미칠 부정적인 영향을 내면화했다. 직업적 야망과 헌신으로 잠재적 남편을 겁주어서는 안 되는 것이다. 만약 내가 일을 너무 많이 하거나 출장으로 너무 자주 집을 비우면 설거지는 누가 할 것인가?

실제로 노동 시장에 참여하겠다는 결정과 여성의 직업적 성공은 가사 노동 분배에 관한 결정과 밀접하게 연관되어 있다.

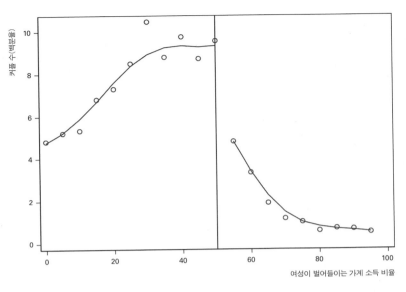

표 9

**2001~2011년 호주의 가계 소득 중 여성 기여도에 따른 가구 수**

호주에서 결혼한 또는 동거 중이며 두 파트너 모두 소득이 있는 이성 커플 표본. 가로축은 두 사람이 벌어들이는 소득 중 여성의 기여도를 나타낸다. 각 점은 가계 소득 중 여성의 기여도를 표시하는 커플의 수이며 백분율 수치다(각 선분의 간격은 5%p). 중간의 세로축은 여성이 가계 소득에서 정확히 절반 기여하는 상황을 의미한다.

출처: 2001, 2005, 2008, 2011년도 HILDA 설문 조사

그러나 전통적인 이성 커플에서 각자는 자기 자리, 사회적 관습과 젠더 정체성이 규정한 자리에 머물러 있어야 한다. 그렇지 않으면 부부는 갈라질 위험에 처한다.

대다수 부부에게서 남성이 가계 소득의 주요 공급자라는 점은 잘 알려져 있다. 프랑스에서는 전체 가계의 4분의 3이 그렇다.[104] 더욱이 표 9가 보여 주듯 남성과 여성이 결혼할 가능성은

가계 소득 중 여성 수입의 비율이 50%를 넘어설 때 **급격히 추락**한다.[105] 지금껏 살펴본 바에 따르면 여성이 남성보다 더 많이 버는 커플이 그렇지 않은 커플보다 적다는 사실은 그리 놀랍지 않다. 비록 내게는 매번 놀라운 일일지라도 말이다. 그런데 여성이 파트너보다 정확히 '아주 조금' 더 벌게 됐을 때 이 모든 변화를 매우 급격하게 일으키는 이유란 사실 존재하지 않는다. 각 가정에 숙명 같은 50% 문턱을 넘어서는 데 대한 엄청난 반감이 있다는 것으로만 설명될 뿐이다.

50% 문턱에서 관찰되는 급격한 하락은 남성보다 소득이 높은 여성이 자신보다 소득이 아주 조금 낮은 남성과 결혼할 가능성이 더 낮다는 사실뿐 아니라 이 여성이 혹시라도 남편보다 소득이 높으면 이혼할 가능성이 더 크다는 사실 때문일 수 있다. 게다가 여성의 승진 또는 더 일반적으로 직업적 성공은 종종 부부 관계에 위협을 준다. 예를 들어 사람들은 정계에 여성이 더 많지 않다는 점에 놀라는데, 앞서 살펴보았듯 공적 영역에서 때때로 여성이 취급받는 방식은 여성을 이 영역에 들어오고 싶지 않게 만든다. 하지만 더 나아가 여성이 정치인의 삶에 진입하는 것은, 특히 그런 삶에서 성공하는 것은 부부 관계의 문제도 일으킨다. 여남 평등이 상당히 진전된 스웨덴에서조차 국회 의원 선거나 지방 선거에서 당선된 여성은 이혼 위험이 두 배로 증가한다.[106] 회사 임원진으로 승진하는 것도 효과가 같다. 물론 남성은 그렇지 않다.

게다가 남편보다 커리어가 뛰어나 돈을 더 많이 벌고 사무실에서 더 오랜 시간을 보낼 때 여성은 가사 노동의 절대적 양과 가사에 쓰는 시간을 줄이기보다 도리어 늘린다![107] 커플 내 경제적 전문화에 관한 예측과 완전히 반대되는 결과다. 사람들은 커플 중 돈을 더 많이 버는 쪽이 집 밖에서 더 많이, 집 안에서 더 적게 일하고 더 적게 버는 쪽이 가사를 더 많이 할 것이라 예상한다. 2장의 설명 상자에서 경제학자들이 사무실에 있는 남성과 집에 있는 여성의 노동 시간 분할을 설명하는 데 바로 이 논거를 활용했다는 점을 기억하자. 남성이 여성보다 돈을 더 많이 벌 때는 정확히 이를 관찰할 수 있다. 남성은 더 많이 노동하고 여성은 가사와 자녀를 돌본다. 그러나 돈을 더 많이 버는 쪽이 **여성**일 때 여성은 가사와 자녀를 **더욱더** 돌보는 것이다. 사람들은 직업적으로 성공한 사람의 남편이 설거지나 빨래하기를 거부하면 여성이 가사 도우미를 고용할 것이라 상상하지만 그렇지 않다. 여전히 여자가 집안을 돌본다! 이들은 집에서 여가 활동을 하거나 아이와 놀아 주는 것이 아니라 확실한 가사 중노동을 하기 때문에 돈을 많이 버는 아내가 가사 시간을 늘린다는 사실은 더욱 놀랍다.

이는 여성이 집안일을 담당해야 한다는 전통을 고수해 자신의 직업적 성공을 '상쇄'하려는 여성 자신의 필요를 통해서만 설명된다. 달리 말하면 남편보다 성공한 여성은 자기 성공이 남편, 부부 사이, 심지어 자신의 전통적인 정체성에 미치는 위협에 대해 설거지를 더 많이 하는 식으로 **균형을 맞춰야** 하는 것이다. 게다가 연구자들은 여성이 지는 정신적 부담의 영향력 전체를 측정하지도 않았다. 시어머니의 생일을 기억하는 것, 식사를 계획하는 것, 자녀와 부부의 사회적 삶을 조직하는 것, 자녀의 일상적인 병원 진료를 챙기는 것 등 이 모두는 지금까지의 조사에서 측정되지 않았다.

문화적 규범과 젠더 정체성은 수학이냐 아니냐 하는 교육의 선택, 스스로의 두려움, 성별 유형화를 강화하는 교사의 행동에 따라 달라지는 학업 성취, 직업과 직군 선택에 영향을 미친다. 같은 직업 내에서도 승진 가능성에 영향을 준다. 여기에서 한 번 더, 이는 고용주의 잠재적으로 차별적인 행동뿐 아니라 자신의 야심과 경쟁심을 숨기고 스스로를 낮추며 협상을 회피하는 행동과 '아니요'라고 말하기 두려워 자기 커리어에 도움되지 않는 과업을 떠맡는 여성 자신의 행동에서 기인한다. 궁극적으로 문화적 규범과 젠더 정체성은 가사 노동 분배에, 여성의 직업적 성공이 개인적 삶, 즉 엄마와 아내로서의 삶을 구성하는 방식에 영향을 미친다.

문화적 요인과 젠더 정체성이 이토록 중요하다면 다음과 같은 질문이 떠오른다. 이들은 어디에서 유래했을까? 어떻게 만들어졌고 앞으로 어떻게 변화할까? 다음 장에서는 이를 살펴보도록 한다.

# 문화적 요인의
# 기원과 진화

## 3부

이 책이 따르는 원리는 이렇다. 문화적 규범은 여성의 노동 시장 참여 변화, 성별 임금 불평등 변화의 주요한 동인이다. 따라서 미국과 마찬가지로 프랑스에서 양차 세계 대전 이후 여성의 진보는 전쟁 자체의 효과라기보다 공장과 농경지에서 여성이 동원되며 문화적 규범이 흔들렸기 때문에 가능했다. 몇 년 뒤 노동 세계를 변화시킨 동인은 가전제품과 경구용 피임약의 도입이 아닌 베이비 붐과 그에 따른 결과가 여러 세대의 여성에게 결혼과 노동의 개념을 바꾸어 놓았다는 사실이었다. 노동 가치를 측정하는 데 가장 강력한 영향을 미치는 문화적 규범, 높은 보상을 받을 만한지나 무엇이 명예로운지를 판단하는 기준에 쓰이는 특성, 아빠와 비교해 자기 일에 헌신하는 엄마에 대해 내리는 심각하게 불균등한 판단. 이 규범, 특성, 판단이 직종의 선택과 수입에 영향을 미쳐 결국 여성과 남성 사이의 경제적 불평등을 지속시킨다. 하지만 이러한 규범은 어디에서 유래할까? 왜 문화적 규범은 그토록 끊임없이 노동과 여성 소득에 영향 미치는 것일까? 이들 규범은 노동에만 영향을 줄까, 아니면 정치적 의견과 선호도, 건강, 아이들이 학교 운동장에서 행동하는 방식처럼 다른 영역에도 영향을 미칠까?

3부에서는 아마존 밀림에서 식민지 호주를 거쳐 사우디아라비아까지 여행하면서 문화적 규범이 **아비투스** 내에서 구축된다는 점을 확인할 것이다. 역사적, 환경적 정황은 서로 다른 활동에 대한 성별 전문화를 규정하며 문화적 규범을 빚어낸다. 이 규범은 여러 세대에 걸쳐 지속된다. 심지어 이를 규정한 경제적이고 역사적 정황이 심원하게 변화하더라도 말이다. 따라서 이러한 정황은 규범, 여성과 남성의 일자리 선택, 소득 불평등에 영향을 준다. 시효가 끝난 정황 속에 형성된 규범이 더는 지금 상황에 적합하지 않은 경우에도 그렇다.

이런 예시들 외에 나는 특히 젠더 규범과 고정 관념의 구축 및 탈구축 문제에 관한 핵심을 강조하고 싶다. 가령 많은 사회학 연구가 세습 재산과 공증인, 은행가, 투자 전문 출판을 같은 금융 매개자가 어떻게 '돈 문제는 남성의 문제'라는 오늘날까지 지속된 관념을 구축하는지를 보여 주었고, 원칙상 평등을 강조하는 법이 어떻게 다양하고 편향된 재산 평가 방법으로 자매보다 형제에게 구조적으로 유리한 상속 분할을 영속시키는지를 살폈다.[1] 우리는 이러한 의식적·무의식적 실천과 전략에 다시 체계적으로 의문을 제기하고, 또 역사적으로 위치 지어지고 사회적으로 구축된 특징을 명확히 드러내면서 집단적인 방식으로 변화를 일으킬 수 있을 것이다.

문화적 규범의 지속성은 **아비투스**의 본성으로 설명된다. 가정이나 일터에 배분된 과업은 습관으로 자리 잡아 우리의 세계관을 형성하고 우리가 '정상적'이라 생각하는 바를 규정한다. 이와 같은 휴리스틱적 인식은 가족 내에서뿐 아니라 학교 수업이나 교회 등 다른 제도 내에서도 주입과 모방을 통해 세대를 거쳐 전승된다. 이러한 인식은 미디어, 책, 영화, 즉 문화에 의해 강화된다. 우리는 부모가 한 그대로 하고 우리 부모는 조부모가 한 그대로 하고……. 이 모두는 같은 문화의 산물인 책, 영화 혹은 드라마에 등장하는 여성과 남성 준거 인물의 표상에 따라서나 정치, 미디어 또는 비즈니스계 유명 인사의 영향력 때문에 강화된다.

이렇듯 규범은 지속되며 기술적이고 환경적인 변화에도 끊임없이 살아남는다. 그리고 불평등을 재생산한다. 규범이 만드는 불평등은 때때로 부적합하며, 여성도 남성도 행복하게 해 주지 않는다. 그럼에도 결코 사라지지 않는다. 규범이 환경에 적합해서가 아니라 체계의 균형점, 즉 사람들의 행동을 조정하는 방식을 구성하기 때문이다. 게다가 이들은 비록 사회적으로 최적은 아닐지라도 현재 확립된 체계로 인해 개별적으로는 최적인 것일 수 있다. 가령 경구용 피임약이 발명되기 이전에 모든 사람은 지금보다 더 일찍 결혼해 자녀를 가졌다. 그런 선택이 각자의 선호에 맞았기 때문이 아니라 다수가 하는 행동을 따르는 것이 개별적으로 더 선호되었기 때문이다. 무지와 미지는 항상 두렵다. 같은 맥락에서 혼자 상황을 바꾸기란 매우 힘들다. 반면 이 규범이 실제로는 사회적으로 최적이 아니라는 것을 모두가 합의하고 인정한다면 규범은 바뀔 수밖에 없다.

# 9 성별 분업의 역사적 기원

　문화적 규범이 변화하는 방식을 살피기에 앞서 이러한 규범이 어디에서 유래하는지부터 확인해 보자.

　여성과 남성 사이의 노동 분할을 오랫동안 규정하고, 오늘날 문화적 규범과 경제적, 정치적 선택에 계속 영향을 미친 역사적 정황의 첫 번째 유형은 여성과 남성의 상대적 노동 가치를 규정한 조건과 관련 있다. 여남의 상대적 가치는 인류가 수렵자이자 채집자였던 시기부터 생산과 관련된 전문성을 성별화했다. 수렵자-채집자 사회에서 여성과 남성의 경제적 역할은 달랐고 현재 남은 소수의 수렵자-채집자 사회에서도 그 차이가 발견된다. 그러나 이 사회에서 여성의 역할은 상당히 중요하고 본질적이었다. 여성은 채집 노동으로 일일 칼로리 섭취량의 거의 4분의 3을 제공했는데 이는 생활에 필요한 에너지를 가장 안정적으로 채워 주었다.[2] 모든 증거가 당시 여성이 중요한 사회적 역할을 했고 이 과정에서 남성으로부터 매우 독립적이었음을 알려 준다. 게다가 과거 많은 사회가 경제적 자원뿐 아니라 가족 내 지위, 씨족의 소속이 엄마에게서 딸로 전승되는 모계 사회였고, 새로 결혼한 부부가 남편의 마을이 아닌 아내의 마을에 사는 모거제(母居制)도 강했다. 부거제와 부계 사회에 토대를 두는 현대적인 서구 사회를 놀라게 하는 사실이다.[3]

이어지는 논의는 수렵자-채집자 사회의 뒤를 잇는 정주 생활과 농업 사회가 이 균형을 어떻게 뒤죽박죽으로 만들어 놓는지 확인한다. 지금으로부터 5000년에서 1만 년 전의 신석기 혁명 시기에 역사적으로 등장한 농업과 농사일에 도입된 쟁기는 여성의 상황을 극도로 악화시켰다. 이 변화는 오늘날 여성의 노동 시장 참여와 가정 및 정치에서의 역할에까지 영향 미치고 있다. 장기적 지속의 논리는 다음과 같다. 이러한 정황은 현대 산업 사회에서 시효가 지났음에도 사람들의 행동을 오랫동안 지시하고 영향을 미친다. 이런 사실은 상황이 여전히 변하지 않았다는 것을 설명해 준다. 왜냐하면 단순한 습관에서 출발한 정황들이 이제는 규범과 명령이 되었기 때문이다.

여성은 엄마가 그랬기 때문에 가정에서 이러한 규범과 명령을 더 많이 만든다. 이 여성의 남편은 엄마가 그런 것처럼 여자인 아내가 규범과 명령을 더 만들기를 기대한다. 그리고 우리 증조모들은 정주 생활이 시작되고 농업이 발명됐을 때 농경지에서 남성의 노동 생산량이 상대적으로 높았으므로 이런 규범과 명령을 더 만들었다. 이처럼 역사적으로 농업은 가정에서 여성의, 가정 **밖** 노동에서 남성의 전문화와 관련된다.


## 수렵자-채집자 사회의 역할 분담

물론 이는 너무나도 진부한 이야기다. 수렵자-채집자 사회에서 남자는 사냥을 했고 여성은 채집을 했다는 사실이 대체 왜 중요할까? 우리는 인류로서의 실존 대부분을 수렵자-채집자 사회의 종으로 경험했다. 수렵자-채집자 사회의 삶의 조건이 인간의 생물학적 진화, 곧 신체적·생리학적 특질과 심리학적 특질에까지 가장 오래 영향을 미쳤다는 의미다.

또 이 점은 옳고 그름과 관계없이 수렵에 투사되는 상징 때문에 중요하다. 수렵자-채집자라는 과거와 그에 대한 담론은 진화 심리학 이론에 의해 무수히 반복해 환기되고 있기도 하다. 이를테면 여러 번 지적받았듯 진화 심리학은 남성이 사냥을 했던 수렵자-채집자 과거에서 남학생이 수학을 더 잘하는 이유를 발견하고 남성이 사회를 비롯한 여러 다른 측면에서 더 높은 지위를 누린다는 사실을 자연화한다. 솔직해지자. 사람들은 다소 성차별적인 시각에서 사냥이 채집보다 더 영광스러운 일이라고 생각한다. 메들린 굿맨과 그 동료들은 이렇게 말했다. "사냥은 여러 활동 중에서도 그 상징화로 인해 젠더 역할이 강하게 각인된 활동이다."[4] 평균적으로 전체 칼로리의 4분의 3이 사냥이 아닌 채집에서 공급되는데도 말이다! 누군가는 성차별적이면서 아마도 조금 계급주의적인 관점에서 마치 오늘날 기업 대표가 비즈니스에 재능이 있는 것처럼 선사 시대 사람이 사냥을 잘했다면 그가 자원과 자식을 더 많이 갖는 것과 심지어 아내를 여러 명 두는 것이 논리적이라 생각한다. 모든 것이 사태가 전혀 그렇게 흘러가지 않는다고 말해 주는데도 그렇다. 우선 당시 사냥은 종종 집단으로 이루어졌고 남성만 참여하지 않았다. 또 사냥으로 얻은 수확물은 집단 구성원 사이에서 비교적 평등하게 분배되었다. 가장 재능 있는 사냥꾼이 더 큰 몫을 갖는 식이 아니었다. 마지막으로 **짝 결속**(pair-bonding), 특히 일부일처제는 인간 사회의 가장 안정적이고 보편적인 특징 중 하나다. 라이언 샤르트와 캐런 크레이머가 말하듯 "짝 결속은 인간 짝짓기 관계에서 보편적인 특징이다. 일부다처제나 일처다부제에서도 나타나지만 연속적 일부일처제에서 가장 흔히 관찰된다."[5] 오늘날 기업 수장이나 정치인이 권력과 재산을 폐쇄적으로 공유하거나 일부일처제를 따르는 경향에 대해서도 같은 말을 할 수 있을지는 잘 모르겠다.

이제 수렵자-채집자 사회에서 여성과 남성의 경제적 전문화에 관해 알려진 바를 더 자세히 살펴보자.

먼저 이러한 사회에 관한 연구는 극복하기 어려운 문제에 직면해 있다. 모두 잘 알고 있듯 사람들은 더 이상 수렵자나 채집자로 살지 않으므로 관찰과 데이터 수집을 하기 어렵다. 따라서 연구자는 **동시대의** 수렵자-채집자 사회를 관찰하거나 고고학 연구로 고대 사회의 흔적을 찾게 되는데 두 경우 모두에서 결과를 일반화하기 어렵게 하는 중대한 선택 편향과 마주친다. 고고학자가 처한 문제는 단연 화석을 찾는 것이다. 그러나 이후에 일어난 일 때문에나 환경 조건에 따라 차이가 발생하므로 어디에서나 같은 조건에서 화석을 찾는 일은 불가능하다. 한편 인류학자의 문제는 현대의 수렵자-채집자 사회가 거의 남아 있지 않으며 이들 사회 모두가 다른 사회와의 '접촉'에 의해 다소간 영향 받았다는 점이다. 다만 이러한 한계를 염두에 둔다면 이들 연구는 생산의 역사적 전문화와 자원의 전승 및 분배를 위한 다양한 사회적 장치에 관해 많은 것을 알려 준다.

우리의 집단적 상상계는 남자가 사냥을, 여자가 채집을 하길 원한다. 분명 **동시대의** 수렵자-채집자 사회 대부분에서 이는 사실로 보인다. 하지만 첫 번째 신화를 깨자. 물론 나는 평균적으로 남성이 여성보다 신체적으로 강하다는 것을 부정하지 않지만 이러한 현상의 원인은 남성이 여성보다 신체적으로 더 강하기 때문이 아니다. 남성이 신체 능력이 가장 좋은 20세 때보다 30~40세에 더 뛰어난 사냥꾼이라는 사실이 그 증거다.[6] 사냥에는 많은 경험이 필요하며, 이때 더 중요한 노하우는 체력보다 주위 환경을 읽고 동물의 흔적을 탐지하는 것이다. 따라서 새로운 설명은 여성과 남성 사이의 또 다른 근본적인 차이, 즉 여성이 아기를 돌본다는 사실에서 찾아야 한다. 여기서 아기를 데리고 돌아다니는 것이 사냥을 위한 외출과 양립하기 어렵다는 관념이 나온다. 아기가 내는 소리에 사냥감이 금방 달아날지도 모른다. 또 사냥은 아이에게 물리적으로 위험할 수 있다. 장기 수유는 건조 기후 또는 반건조 기후 지역에서 수분을 공급해 주고 식수에 쉽게 접근할 수 없는 상황에서 기생충 감염을 예방할 수 있다는 점에서 이점이 큰데 장기 수유를 하는 많은 사회에서 어린아이는 수년씩 엄마를 따라다녔다.[7] 예를 들어 인도의 제누 쿠루바족 여성은 벌침에 쏘이면 아기에게 치명적일 수 있는 매우 공격적인 아시아 꿀벌의 꿀 채집에 일절 참여하지 않는다.[8] 이는 여성이 남성보다 사냥에 덜 참여하는 이유와 이에 따라 노하우를 축적하기 어려운 까닭을 설명해 준다.

하지만 여성이 사냥을 전혀 하지 않는 것은 아니다. 제누 쿠루바족 여성은 아시아 꿀벌이 아닌 다른 종의 꿀은 채집한다. 트시마네족 여성은 남성보다는 사냥을 덜 하지만 특정 종 사냥에 참여한다. 멧돼지나 다른 대형 포유류 사냥이 아닌 거북이 사냥처럼 대규모 집단으로 나서거나 전문적인 노하우가 덜 요구되는 수렵에 특히 그렇다.[9] 이처럼 생산에서 성별 분업이 존재한다 해도 여성은 사냥에서 완전히 배제되지 않는다. 이는 사냥할 종에 따라 달라지는 사냥 집단 필수 구성원 수에 달려 있다.

이 밖에 필리핀 아에타족 같은 다른 사회의 여성도 사냥을 하며 남성만큼 먹을거리를 확보해 온다. 이런 행동은 여성의 생식 능력이나 자녀의 생존에 아무런 영향을 미치지 않는다. 아에타족 여성은 야생 돼지나 노루 같은 큰 사냥 고기의 대략 절반을 가져온다.[10] 소위 근본적인 문제라 불리는 수렵과 모성의 양립을 어떻게 해결할까? 간단한 방법이 있다. 충분히 자란 아이는 돌봄을 맡기고, 아직 어린 아이는 업고 다니며 개가 보호하도록 하는 것이다. 아에타족은 필리핀 해안의 열대 지역에 산다. 사람들이 사냥하러 나가는 숲은 근처에 있고, 사냥을 위한 탐험은 때로 몇 시간 동안만 한다. 여성이 사냥하러 갈 때 할머니, 손위 여자 형제, 아버지가 아이를 돌보고 아직 수유해야 하는 어린아이는 데리고 간다. 이들은 무리를 지어 사냥하고 개의 도움을 받는 것을 선호한다. 서로 보호받을 수 있고 사냥이 더 효율적이기 때문이다. 또 여성이 다른 가족의 일시적인 도움을 받기는 하지만 아이를 가장 많이 돌보는 사람은 항상 엄마다. 엄마들은 어린아이를 돌보는 시간의 절반 이상을 책임진다. 따라서 수렵과 모성은 완벽히 양립할 수 있다. 자격 미달인 엄마가 되지 않고도 사냥하거나 일할 수 있다!

수렵을 하는 여성과 하지 않는 여성은 첫 임신 연령, 임신 횟수 혹은 성인기까지 생존한 자녀 수와 같은 생식 능력 지표 관점에서 어떤 차이도 나타나지 않는다. 호주 원주민 사회에서도 사냥개를 동반한 사냥에 여성이 참여한 사례가 다수 존재한다. 1986년 호주 정부에 제출된 보고서의 서술대로 여성과 남성은 동일한 경제 활동에 종사했다. 그렇지 않았을 때는 신체적 힘이나 다른 생물학적, 심리학적 차이에 기인한 정당화가 아니라 종

교적 또는 문화적 요소가 영향을 미쳤다.[11]

그렇다면 오늘날 우리가 수렵자-채집자 사회에서 관찰한 사냥에 대한 남성의 전문화가 정말로 **조상으로부터** 이어져 내려온 전문화라고 할 수 있을까? 최근 《사이언스 어드밴시스》에 실린 논문은 정확히 이 지점에 의문을 제기한다.[12] 가령 활쏘기는 실질적으로 몇 년에 걸쳐 훈련해야만 획득할 수 있는 상당한 노하우를 요구한 반면 활 이전에 사용된 기술인 추진기나 창 발사기는 숙련 기간이 짧고 정확도가 크게 뒤떨어졌다. 선조들은 여성을 포함한 대규모 사냥 집단을 형성해야 했을 것이다. 이에 따라 연구자들은 페루 윌라마야 파트샤의 두 유적지에서 1만 년 전으로 거슬러 올라가는 여성과 남성 무덤을 발견했다. 일부 무덤에 사냥 도구들이 있었고 보통 이를 사용한 사람과 함께 묻혔다. 특히 6번 개체는 서로 다른 사냥 도구 20여 개와 대형 포유류 잔해와 함께 매장되었다. 치아 연대 측정 결과 이 개체는 17~19세에 사망한 것으로 밝혀졌다. 더 중요한 발견은 치아와 대퇴골 크기로 볼 때 이 사냥꾼이 여성으로 확인되었다는 점이다. 이는 우연이 아니다. 연구진이 아메리카 대륙 전역 열여덟 개 무덤에서 같은 기간에 발굴된 스물일곱 개 개체의 성별을 확인한 결과 열한 명이 여성, 열여섯 명이 남성이었다. 연구진은 우리가 동시대 사회에 관한 민족지 연구에 기초해 믿는 것보다 선조 여성이 훨씬 더 수렵 생활에 관여했었다고 결론 내린다. 여성은 사냥의 30~50%에 참여했다고 추정된다. 이는 대형 포유류 사냥이 남성의 할 일이라기보다 오히려 중성적이라는 점을 시사한다.

또 여기서 인류학자와 민족지학자의 시선에 대해 묻는 것이 적절해 보인다. 최근까지 대부분 남성이었던 이들 학자는 자신의 시대와 문화적 규범을 반영해 그들이 연구한 사회에 대한 시각을 바꿨다. 다양한 사회의 민족지학적 관찰이 한데 모여 있고 연구자들 사이에서 널리 활용되는 데이터베이스 '민족지 아틀라스(Atlas ethnographique)'가 한 가지 사례다. 이 데이터베이스는 낯선 사회와 처음으로 접촉한 백인 인류학자가 수행한 연구를 비롯한 예전의 민족지 연구에 기반한다. 이미 사라졌거나 다른 사회와의 접촉에 영향받은 사회에 대한 현대적 관찰의 편향을 피할 수 있다는 점에서 이는 장점이다. 하지만 문제의 소지가 있는 잠재적 편향도 있다. 이 데이터베이스는 1963년에 구축되었다.[13] 자료의 토대가 되는 문헌들은 평균적으로 1898년에 작성되었고, 당시에는 사냥에 참여하는 여성에 관한 사례를 기술하는 저자들이 사냥을 남성만의 활동이라 결론 내리는 것을 막을 수 없었다. 심지어 2005년에도 일부 고고학자들은 DNA 분석 결과 35~45세 사이의 여성으로 밝혀진 어떤 개체의 무덤에서 사냥 도구가 발견되자 여성이 사냥할 수 있다고 결론 내리기보다 오히려 DNA 분석이 틀렸다고 보려 했다.[14]

사냥에서 여성이 차지한 비중이 어느 정도였든지 간에 모든 데이터는 수렵자-채집자 사회가 우리의 예상보다 훨씬 평등했으며 이 사회에 뒤이어 전 세계 대부분에서 나타난 농업 기반 사회에서보다 여성이 훨씬 독립적이었음을 알려 준다. 첫째, 앞서 살펴보았듯 채집은 무리의 칼로리 섭취분 중 75%를 차지했다.[15] 어떤 의미에서 사냥은 훨씬 덜 필수적이었다. 하지만 누구도 남성 또한 채집에 참여했는지를 알아보는 데 분투하지 않는다. 여성의 사냥 참여 문제에 초점을 맞추는 시각은 그만큼 남성 중심적이다.

둘째, 거주지를 정하는 문제에서도 여성과 남성은 훨씬 평등했다. 《사이언스》에 게재된 「성평등은 수렵자-채집자 집단의 사회적 구조를 설명해 준다」라는 제목의 논문은 수학적 모델을 활용해 이렇게 예측했다. 수렵자-채집자 사회에서 남성이 항상 어디에 정착할지를 결정할 권한을 갖고 있었다면 농경 사회처럼 같은 가족으로 이뤄진 집단, 특히 남성과 그 형제들이 부계제에 따라 함께 사는 집단이 관찰되어야 한다.[16] 그러나 콩고 공화국과 필리핀의 수렵자-채집자 집단에서 관찰된 바는 예상과 달랐다. 저자 중 한 명인 마크 데이블은 "성 평등은 인간종의 근본적인 특징 중 하나", 즉 인간과 원숭이가 구분되는 특징이라고 선언하기도 했다.[17] 그렇다면 성 평등의 이점은 무엇일까? 성 평등은 인간이 부계에 제한되지 않고 더 큰 집단에 접근하도록 해 주며 이는 혁신과 협력의 확산을 촉진한다. "기술이 전파되기에 성체 수가 충분하지 않은" 침팬지들과 구별되는 지점이다.

자원, 지위, 혈통의 전승에서도 더 많은 다양성이 나타난다.

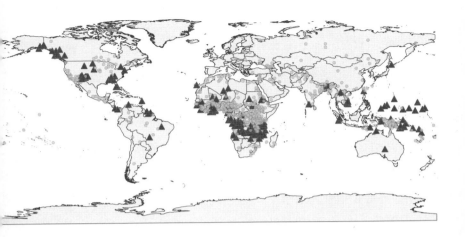

표 10

**전 세계의 모계 및 부계 사회**

삼각형은 민족지 아틀라스의 모계 사회를, 점은 부계 사회를 나타낸다.

출처: George P. Murdock & Douglas R. White, "Standard Cross-Cultural Sample," Ethnology Vol.8 no.4(1969), pp.329~369, https://d-place.org/contributions/SCCS

민족지 아틀라스에
포함된 사회들

● 부계 사회
▲ 모계 사회
☐ 행정적 국경

우리는 '현대적인', '진보한', 게다가 '계몽된' 사회에 살고 있다. 하지만 대다수 사회에서 아빠의 성은 '가족의 이름'과 동의어다. 많은 수렵자-채집자 사회, 비집약적 농업의 일종인 원예를 하는 사회에서 가족의 이름과 혈통, 자원은 모계 또는 모계와 부계 양쪽에 전승된다. 예를 들어 내가 연구했던 태평양 솔로몬 제도 서부 주의 한 섬에서는 마을의 **절반**이 모계 사회였다. 조상 대대로 내려온 것은 사실 모계 사회다. 부계 사회로의 진화가 극히 최근의 일인 것이다. 특히 이러한 변화는 모계 체제가 부조리하다고 믿었던 서구 사회의 영향으로 실현되었다.[18] 민족지 아틀라스에서 연구된 1267개 사회 중 13%는 모계 사회, 47%는 부계 사회이며 나머지는 혼합 체계로 구성된다. 표본 구성 방식과 농경 및 정주 사회에 대한 정보가 기재된 점 때문에 이 수치는 분명 과소평가되었을 것이다(표 10). 민족지 아틀라스에 포함된 정주 사회, 소위 더 진보하고 발전한 사회 중 모계 사회가 3.5% 미만인 반면 부분적으로만 정착 생활을 하는 곳에서는 20%가 그렇다. 마찬가지로 집약적 농업을 하는 사회 중 3.7%가 모계성을 띠는 반면 대규모 농업 또는 원예를 하는 사회에서는 18~19%가 모계 사회다.[19] 아, 진보여…….


## 농경 사회에서 퇴보한 여성들

'진보'는 농업의 등장과 정주화, 더 나아가 농업의 기술적 집약화와 쟁기 발명으로 여성을 급격히 퇴보시켰다. 여성은 가정에 유폐되었고 자율성과 경제적 독립을 잃었다. 생산의 성별 전문화는 수렵과 채집에서보다 농업에서 훨씬 두드러지며, 이러한 경향은 쟁기와 같은 기술이 남성 노동 생산량을 특권화하거나 증가시키면서 더 강해진다. 이에 따라 남성은 밭에서의 노동을, 여성은 가사와 자녀 돌봄을 할당받는다. 재러드 다이아몬드는 농업 도입을 인류가 저지른 '최악의 실수'로 꼽는다.[20] 농업은 경제적 부정의, 정치적 계층화와 전제 정치, 전염병[21] 그리고 여성과 남성 사이 불평등의 악화를 의미했다. 그보다 거의 한 세기 앞서 프리드리히 엥겔스가 도달한 결론도 이와 같았다. 『가족, 사적 소유, 국가의 기원』에서[22] 엥겔스는 농업의 집약화 이전에 잉여를 생산하고 비축하지 못한 무능력은 그 사회의 평등을 의미한다고 지적했다. 음식 생산에서 여성의 지배적 역할은 이들에게 사회적 지위는 물론 독립성과 자율성을 보장해 주었다. 하지만 축적과 함께 불평등이 나타났다. 더욱이 농업의 집약화와 노동 생산성 증가는 더 많은 인구를 부양할 수 있게 했고 노동력에 대한 수요를 키웠는데, 노동력은 여성만 만들 수 있다. 이 때문에 여성은 노동력을 생산하는 역할로 길들여지고 강등되었으며 심지어 이런 역할에 전문화되기도 했다. 남성은 재산을 생산하고 소유하며, 여성은 자녀를 재생산한다. 농업의 발명이 인류의 비극적인 실수라면 여성에게는 훨씬 심각한 잘못이었다.

또 이 현상은 수 세기 동안 계속되었다. 매우 긴 시간에 걸쳐 우리의 습관이 형성되었고, 이를 통해 문화가 만들어졌다. 우리는 오늘날까지 그 결과를 경험하고 있다. 이제 더 이상 농업에 기초하지 않은 산업 사회에서조차 관습은 이어진다.

이처럼 한편에는 농업의 역사적 집약화와 쟁기의 도입이, 다른 한편에는 여성과 남성의 경제적 역할에 관한 문화적 규범과 여성의 노동 및 정치 참여가 있다. 두 영역 사이의 통계적 관계는 여전히 강하다.

한 사회가 농경 사회로 더 일찍 이행했을수록 그 사회의 여성은 오늘날 노동을 덜 하며, 투표권을 더 늦게 획득하고 국회의원이 되는 경우도 더 적다.[23] 전통적 농업이 쟁기 사용에 기반한 사회도 상황은 마찬가지다.[24] 여성의 노동 시장 참여에 영향미치는 다른 중요한 지리적, 역사적, 경제적 요인을 고려하면 이는 참이다.[25]

어느 정도 물리적 힘이 필요한 쟁기는 남성 노동과 관련된 생산량을 증가시켰다. 따라서 남성은 농경지에서 더 많이 일했다. 여성의 경제적 역할과 자율성, 독립성, 협상력은 그만큼 줄었고 경제적 성별 분업화와 성차별적 규범은 더 뚜렷해졌다. 역사적으로 쟁기 사용에 기초한 사회의 사람들은 여론 조사에서 "실업이 많아지면 남성이 여성에 우선해 취업 기회를 얻어야 한다."라고 답할 가능성이 더 크다. 이때 인과 관계의 방향은 기술 사용에서 규범의 형성으로 나아가며 그 역은 성립하지 않는다.[26]

농업의 집약화와 쟁기 도입으로 증가한 농업 생산량은 잉여와 부의 증대를 뜻했고, 이를 전유하려는 이해관계도 늘었다. 부를 전유하려면 여성은 가정에 유폐되어야 한다. 이러한 유폐를 정당화하기 위해 여성보다 남성의 우위를 자연화하는 가치 체계가 창조되었고 강화되었다. 가부장 자본주의가 등장하게 된 배경이다. 이미 확인했듯 토지는 정착 생활이 본격화된 정주 사회에서 더욱 중요해졌고 거대한 부와 권력의 원천이 되었다. 비정주 사회에서와 달리 토지는 거의 독점적으로 남성이 소유하게됐다. 또 가치 체계는 이러한 변화를 동반하고 지지하며 정당화하기 위해 진화했다. 종교를 예로 들어 보자. 이번에도 역시 '민족지 아틀라스'의 데이터에 따르면 '도덕주의적인 거대 종교'[27]가 존재하는 사회 중 모계 사회는 단 5%에 불과하다. 한편 종교 체계가 없는 사회나 종교 체계가 있지만 신이 인간의 삶에 간섭하지 않거나 인간과 다른 도덕 가치를 가진 사회 중 13%가 모계 사회다.

따라서 농업의 집약화는 젠더 불평등을 확립한다. 물론 더욱 일반적으로는 경제적 불평등을 확립한다. 이와 달리 수렵자-채집자 사회는 평등했으며 특히 사냥의 성과물은 모든 집단 구성원에게 분배되었다. 앞서 살펴보았듯 수렵자-채집자 사회 또한 자기 자식이 생존할 수 있도록 하는 여성과 남성의 쌍, 즉 **짝 결속**에 주로 기초해 있었다. 그렇기에 일부일처제가 지배적이었다.[28] 자원 수급이 유동적인 불확실한 환경에서 이 안정적인 쌍은 자녀의 생존을 보장했다.[29] 잉여를 산출하고 비축할 수 있는 농업은 이러한 제약을 다소간 느슨하게 한다. 더욱이 남성 중심성, 특히 남성의 자원 독점은 여러 명의 아내와 그 자녀들의 필요를 충족한다. 이렇게 일부다처제가 점점 더 일반화된다. 그러므로 일부다처제는 가부장 자본주의를 표현하는 특징 중 하나다.

농업에서 남성 노동 생산량은 밭일과 가사의 분할뿐 아니라 오랫동안 여성과 남성의 경제적 역할에 관한 사회적 규범을 규정했다. 이 높은 생산량은 남성의 삶과 비교되는 여성의 삶의 가치에 문자 그대로 영향을 미쳤다.

마오쩌둥 시대 이후 중국에서 이루어진 경제 개혁의 여파에 관한 연구가 이를 확인시켜 준다.[30] 중국은 성차별 규범이 명시적이고 폭력적인 방식으로 표현된다는 점에서 각별히 설득력 있는 사례다. 중국에서 여자아이는 남자아이보다 생존율이 더 낮다. 기술이 존재하고 접근 가능한 한 여성 태아는 남성 태아보다 체계적으로 낙태될 가능성이 더 크다. 남자아이에 대한 선호와 여자아이에 대한 명시적인 무시의 결과로 중국은 인구학적 여남 불균형이 심각하다. 남아시아와 사하라 이남 아프리카, 코카서스 같은 세계의 다른 여러 지역에서 특히 그런 것과 같이 말이다. 2010년 전 세계에서 1억 명의 여성이 '부족'하다고 추정되었는데 그중 8000만 명이 중국과 인도에 해당하는 것으로 나타났다.[31] 남자아이 선호는 빈곤 때문이 아니라 어떤 명백한 선호가 반영된 것이다. 이에 마오쩌둥 사후 경제 자유화로 중국 경제가 성장했을 때 이 현상은 여자아이에 이어 태어난 아이가 남자일 확률이 평균 두 배 증가할 만큼 악화했다.[32]

남아 선호를 측정하는 한 가지 방법은 인구 집단 내 한 가정에서 마지막으로 태어난 아이가 남자아이일 '자연적'인 기대 확률, 거의 50%인 이 수치와 실제 확률의 차이를 연구하는 것이다. 이미 자녀가 있는 부부는 원하는 성별의 아이를 낳은 다음 출산을 멈춘다. 또는 남자아이를 낳을 때까지 여성 태아를 전부 낙태하거나 학대로 여자아이가 유년기를 넘기지 못하게 해 미래 자녀의 성을 선택한다. 남자아이에 대한 선호가 있다면 마지막 자녀는 평균적으로 남자아이일 것이다. 남아 선호는 심지어 이들이 캐나다에 이민 간 후로도 영향을 끼칠 만큼 무척 질기다. 부유할 뿐 아니라 사회적이며 경제적인 규범이 있는 사회에서도 아시아 지역 출신 가정은 많은 경우 막내가 남자다.[33] 중국의 옛 격언은 "건강한 딸 여덟보다 장애가 있는 아들 하나가 더 낫다."라고 했다.[34] 물론 극도로 가부장적인 자본주의 사회에서 이는 남성이 여성보다 돈을 더 잘 번다는 사실로 설명된다. 중국에서 남아 선호 현상은 여성이 남편의 가족에 '속하고', 부모가 적절한 은퇴 제도가 없을 때 아들이 가부장적 일가에 머무르기를 요구하는 사회적 규범 때문에 더욱 강화된다. 부모가 생활비를 충당하려면 아들에게 의지할 수밖에 없는 것이다.

경제 시스템, 그리고 남성의 것과 비교한 여성의 삶의 상대적 가치 사이에는 훨씬 더 직접적인 관계가 있다. 마오쩌둥 사후 1978년에서 1980년 사이 진행된 중국 최초의 개혁 · 개방 정책은 거래용 상품 작물 일부, 특히 차와 과일나무의 경제적 수확량 증가로 이어졌다. 여성은 차 재배에, 남성은 과수 재배에 비교 우위를 가진다. 경제 개혁과 지역적 특성의 결과로 차 재배에 유리한 지역에서는 여성 노동 생산량이, 과수 재배에 유리한 지역에서는 남성 노동 생산량이 증가했다.

연구자 낸시 첸은 과수보다 차 재배에 유리한 지역에서 개혁 개방 전후에 태어난 코호트를 비교한 결과 여성 소득 증가가 여아의 생존율을 높였고 여아와 남아 모두의 교육 수준이 향상

되었다는 점을 확인했다.[35] 남성 소득이 일정할 때 남성 소득에 비해 여성 소득이 10% 늘어나면 코호트에서 여자아이가 생존할 확률은 1%p 증가하고 여아와 남아 모두의 학교 교육 기간이 평균 6개월 길어진다. 따라서 엄마가 돈을 더 벌어 가정 내 권력이 커지고 여자아이와 여성의 경제적 전망이 개선되면 여자아이의 생존률은 더 높아지고 남아 선호는 약해지며, 모든 아이가 더 많은 교육을 누릴 수 있게 된다.[36] 이러한 경험적 규칙성은 중국의 과거 다른 시대나[37] 다른 나라에서도[38] 확인되었다. 쟁기 이야기로 돌아가자면 농업이 쟁기 활용에 집중된 사회에서 더 강한 남아 선호가 발견되었으며 이는 미국이나 앞서 살핀 캐나다 사례처럼 오늘날 같은 국가에 사는 이주자 집단을 비교할 때도 마찬가지였다.[39]

따라서 사용 가능한 기술은 남성과 여성 노동의 생산량을 규정해 두 성별 사이의 경제적 불평등을 조건 짓는다. 경제적 불평등은 가정과 사회 전체에서 여성과 남성의 권력을, 남자아이와 비교되는 여자아이의 '가치'를, 남성과 비교되는 여성의 '가치'를 규정한다. 기술 변화는 두 성별의 노동 생산량에 영향을 주어 이러한 동역학을 변형하거나 강화한다. 쟁기 사례는 여성과 남성의 신체적 차이가 생산량 차이를 규정하므로 비교적 단순한 편이다. 이 책 2부에 나온 예시처럼 여남의 생산량 차이가 훨씬 불분명한 코딩 등의 직능에서 사태는 더 복잡하다. 이러한 직능에서 남성 지배를 유지하고 여성과 남성의 심리적 속성과 서로 다른 자연적 선호에 관해 말하고자 한다면 엄마의 역할과 관련된 경력 단절에 불이익을 주거나 가정적인 삶과 양립할 수 없는 추가 근무를 요구하는 등 남성 지배를 유지하기 위한 일자리 구조화에 좀 더 머리를 써야 한다. 쟁기 사례에서조차 근육의 힘으로 모든 것을 설명할 수 없다. 여성 역시 스스로 혹은 가축의 도움을 받아 도구를 쓸 수 있기 때문이다. 결국 잉여의 독점이 결정적이다. 게다가 기술 혁신은 하늘에서 뚝 떨어지지 않는다. 그런데 만약 남성과 특정 가치 체계가 '남성적' 노동을 체계적으로 특권화한다면 이러한 혁신은 과연 어디에서 나올까? 또 누가 혁신을 특권화할까?

기술의 영향력은 미래의 기술 혁신의 경로를 만들기 때문만 아니라 특정 시기에 사용되는 기술이 여성과 남성의 '정상' 노동과 사회적, 정치적 역할에 관한 문화적 규범에 영향을 미치므로 오래 지속된다. 따라서 더 이상 농업에 기초하지 않는 산업화된 오늘날 사회에서도 노동 시장과 정치 참여에서의 여남 차이가 발견되고, 농업으로의 역사적 이행과 전통적인 쟁기 사용이 과거에 만든 사회적 규범이 관찰되는 것이다.

그러나 기술이 문화적 규범, 그리고 경제와 가정 내 여성과 남성의 상대적 권력 차이에 영향을 주는 유일한 요소는 아니다. 인구학적 충격이라는 또 다른 사례가 있다.

# 10 인구학적 불균형의 효과

이 책 1부에서 1차 세계 대전의 인구학적 충격이 프랑스 여성의 노동 시장 참여와 문화적 규범에 지속적인 반향을 일으켰음을 확인했다.

거의 10여 년 전 호주에 왔을 때 나는 이 지역의 관습에 조금 놀랐다. 이곳은 내가 태어난 프랑스나 4년 동안 살았던 미국보다 성 역할 규범이 훨씬 강했고, 호주와 문화적으로 가까운 영국보다도 뚜렷했다. 다소 '마초적인' 외양을 한 남성은 항상 남자들과 어울려 다녔으며, 그들과 마찬가지로 무척 젠더화되었고 붉은 장미색이나 푸크시아색에 익숙한 여성은 시간 대부분을 여자들과 썼다. 머지않아 여성과 남성 사이의 우정은 제대로 이해받지 못하며 일반적이지도 않다는 것을 알게 됐다. 최소한 프랑스 혹은 나의 개인적 경험에서 이성 간의 우정은 흔한 것이어서 매우 불쾌한 오해를 한두 번 겪기도 했다. 하지만 호주에서 자녀를 돌보는 아빠는 프랑스나 미국보다 훨씬 많았다. 적어도 내가 보기에는 그랬다.

내가 호주의 매우 기이한 특징이라고 생각한 것이 사실은 굉장히 오랜 시간 동안 호주에 여성이 매우 적었기 때문일지도 모르겠다는 가설이 머릿속을 스쳤다. 수가 얼마 안 되는 여성은 과거부터 오늘날까지 쭉 희소하고 이해할 수 없는 '상품'으로 인지되었을 것이다. 표 11이 보여 주듯 백인이 호주를 식민지로 삼기 시작했을 때 여성과 남성 수는 심각하게 비대칭적이었다. 1차 세계 대전 중 동남 유럽 전선, 특히 갈리폴리와 서부 전선에서 상당한 군사적 손실을 본 짧은 시기를 제외하고[40] 2차 세계 대전 이후까지 줄곧 그랬다.

호주의 독특한 역사는 인구 불균형을 설명해 준다. 미국이 독립한 뒤 영국은 호주를 침탈했다. 미국이 영국 빅토리아 왕조의 감옥 역할을 거부하면서 죄수들을 강제 수용할 장소를 찾아야 했기 때문이다. 호주가 새 유형지로 결정된 후 8개월이 조금 넘는 항해 끝에 1788년 1월 첫 함대가 호주에 도착했다. 이 함대는 배 열한 척으로 구성되었다. 영국 포츠머스에서 1420명이 출발했는데 어린이 열네 명을 비롯한 절반 이상의 인원이 죄수였고 나머지는 경비병, 정부 관계자, 해병과 그 가족, 선박 직원 등이었다. 호주 보터니만에 도착한 1373명의 생존자 중에는 어린이 열한 명과 여성 죄수가 여정 중 낳은 아기 열한 명도 있었다.

죄수는 남성이 584명, 여성이 193명이었다. 호송이 계속되면서 불균형은 더 강화되었고 1788년 첫 함대 도착부터 1868년 마지막 호송까지 이송된 남성 죄수는 13만 2308명, 여성 죄수는 2만 4960명이었다. 여성 한 명당 남성이 다섯 명 이상이었던 것이다.[41]

중요한 점은 이들이 전혀 위험한 범죄자가 아니었다는 사실이다. 빅토리아 왕조 시기 영국이라는 역사적 맥락이 이를 설명해 준다. 이 시기에 심각한 범죄자는 감옥에 가기보다 교수형을 당했다. 호주로 영구 추방된 죄수 중 살인죄는 5명, 암살죄는 141명이었다. 그리고 732명은 양을 훔쳤다는 사소한 이유로, 191명은 소매치기를 했다는 이유로, 189명은 시계를, 113명은 손수건을 훔쳤다는 이유로 유배당했다. 우리가 아는 바로 그 손수건 말이다. 내가 문서고에서 찾은 가장 이상한 죄목은 이집트인 흉내를 냈다는 이유로 호주에서 징역형을 살게 된 한 여성의 사례다.

또 죄수 중 상당수는 아일랜드의 저항군이었다. 교육 수준이 높고 글을 읽고 쓸 줄 알았던 저항군들은 호주로 가는 동안 다른 사람들에게 지식을 전해 주었다. 이처럼 추방된 죄수의 사회적 구성에는 영국과 아일랜드의 민중 계급 구성이 반영되었다.[42]

남성이 호주에 유배된 죄수들을 과잉 대표했고, 이들 수감자가 매우 오랜 기간 호주 백인 인구의 핵심을 구성했으므로 여성 대비 남성의 평균 인구수는 매우 불균형했다. 표 11은 첫 함

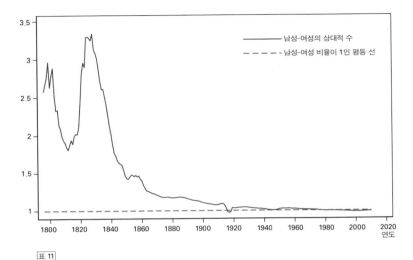

**표 11**

**1796~2010년 호주의 여성 대비 남성의 수**

출처: Australian Bureau of Statistics, Australian Historical Population Statistics Sources, 1796~1900년
은 Population and Vital Statistics Bulletin, 1901~1910(cat. no.3141.0), 1901~1990년은 Australian Demo-
graphic Trends, 1997(cat. no.3102.0), 1991~2010년은 Australian Demographic Statistics(cat. no.3101.0)

대 도착부터 현재에 이르기까지 전체 인구에서 이 숫자가 어떻
게 변해 왔는지를 보여 준다.[43]

1850년대 초 금광이 발견될 때까지 전체 인구에서 여성 대
비 남성의 평균 비율은 새로 유입되는 죄수의 여남 구성비에 따
라 2~3을 오갔다. 어린이를 제외한 성인 인구에서 그 수치는 좀
더 높았다. 1850년대 이래 자유 이민이 증가하며 상황이 조금씩
바뀌었지만 이주민 역시 남성이 훨씬 많았다. 호주의 천연자원,
광산과 농업과 목축의 경제적 기회에 매혹된 남성이 대거 이주

해 온 것이다. 심각한 인구학적 불균형은 2차 세계 대전의 영향에도 종전 이후까지 계속되었다.

호주에 도착한 죄수들은 감옥에 갇혀 있지만 않았다. 정부가 통제하는 작업장에서 일하거나 자유인이나 더는 죄수가 아닌 사람들의 가사 도우미 또는 소작농으로 일했다. 결혼도 할 수 있었다. **여성 죄수**가 결혼할 수 있었다는 점은 특히 중요하다. 여성 죄수의 결혼은 법적으로 한층 쉬웠다. 결혼하려는 죄수는 주지사의 허가를 받아야 했는데 여성에게는 허가가 쉽게 났다. 이들과 결혼하기만을 기다리는 자유인 남성도 많았다. 평균 7년의 형기를 보내면 죄수들은 자유를 얻고 정착할 수 있었기 때문이다.

앞서 기술한 결혼 시장 모델은 남성 수의 불균형이 결혼 시장에 미칠 영향을 예측하게 해 준다. 경제학의 기본 원리는 여성이 희소한 만큼 '비싸질' 것이라 예측한다. 여성은 희소성에 따라 결혼 시장에서 협상력이 훨씬 커지고, 훨씬 좋은 남편을 찾게 된다. 가정 내 협상력도 더 커져 남편의 자원을 더 많이 가져올 수 있다. 정부는 이혼을 매우 어렵게 만들고 여성이 남성과 결혼하도록 '강제'하는 식으로 결혼에서 여성의 협상력을 낮추려 했다. 동거를 법적으로 결혼과 동등하게 보는 영국 관습법이 그런 경우다. 협상력의 본질은 결혼 관계를 끝내겠다는 위협에서 온다. 버림받은 남편은 새 아내를 찾기가 정말로 어렵고 이혼한 여성은 새 남편 찾기가 너무 쉬울 때 협상력은 더 커진다. 따라서 이혼하기가 까다로워지면 여성의 협상력은 감소한다. 비슷한 맥락에서 당시 호주는 영국 빅토리아 왕조와 같은 법이 적용되어 성매매를 금지했다. 여성은 이런 죄목으로 매우 쉽게 감옥에 갈 수 있었다. 성매매 금지는 여성의 희소성을 성적으로 화폐화하지 못하도록 했다. 여성은 결혼하지 않을 수 없었다.[44]

결혼 시장 모델은 여성이 남성 과잉의 혜택을 입어 결혼을 더 많이 하고 더 좋은 남편에게서 더 많은 자원을 확보해 일을 덜 하게 되리라고 예측한다. 19세기 호주에서 여성은 같은 일을 하더라도 남성의 절반 정도만 임금을 받았으므로 노동은 확실히 여성의 즐거움이 아니기도 했다. 나는 과거 내 학생이었고 지금은 공저자가 된 로즈 카타르와 이 사실을 정확히 확인했다. 우리는 1836년 이래 호주 인구 조사 데이터를 디지털화하고 아카이브 지도로 역사적인 지역을 재구성한 후 시간 흐름에 따라 이 구역들 사이의 대응 관계를 구축했다.[45] 1836~1881년 인구 조사 데이터를 분석해 보면 남성 수가 많아질수록 여성은 결혼할 가능성이 커지고 일할 가능성은 적어진다. 여성은 노동을 적게 하면서 가사 서비스나 농사일 같은 고된 일자리를 피하게 됐다. 하지만 교육이나 식민 행정처럼 직능 위계에서 더 높은 일자리 또한 가지지 못하게 됐다.

다음으로 던진 질문은 이렇다. 지금도 역사적인 인구학적 불균형의 효과가 관찰되는가? 답은 '그렇다'이다. 거의 2세기가 지난 지금 역사상 최초로 진행된 인구 조사에서 구한 식민지 시기의 여성 대비 남성 수와 여성 죄수 대비 남성 죄수의 수에 따라 서로 다른 구역들을 비교해 보면 과거에 남성이 더 많았을수록 오늘날 여성이 일을 덜 하고 여가를 더 많이 누린다는 점을 확인할 수 있다. 이는 결혼에 대한 경제학적 모델의 예측과 정확히 일치한다. 하지만 문제는 이러한 예측이 인구학적 불균형이 존재했던 당시의 직접적인 효과에만 적용된다는 점이다. 150년이 지난 뒤 결혼 시장이 균형을 이룬 지금의 우리에게는 적용되지 않는 것이다.[46] 이러한 장기 효과는 **역사적**이지만 지금은 시효가 다 된 인구학적 불균형의 효과가 **문화적**으로 지속된다는 것으로만 설명된다. 이 효과가 문화적 규범에 미치는 영향을 직접적으로 드러내기 위해 사람들에게 다음 명제에 얼마나 동의하는지 물어보았다. "모든 사람은 남자가 돈을 벌고 여자가 집과 자녀를 돌보는 결혼 생활을 선호한다." 그 결과 역사적으로 여성 대비 남성 수가 많았을 경우 오늘날 남성과 여성 응답자 모두에게서 이 명제에 동의하는 사람이 더 많았다. 이는 가사와 임금 노동의 분할에 관한 규범에서 특수한 현상이다. 여성이 남성보다 안 좋은 정치 지도자라고 생각하는지 물을 때는 이런 반응이 나타나지 않았다.

누군가는 이 결론이 호주 여성에게 좋은 소식이라 생각할지 모르겠다. 여자는 일을 덜 하고 여가를 더 많이 누린다. 분명 맞다. 또 일부 호주 여성에게 이는 진실일 것이다. 하지만 여성은 노동할 가능성이 더 낮고, 다들 알다시피 일을 하더라도 성역할에 관한 소위 보수적인 규범의 영향을 받으며 전문적인 경력을 박살 내고 임금 차별을 하기에 가장 좋은 파트타임 노동을 한다. 따라서 역사적으로 남성 또는 남성 죄수가 상대적으로 더 많았던 곳에서 여성이 명예롭고 소득이 높은 자리를 차지할 가능성은 더 낮다.

특히 역사적인 인구학적 불균형은 또 다른 사회적, 문화적인 결과를 만들어 낸다. 여성과 분리된 채 결혼할 가능성이 크지 않은 남성이 한데 모이면 어떤 일이 벌어질지 상상해 보라. 짐작대로 정말 정말 안 좋은 일이 벌어진다.

# 11 남성성 규범의 영향

지금까지의 논의는 여성의 행동을 규제하는 규범에 한정되었다. 남성의 행동을 규제하는 규범은 **과연 어떨까?**

남성성 규범은 '진정한' 남성이 사회에서 취해야 할 행동 양식과 성 역할을 명령한다. 남성의 행동을 규제하는 규범은 여성성 규범과 마찬가지로 시간의 흐름과 그가 속한 사회에 따라 변화하는 사회적 구성물이다. 그러나 남성 사이에는 이러한 규범이 정의하는 이상에 얼마나 부합하는지에 따라 위계질서가 만들어진다. 근대 서구 사회에서 헤게모니적 남성성은 특히 다음과 같이 측정되고 평가받았다. 우선 여성을 지배해야 한다는 명령과 헤게모니와 다른 남성성 규범을 대표하거나 지지하는 남성을 지배해야 한다는 명령을 얼마나 자기 것으로 받아들이느냐라는 기준이다. 후자의 범주에는 하위 남성인 남성 동성애자뿐 아니라 상위 남성으로 간주되는 서민 계급과 소수 종교 집단 출신 남성이 포함된다. 다음 기준은 독립성, 자율성, 자기 감정에 대한 높은 통제력, 사회적 지위와 가족 대비 일 우선성 추구 등을 중시해야 한다는 명령을 얼마나 받아들이느냐다. '남성성 규범 적합도 목록'[47]은 남성의 행동뿐 아니라 사고나 감정이 서구 사회의 지배적인 남성성 규범에 얼마나 부합하는지를 측정한다. 이 목록은 특히 다음을 포함한 총 열한 가지 차원을 평가한다. 위험 감수, 폭력, 지배, 정서적 독립성, 일 우선성, 사회적 지위 추구, 여성에 대한 성적 대상화와 지배, 동성애자 경멸 등. 정말 아름다운 목록이다.

이처럼 남성성 규범은 서로 다른 차원을 거쳐 경제적이고 사회적이며 광범위한 다음 세 영역의 행동에 영향 미칠 것으로 보인다.

첫 번째 영역은 건강이다. 정서적 독립성, 자기 자신에게만 의존하기, 타인에게 도움을 요청하는 것을 약점으로 간주하기 등은 모두 의사나 심리 상담가를 찾아가는 행동을 저어하게 한다. 전립선암 검사받기? 남성성을 심각하게 위협하는 일이다. 호흡기 감염을 막는 마스크 쓰기? 약해 빠진 남자들이나 하는 짓이다![48] 위험을 감수하라는 규범은 건강을 해치는 행동으로 표출된다. 술, 약물, 담배를 과잉 소비하는 행동이 대표적이다. 호주나 35~44세 인구에서 가장 큰 사망 원인이 자살인 미국의 경우와 마찬가지로 프랑스 남성은 여성보다 자살률이 3.5배 더 높

다. 세계보건기구는 남성성 규범을 정확히 남성 발병률과 사망률에 기여하는 요인으로 지목한다.[49]

두 번째 영역은 경제다. 서구의 기술 발전과 세계화는 특히 제조업 부문에서 전통적으로 남성적인 일자리를 사라지게 하는 경향이 있다. 일자리가 희소해지는 동안 남성은 돌봄 노동과 같은 새로운 일자리가 남성성 이상에 부합하지 않을 때 직업 전환에 어려움을 느낄 수 있다. 경제학자는 이런 새로운 직능을 블루칼라에 대립하는 '핑크칼라'라고 표현한다. 남성들은 여성적이라 인식되는 일자리를 갖기보다 실직 상태로 있거나 경제 활동을 하지 않는 쪽을 선호한다. 이는 2000년대 말 미국의 대침체 이후 남성의 노동 시장 참여가 줄어든 현상을 부분적으로 설명한다. 일하지 않기 때문에 훨씬 매력적이지 않게 된 남성의 결혼이 감소한 것, 모르핀 계통의 약물 소비와 자살률이 증가한 것[50]도 설명해 준다. 남성의 결혼 감소는 가부장 자본주의를 강제하고 지속하는 데 여성 또한 지대한 역할을 한다는 것과 사랑과 결혼에 대한 동의가 때때로 남성의 소득 및 사회적 지위에 영향받는다는 점을 알려 준다.

마지막 정치 영역에서는 헤게모니적 남성성의 정치적 결과에 대한 우려가 있다. 여성에게 선택받지 못한 실직 남성은 도널드 트럼프의 메시지와 성격에 매혹되었다. 여러 연구가 남성과 여성의 헤게모니적 남성성에 대한 찬동은 도널드 트럼프에 대한 정치적 지지와 직접적으로 관계가 있다고 밝힌다. 미국 밖에서는 오르반 빅토르, 블라디미르 푸틴, 자이르 보우소나루 등이 트럼프처럼 여성을 지배하고 성 소수자와 소수 민족을 경멸하고 짓밟는 헤게모니적 남성 이미지를 구축한다. 헤게모니적 남성성에 보내는 지지는 소수자, 여성, LGBTQ뿐 아니라 소수 민족의 권리를 억압하는 것과 밀접하게 관련된다. 델핀 오르빌뢰르는 저서 『반유대주의 문제에 관한 성찰』[51]에서 동성애 혐오와 성차별을 반유대주의와 연결시킨다. 유대인은 간사함, 타인에 대한 조종, 돈에 대한 집착, 더러움과 악이라는 여성 혐오적 클리셰의 희생자이며 충분히 남자답지 못하다고 간주된다는 주장이다. 유대인 출신 프랑스 정치인 레옹 블룸은 '가녀린 여자(femmelette)'로 취급되었고, 중세 시대의 반유대주의적 수사는 유대인 남성이 월경을 한다고 주장했다. 따라서 히세션처럼 헤게모니적 남성성이 위기에 빠지는 순간에 종종 여성 혐오와 동성애 혐오가 고조된다. 2000년대 말의 히세션이 트럼프나 보우소나루의 집권으로 귀결되고 소수 인종에 대한 인종주의와 폭력의 악화를 동반한 것은 어쩌면 그리 놀랍지 않은 일이다.[52]

그러나 여기서 헤게모니적 남성성의 표현이 불변하는 것은 아니라는 점을 유념하자. 이러한 표현은 여성의 행동을 규제하는 규범처럼 경제적 정황과 문화적 규범에 영향받는 사회적 구성물이다. 다시 말해 여성성 규범과 마찬가지로 과거의 경제적, 인구학적 정황에 의해 형성된다. 역사적 정황이 사람들의 행동에 미치는 영향은 '진정한' 여성 또는 남성이 어떠해야 하는가에 관한 사회적 기대를 꾸준히 만들어 낸다.

빅토리아 바라노프, 랄프 드 하스와 나는 식민지 호주의 인구학적 불균형이 남성성 규범에 지속적이고 상당한 효과를 미치며 그 해로운 결과가 오늘날에도 여전히 감지된다는 점을 보였다.[53] 이 역사적 정황은 남성 과잉 때문에 사회가 필연적으로 남성 중심적일 수밖에 없음을 의미했을 뿐 아니라 남성 사이의 경쟁을 심화시켰다. 극히 소수의 남성만 결혼과 재생산에 이르는 실질적인 기회를 얻을 수 있었다. 강도 높은 경쟁은 헤게모니적 남성성 규범을 강화했다. 여성 대비 남성 수가 많은 지역에서는 거의 150년이 지난 후 일반적인 범죄보다 특별히 더 많은 폭력과 더 많은 가정 폭력, 성폭력이 나타났다. 이곳 남성은 여성보다 학교 폭력을 더 많이 경험했고 자살뿐 아니라 전립선암, 술과 담배 과잉 소비가 원인인 심혈관 질환에 따른 초과 사망률을 보였다. 전통적으로 남성적이라 여겨지는 경제 활동에 남성이 과도하게 전문화되는 현상도 관찰되었다.

이때 남성성 규범에 가장 먼저 부정적인 영향을 받는 사람이 다름 아닌 남성이라는 점은 분명하다. 자살, 학교 폭력, 초과 사망률과 관계된 결과는 남성에게 특수하게 나타난다. 폭력의 경우 폭행 피해자의 94%가 남성이다.[54] 그러나 여성 또한 해로운 결과를 경험한다. 억압받고 우울한 남성은 여성에게도 똑같이 폭력적이다. 남성이 과잉 대표된 곳에서 여성의 가정 내 협상력이 다소 유리함에도 폭력이 나타났다는 점을 다시금 기억하

자. 헤게모니적 남성성의 정치적 표현은 2017년 동성 결혼에 대한 국민 투표 결과에서도 확인할 수 있다. 역사적으로 가장 남성적인 지역은 다른 지역보다 동성 결혼에 찬성하는 비율이 낮았다.[55] 달리 말해 남성, 여성, 성 소수자 모두는 헤게모니적 남성성의 피해자다.

이 장을 끝맺으면서 헤게모니적 남성성의 명령이 폭력을 통해 학교와 가족으로 전염된다는 점을 지적하려 한다. 그래서 역사적, 인구학적 불균형과 동성 결혼에 대한 견해 사이의 관계는 호주인 부모를 둔 유권자 사이에서만 나타나며 이주자들 사이에서는 발견되지 않는다. 그렇다면 우리의 희망은 이주로 문화의 뒤섞임을 촉진해 과거의 인구학적 상황과 사회에 해로운 규범 사이의 연결 고리를 끊는 데 있다. 헤게모니적 남성성 규범과 여성의 노동 시장 참여를 가로막는 규범의 관계를 끊는 것이다. 이렇게 이주는 변화의 요인이 된다. 정보도 마찬가지다. 왜일까? 정보는 어떻게 변화를 촉진할까? 이러한 문화적 규범의 균형은 때때로 아무도 의식하지 못하는 사이에 지속되기 때문에 '정상'으로 간주된다. 바로 여기서 정보를 통해 이러한 규범이 과거로부터 이어져 내려온 것이며 더는 당연하지 않다는 것과 더욱이 우리에게 해롭기까지 하다는 점을 최대한 많은 사람에게 인식시켜 상황이 변할 수 있다. 그러나 무엇보다 다른 사람 또한 바뀔 준비가 되어 있다는 정보가 퍼지면서 변화는 일어난다. 여성에 대한 폭력, 학교 폭력, 자살, 남성의 초과 발병률과 사망률을 지속시키는 체계가 당연하지 않다는 것을 모두가 인식한 다면 우리는 더 이상 외롭지 않다. 상황을 변화시키기 위해 해야 할 일은 모두가 각자의 인식과 행동을 조정하는 것이다. 이를 실현한 사우디아라비아의 실험을 살펴보자.

# 12 변화의 시작점

　사우디아라비아에서는 여성의 단 4%가 집 밖에서 일한다. 그런데 레오 버츠틴과 알레산드라 곤잘레스, 데이비드 야나기자와드로트가 2017년 리야드 남성 500명을 인터뷰한 결과 87%가 여성 노동에 우호적이었다.[56] 그런데 이들은 여성 노동에 관한 사회적 낙인을 매우 과대평가하기도 했다. 자신은 여성 노동에 우호적이지만 다른 남자들은 이에 반대한다고 생각한 것이다. 이러한 이유로 낙인찍히거나 나쁜 평판을 얻거나 체면을 구길 것이라는 두려움에서 남성은 아내가 일하도록 '내버려 두기'를 거부한다. 이는 부적응적 사회 규범의 고전적인 사례다. 아내가 일해서 가계에 추가 수입을 가져다주면 본인에게 이로운 데다 개인적으로 여성이 일하는 것을 찬성하는데도 여성 노동을 반대하는 것이다. 이러한 부적응은 사회적 규범이 현대의 경제적 조건에 부적합하기에 초래되고 다른 남성이 여성 노동에 반대한다는 그릇된 믿음 때문에 지속된다. 다른 사람의 의견에 대한 잘못된 믿음과 강력한 사회적 낙인에 대한 과대평가는 남성이 문화적 균형을 맞추지 못하게 한다. 그렇게 남성은 무지에 의해 고립된다.

연구자들은 남성이 고립으로 인해 잘못 가지게 된 믿음과 인식을 수정하는 실험이 진행했다. 다른 남성, 특히 같은 지역에 사는 남자들이 여성 노동에 자기만큼이나 우호적이라는 단순한 사실을 알려 주는 이 실험 결과는 인상적이다. 정보를 알리는 행동은 여성 일자리를 전문적으로 소개하는 모바일 앱에 아내를 가입시키는 남성 비율을 36% 증가시켰다. 특히 다른 남성의 태도에 관해 편향된 인식을 가졌던 남성 집단에서는 51%나 증가하는 인상적인 결과가 나타났다. 실험은 여성 고용에 가시적인 결과를 불러왔다. 몇 달 후 집 밖에서 일자리를 구하는 여성 비율은 10% 증가했고 면접을 본 여성 비율도 5% 증가했다. 남성성 규범은 계속해 변화했으며, 이 남성들이 아내가 운전을 익히도록 '내버려 둘' 가능성도 더 커졌다.

물론 이러한 연구는 서양 연구자가 외국에서 하는 다른 실험과 마찬가지로 피험자 수가 적고 실험 기간이 짧으며, 무엇보다 실생활과 거리가 먼 조건하에 이루어진다는 점에서 한계가 많다. 이 실험의 결론을 과대평가해서는 안 되는 것이다. 그럼에도 이 결과는 매우 흥미로운 구석이 있다. 신석기 시대를 본떠 만들어진 사우디아라비아 남성의 여성 노동에 관한 문화적 규범을 정보 제공으로 간단히 바꿀 수 있다면 우리에게도 희망이 있지 않을까?

일부 사람의 부적응적 사회 규범을 규정하면 다른 사람의 행동에 승수 효과를 가져올 수 있다. 몇몇 사람들의 행동 변화가 정보를 생성하고, 이 정보는 변화를 가장 주저하는 사람들의 믿음을 수정해 준다. 예를 들어 주위에 일하는 여성이 별로 없으면 여성 노동이 자녀 발달에 끼치는 부정적인 영향을 정확하게 알기 어렵다. 일하는 엄마가 자녀 발달에 해가 된다는 생각은 일부의 사고에 강하게 뿌리내려 있는데, 호주에서 시행한 한 설문 조사에 따르면 2005년부터 2015년까지 설문 응답자의 절반 이상인 57%가 엄마가 전일제로 일하면 6세 이하의 자녀가 고통받을 것이라 답했다.[57] 이에 관한 정보는 이전 세대에게서 전승되는 전통적인 가치 체계를 고수하기보다 사례를 통해 제대로 배울 수 있다. 따라서 문화 전승에 관한 이론 모델은 여성의 노동 시장 참여와 믿음의 공진화를 예측한다.[58] 여성이 더 많이 일할수록 이웃 여성도 자신에 대한 인지를 수정하고 일하기 시작한다. 이것이 바로 '지식을 통한 사회적 변화' 이론이다.[59] 사회적 승수 효과는 여성 노동과 사회적 규범 모두에서 매우 빠른 변화를 관찰할 수 있음을 의미한다. 문화 전승에 관한 이론 모델의 예측은 특히 2차 세계 대전 이후 미국에서 여성의 노동 시장 참여 변화와 여성 노동에 대한 사회적 수용 가능성 변화에 잘 들어맞는다.

따라서 우리의 결정과 행동에는 스스로의 믿음과 타인의 믿음에 대한 인식이라는 두 가지 주요 요소가 영향을 미친다. 후자는 가족에게서 물려받기도 하고, 주변인이나 지배 담론에 의해 형성되기도 한다. 이 지배 담론은 여러 메커니즘으로 믿음과 행동에 작용한다.

첫째, 지배 담론은 순응과 모방의 효과로 우리 믿음과 행동에 직접적인 영향을 미친다. 가끔은 차별적인 발언과 태도의 분출로 그렇게 하기도 한다. 지배적인 성차별, 인종 차별 담론은 일부 사람들이 이전에 감히 꺼내지 못했던 견해를 거리낌 없이 표현하고 행사하도록 한다. 2016년 미국 대선 운동 당시 도널드 트럼프의 외국인 혐오 발언은 이슬람교도에 대한 혐오 범죄를 늘렸고 인터넷상의 인종 혐오 발언과[60] 라틴계 자국민에 대한 차별 성향을 강화했으며,[61] 아프리카계 자국민에 대한 경찰들의 차별을 악화시켰다.[62]

둘째, 지배 담론은 다른 사람의 의견에 대한 우리의 믿음, 곧 2차적 믿음에 영향을 미친다. 예를 들어 공개적으로 성차별적, 인종 차별적 연설을 하는 정치인이 선거에서 승리하는 것은 인구의 다수가 이러한 가치에 찬동하며 차별을 일삼는 사람에게 표를 주어도 사회적 낙인이 찍히지 않는다는 것을 뜻한다. 도널드 트럼프의 인기에 관한 정보를 접한 실험 참가자들은 외국인 혐오 행동에 더 쉽게 몰입했고,[63] 관찰자들도 도널드 트럼프의 인기를 알고 있을 때 이런 행동을 덜 부정적으로 판단했다.

즉 외국인 혐오 행동과 결부된 사회적 낙인은 인종 차별적 담론을 공개적으로 설파하는 정치인이 인기를 얻으며 약화된다.

셋째, 지배 담론은 변명 거리를 제공해 준다. 만약 지배 담론이 경쟁 선호도나 수학적 재능에 관한 연구처럼 성별 불평등에 관한 '과학적' 증거나 이민과 범죄를 연관 짓는 통계 자료로 성차별적, 인종 차별적 관점을 정당화한다면 이는 불평등과 차별을 지속하는 명분을 주는 셈이다. 변명 거리가 없다면 성차별이나 인종 차별 행동은 개인적 가치관의 반영으로 판단될 수밖에 없으며, 잠재적으로 부정적인 평가를 받는다. 그러나 변명은 똑같은 행동을 '과학적' 원리나 범죄 예방을 위한 대비책을 적용한 것으로 보이게끔 한다. 달리 말해 지배 담론은 자기 의견에 대한 타인의 믿음과 관련된 우리의 믿음에 영향을 미친다. 이러한 3차적 믿음을 통해 사람들은 타인의 신뢰를 잃지 않은 채 사회적 낙인 없이 차별을 계속한다. 예를 들어 한 실험에서 참가자들은 이민과 범죄를 연관 짓는 연구를 알게 되었을 때 외국인 혐오 단체에 대한 기부를 덜 부정적으로 판단했다.[64] 해당 연구가 과학적으로 굉장히 의심스러운 방법론에 따른 것이었음에도 말이다.

여기 인용한 사례는 2016년 미국 대선에서 도널드 트럼프가 선거 운동을 하고 대통령으로 당선되는 과정 동안 관용에 관한 사회적 규범이 무너진 상황을 보여 준다. 문화적 규범의 장기적인 영향력을 고려하면 2016년의 침식은 특히나 빨랐다. 이들 연구는 인종 차별 담론의 효과에 초점을 맞추지만 성차별 담론의 효과 역시 같은 메커니즘을 공유한다고 볼 이유가 충분하다. 이는 매우 흥미로운 연구 주제다. 이상의 연구들은 공적 담론의 상세 내용, 정치적 발언이 분출된 효과, 소셜 미디어나 전통적인 미디어상 담론의 증식과 다양화, 공적 혐오 담론에 제동을 거는 정치적 올바름과 혐오 선동 발언에 대한 법적 제재에 관한 탐구로 나아간다. 이 연구들은 아직 초기 단계이지만 지배 담론과 정체성의 결정 요인 및 결과를 이해하는 주제는 향후 몇 년간 가장 유망할 것으로 보인다.

이어지는 마지막 4부에서는 기업과 의회의 '다양성'을 증진하고 문화적 규범을 바꾸며 여남 평등을 촉진하는 민간과 공공 정책의 유효성을 검토할 것이다.

# 유리 천장
# 깨부수기

4부

# 13 기업의 젠더 문제

마지막 4부에서는 최근 몇 년간 여남 불평등에 대항하려 시행한 민간·공공 이니셔티브를 검토하고 그 유효성을 탐구한다. 맨 먼저 여성-남성 불평등의 맥락을 더 정확히 이해하기 위해 기업 내부로 들어가 젠더화된 문화적 규범이 어떻게 나타나는지, 이 규범이 여성의 진보를 어떻게 막아서는지를 분석한다. 여성의 노동 시장 참여도나 임금 격차처럼 우리가 지금껏 사용한 총체적인 측정 수단을 넘어 문화적 규범이 미묘하게 표현되는 지점을 더 정확히 포착하기 위해서다. 여러분은 어떤 유형의 이니셔티브가 더 실질적인 효과를 발휘하는지 더 잘 이해하게 될 것이다. 마지막으로는 육아 휴직부터 경영진 여성 할당제까지 오늘날 공공 정책의 효과와 그 한계를 살펴본다.

이제 기업이 여성-남성 평등을 어떻게 개념화하는지와 그러한 비전이 어떻게 현실의 평등에 제동을 거는지를 살피며 기업 내부로 들어가 보자.

우선 이에 관한 데이터가 거의 존재하지 않는다는 점에 주목하자. 대기업은 1년에 여러 번 회계 장부를 의무적으로 공시해야 하지만 다양성 문제에 관해서는 공개 의무가 전혀 없다. 아주 최근까지 확인된 바로도 그렇다. 여성과 남성 사이의 서로 다른 위계적인 지위 분배에 관한 공적 데이터는 거의 존재하지 않는다. 소수 인종의 대표성에 관해서도 마찬가지다. 기업은 성희롱, 성폭력 사례를 밝혀야 할 의무도 없다. 2020년 이후 이 방면에서 진전을 이룬 프랑스와 이전부터 선구적인 행보를 보여 온 호주의 상황이 어떤지 살펴보자.

수천 개나 되는 기업 '문화' 관련 논문과 기업의 공개 보고서에서 여남 평등이나 다양성 문제를 일절 다루지 않는다는 점은 매우 놀랍다. '기업 문화'는 충분히 논의되고 연구되는 주제다. 경영대 학생들은 '인적 자원에 각별히 관심을 기울이는' 문화로 놀라운 수익을 낸 사우스웨스트 항공사나[1] 직원의 충성도와 생산성을 높이는 기업 문화가 특징인 프랑스 통신사 부이그, 구글, 스타벅스 등을 여러 세대에 걸쳐 연구해 왔다. 경영학 연구자들은 기업 문화라는 모호한 개념을 측정하고자 전통적으로 다음 여섯 가지 차원을 정의했다. 청렴, 적응, 협동, 고객 중심, 디테일 집중, 결과 지향.[2] 다양성이나 관용 문제에 관한 항목은 전무하며 환경 문제는 말할 것도 없다.

그러나 모범적인 문화를 갖춘 기업에도 언젠가 이런 날벼락이 떨어질 수 있다. 2017년 구글의 시니어 엔지니어인 제임스 데모어는 동료들에게 10페이지나 되는 메모를 보내 여성이 구글을 비롯한 IT 기업 전반에서 아주 단순한 이유로 승진하지 못하고 있다고 피력했다. 바로 여성은 신경증에 걸려 있고 남성보다 스트레스를 잘 견디지 못한다는 이유에서다. 유사 과학의 서사가 가진 위험이 반복되는 지점이다.

미디어에 보도된 사례는 더 많다. 궁극적으로 성차별은 그리 좋은 생각이 아니라는 판단이 선다. 성차별은 기업의 수익, 직원 생산성, 심지어 기업이 고용하는 직원의 질과 상충할 수 있다. 이윤 증진을 목표로 다양성을 촉진하는 기업 사례는 이렇게 나타난다. 사람들이 '좋은' 기업 문화를 가진 회사에서 일하기를 원하는 것처럼 근로자로서 다양성을 추구하고 여성-남성 평등에 우호적이며 성차별을 포함한 차별 일반이 용인되지 않는 조직 또한 선호할 수 있다. 그런데 좋은 '기업 내 젠더 문화'는 어떻게 정의할 수 있을까? 나는 동료 르네 애덤스, 알리 아키욜과 함께 이러한 정의를 만들어 보고 측정하기 시작했다.


## 근로 조건을 바꾸는 기준

앞서 직장 내 괴롭힘의 정도를 분석하거나 기업들이 시행하는 여남 평등 정책에 관한 공개 보고서가 거의 존재하지 않는다고 했다. 하지만 이런 보고서를 만드는 일은 사실 그리 어렵지 않다. 기업이 성 평등 정책에 관한 설문지를 작성하도록 국가가 의무화하고 이 데이터를 잠재적 피고용인뿐 아니라 사내 위원회, 주주, 공공 기관에 공개하는 것은 전적으로 가능하며 무척 간단하다. 프랑스에서는 2020년에 이르러 겨우 성별 임금 격차, 개인별 성장 분배 격차, 승진 분배 격차, 육아 휴직 후 복귀한 여성 직원의 수 증가 정도, 최고 연봉자 열 명의 여남 동수성 등 네다섯 개 지표[3]를 기준으로 기업 규모에 따른 전반적인 기업 성 평등 지수를 공개하기 시작했다. 이는 진보라 할 만한 변화이지만 성 평등과 다양성 정책 관점에서 기업 문화를 체계적이고 세밀하게 측정하는 것과는 여전히 거리가 있다.

호주는 이 분야에서 앞서 나가고 있는 듯하다. 2001년부터 사기업뿐 아니라 대학, 병원, 가톨릭 교구 등 피고용인자가 100명 이상인 모든 기업과 조직은 매년 위계별 여성 및 남성 고용 현황과 성 평등 정책 보고서를 발간해야 한다.[4] 보고서에는 채용, 승진, 교육, 노동 환경, 근무 조건, 성폭력, 임신과 모유 수유를 포함한 육아와 출산 등 성 평등에 관한 지표가 여러 수준에서 상세히 설명되어 있다. 나와 공저자들은 텍스트 분석 알고리즘으로 보고서의 질문지를 분석해 젠더 기업 문화 자체와 이 문화가 다양한 층위에서 성 평등을 설명하는 방식, 기업의 고위직 여성 비율을 설명하는 문화적 요소를 규정하고자 했다.[5]

텍스트 및 통계 분석을 거친 결과 두 가지 주요한 경향이 나타났다. 첫째, 그리 놀랍지 않게도 기업은 여성 노동과 남성 노동을 완전히 별개의 범주로 개념화하는 경향이 있다. 성별에 따라 구분된 범주는 채용과 승진 방식, 직원에게 제안하는 계약 유형과 임금 지급 수준, 조직이 제공하는 교육과 기회 수준에 영향을 미친다. 보고서에는 직원들을 의식적으로 차별하겠다는 의도가 담겨 있지 않다. 그보다 눈에 띄는 점은 비서직과 같은 범주에 여성 고용을, 엔지니어링 범주에 남성 고용을 개념화하는 순간부터 어떤 사람이 임금을 더 적게 받고 승진 기회가 더 적어지는지가 논리적으로 말이 된다는 사실이다. 남성적인 일자리보다 여성적인 일자리에서 기업이 직원에게 제공하는 승진 또는 교육의 기회가 훨씬 적기 때문이다.

어떤 기업은 너무나 노골적이다. 대표적으로 2006년 호주 벤디고 은행은 "여성은 열등한 직급에 집중되어 있고 남성보다 훨씬 느리게 승진한다."라고 말했다. 이들은 창구를 맡은 여성 직원이 육아와 출산, 임신과 수유와 관련해 특별한 문제가 없을 것이라 자신했다. 직원 유니폼을 임신한 배에 적합하게 디자인했다는 것이 자신감의 근거였다. 창구에서 일하며 사실상 승진 가능성이 거의 없는 여성 직원, 고객을 직접 상대하기보다 경영을 맡고 수익성 좋은 업무를 하는 남성 직원을 유형화한 결과다.

둘째, 기업이 여성의 가족에 대한 책임감과 유연한 고용 조건을 수용할 필요성이 채용부터 노동 환경, 근무 조건에 이르는 여성 노동을 개념화하는 방식 전반에 지대한 영향을 미친다는 점이다. 일반적으로 여성이 남성과 함께 아이를 가진다는 지당한 사실을 한 번 더 짚고 넘어가자. 따라서 기업이 직원의 가족 돌봄을 수용하는 방식이 여성 노동만을 그토록 불비례하게 짓누르는 것은 명백히 불공정하다. 마케팅 기업 샐머트의 사례는 특히 놀랍다. 이들 기업 보고서에는 "임시 고용, 파트타임, 유연 근무제, 3교대, 정규직"이라는 더 많은 근무 형태를 두고 직원 개인별로 조정을 거쳤다는 점이 강조되어 있다. 사내 문화를 기술한 서른여덟 개 예시 중 스물아홉 개가 여성과 관련되었고 남성은 단 아홉 개가 관련되었다. 여성 직원 예시 중 하나를 제외한 나머지 스물아홉 개가 가족적 삶과 연관된 반면, 남성 직원 예시 아홉 개 중 여섯 개는 통근 시간 단축에 관한 내용이었다. 샐머트는 또한 "만족 백배, 남편도 행복하고 내 삶도 행복한" 여성 직원을 묘사하며 직원들이 이런 상황에 얼마나 만족하는지를 강조했다. 남편은 대체 왜 행복할까? 십중팔구 설거지가 잘되어 있어서일 것이다.

텍스트와 통계 분석 다음으로는 기업 젠더 문화의 다양한 차원이 어떻게 위계별 여성 비율과 기업 재무 성과를 예측하는지를 분석했다. 가장 높은 지위의 노동과 가장 낮은 지위의 노동을 설명하는 요인은 완전히 다르다. 예를 들어 일과 가정을 조화하기 위한 노력은 위계질서 아래층에 있는 여성을 상당 부분 설명하지만 위계질서 위층의 여성에게는 정반대의 효과를 미친다. 여러 차례 확인했듯 이는 파트타임 근무가 높은 직급에 올라가는 데 유리하지 않다는 사실로 설명된다. 여성 관리자 또는 임원 비율을 설명하는 데 가장 중요한 요인은 기업이 여성 노동과 남성 노동을 체계적으로 다른 것이라 개념화하지 않고, 직무에 관계없이 모든 직원에게 열린 교육 기회를 제공하는 것이다.

기업 젠더 문화의 특수한 차원은 기업의 성과를 설명하기도 한다. 여성 노동과 남성 노동을 구분하는 기업은 여성 관리자 및 임원 비율이 더 낮을 뿐 아니라 재무 성과도 더 낮다. 이유는 간단하다. 전체 노동력의 절반을 비서 업무와 창구 업무에 가두어 놓는 식으로 교육 수준이 매우 높은 50% 인력의 재능을 빼앗고 있기 때문이다.

우리가 1부에서 살펴본 '여성적' 또는 '남성적' 노동이라는 개념, 경력 단절, 가족적 삶에 자기 노동을 적응시켜야 하는 필요 등 여성 노동에 관한 주요한 경향은 이렇게 기업 내에서 확인된다. 이 모두는 여성을 특정한 몇몇 노동 범주에 가두고 커리어 전반에 불이익을 주며, 궁극적으로 기업 생산성에 부정적인 영향을 미친다.


## 위아래로 편재한 폭력

기업 내부에서 예전보다 훨씬 노골적이고 폭력적으로 나타나는 성차별 표현은 어떨까? 직장 내 괴롭힘 사례 연구들은 이러한 괴롭힘이 매우 광범위하게 퍼져 있을 뿐 아니라 여성이 피해자 대부분을 차지함을 알려 준다. 직장 내 괴롭힘과 성폭력에 관한 공공 데이터는 아직 없으나 소수의 연구 기관과 연구자들이 조사에 나선 상황이다.

2014년 미국의 한 연구에서 응답자 48%가 직장 내 괴롭힘을 목격하거나 경험한 적 있다고 답했다.[6] 이 조사에 따르면 미국 근로자 3700만 명이 직장 내 괴롭힘의 피해자로 예상되며, 총 6560만 명이 피해자 또는 목격자로서 직간접적인 영향을 받은 것으로 추정된다. 이 중 60%에 달하는 대다수 피해자는 여성이다. 가해자의 69%가 남성이기 때문에 이들 여성은 주로 남성의 피해자라 할 수 있다. 여성 가해자 중에서는 68%가 다른 여성을 괴롭힘의 대상으로 삼았다.

또한 이 설문 조사는 직장 내 괴롭힘이 노동에 미치는 영향도 밝혔다. 피해자의 82%는 일자리를 잃거나 스스로 그만두는데 남성보다 여성에게서 이런 경향이 두드러졌다. 여성 피해자는 직장을 잃거나 떠나는 비율이 86%인 반면 남성 피해자는 75%가 그랬다. 폭력을 저지른 경우에는 남성의 단 20%가, 여성의 30%가 실직했다.

따라서 여성은 피해자가 될 가능성이 더 클 뿐 아니라 폭력의 여파도 남성보다 심각하다. 직장 내 성폭력 상황 역시 마찬가지다.

2020년 올리 포크, 조하나 리크니, 세이키 다나카는 스웨덴 설문 자료를 기반으로 미국과 일본에서 자체 연구를 진행해 성폭력이 기업 내에 만연한 정도와 성폭력이 일자리에 미치는 영향을 기록했다.[7]

스웨덴 설문 자료는 성폭력을 "원치 않은 성적 신체적 행동, 발언 또는 암시"로 정의하고,[8] 지난 12개월 동안 동료나 상사 또는 고객, 환자, 학생, 행인 등 업무 중에 만난 사람으로부터 그러한 일을 경험했는지를 물었다. 동료나 상사에게서 다음 "행동"의 대상이 된 적 있는지 묻는 문항도 있다. "당신을 깎아내리거나 불안하게 하기 위한 말"과 같이 "당신의 젠더를 근거로 인격을 훼손하는" 행동이나 응답자의 젠더 때문에 "당신을 무시하거나 당신의 말을 무시하는" 행동 등이다.

미국과 일본에서 수행한 조사는 여기에 두 가지 측정 방법이 포함되었다. 첫 번째는 성폭력과 관련된 구체적인 행동 목록이다. 성폭력의 법적, 심리적 차원을 포괄하는 이 목록은 미국 군대에서 심리학 연구를 기초로[9] 개발하고 시행되었다. 이 목록은 성폭력의 정의가 잘 확립되어 있다는 증거다. 기업이 성폭력 관련 행동을 측정하거나 기업 내부 문화를 공개적으로 밝히지 못하게 하는 요인은 아무것도 없다.

두 번째는 주관적인 측정법이다. 응답자가 지난 한 해 동안 성폭력 피해를 겪었다고 느끼는지를 단순히 물어보는 것이다. 이 방법은 첫 번째 방법보다 성폭력 발생 정도를 크게 과소평가하는 경향이 있다. 모든 사람이 성폭력을 정의하는 목록을 잘 알거나 성폭력을 제대로 정의할 수 없기 때문에 개개인은 성폭력의 모든 잠재적 차원을 진정으로 고려하지 못하고 스스로 '가볍다'라고 여긴 사건을 보고하지 않는 경향을 띤다.

# 성폭력 경험 관련 설문지에 제시된 행동 목록

## 성차별적 적대 행위

### 여성을 향한 모욕적, 비하적, 경멸적 행동

☐ 성별을 이유로 차별 대우를 받은 적이 있습니까?

☐ 성차별적이거나 선정적인 자료를 게시, 사용, 배포한 적이 있습니까?

☐ 불쾌한 성차별적 발언을 들은 적이 있습니까?

☐ 성별을 이유로 멸시받거나 무시당한 적이 있습니까?

## 성적 적대 행위

### 성적이고 공개적으로 적대적인 행동

☐ 불쾌감을 주는 성적인 이야기나 농담을 반복적으로 들은 적이 있습니까?

☐ 성적인 뉘앙스를 띤 휘파람 소리 또는 호칭의 대상이 된 적이 있습니까?

☐ 성에 관한 대화에 원하지 않게 참여한 적이 있습니까?

☐ 공개적으로나 사적인 자리에서 무례하고 상처를 주는 성적 발언을 들은 적이 있습니까?

☐ 당신의 외모, 신체 또는 성적 행동에 관해 불쾌감을 주는 발언을 들은 적이 있습니까?

☐ 당혹감, 불쾌감을 주는 성적인 몸짓 언어를 대한 적이 있습니까?

☐ 당혹감, 불쾌감을 주는 신체 노출을 대한 적이 있습니까?

## 원하지 않는 성적 관심

☐ 누군가 당신의 반복적인 거절에도 당신과 낭만적이고 성적인 관계를 맺으려 시도한 적이 있습니까?

☐ 누군가 불쾌감을 주는 방식으로 당신을 쳐다보거나 곁눈질하거나 추파를 보

낸 적이 있습니까?

☐ 누군가 당신이 거절했음에도 계속해서 데이트 약속, 술자리, 저녁 식사 등을 제안한 적이 있습니까?

☐ 누군가 불쾌감을 주는 방식으로 당신을 만진 적이 있습니까?

☐ 누군가 부적절한 방식으로 당신을 만지거나 껴안거나 입맞춤하려 시도한 적이 있습니까?

☐ 누군가 당신의 동의 없이 혹은 당신의 의지에 반해 성관계를 시도했다가 실패한 적이 있습니까?

☐ 누군가 당신의 동의 없이 혹은 당신의 의지에 반해 당신과 성관계를 가졌습니까?


## 성적 강압
여러 유형의 업무 관련 압력 행사와 결합된
부적절한 성적 관심

☐ 보상 혹은 특별 대우를 받으려면 성적 행동을 해야 한다는 압박을 받은 적이 있습니까?

☐ 성적으로 협조하지 않으면 보복당하리라 위협받은 적이 있습니까?

☐ 성관계를 거부한 후 부당 대우를 받은 적이 있습니까?

☐ 성적으로 협조하면 더 빨리 승진한다거나 더 나은 대우를 받을 수 있다는 암시를 받은 적이 있습니까?

☐ 성적으로 협조하지 않으면 나쁜 대우를 받을까 봐 두려워한 적이 있습니까?

출처: Louise Fitzgerald, Vicki Magley, Fritz Drasgow, & Craig Waldo, "Measuring Sexual Harassment in the Military: The Sexual Experiences Questionnaire(SEQ-DoD)," *Military Psychology* Vol.11(1999), pp.243~263. Olle Folke, Johanna Rickne, & Seiki Tanaka, "Sexual Harassment of Women Leaders," *Daedalus* Vol.149 no.1(2020), pp.180~197, 184에서 재인용했다(앨러산드라 로자스레이놀즈가 영어를 프랑스어로 번역).


연구 결과는 이렇다. 성폭력은 매우 광범위하게 일어나고 있다. 그뿐 아니라 상식과 반대로 여성은 위계질서의 위층에 올라갈수록 피해자가 되기 더욱더 쉽다! 여성이 일터에서 더 높은 곳으로 올라가지 못하게 하는 또 다른 장애물을 보여 주는 결과다. 폭력은 자신이 종속된 역할에서 감히 벗어나고자 하는 여성에게 분출된다.

미국에서는 여성 관리자의 57%와 여성 직원의 37%가 지난 한 해 동안 설문 목록에 기술된 성폭력적 행동 중 적어도 하나 이상을 경험했다고 답했다. 즉 **여성 관리자**는 다른 여성 직원보다 성폭력 피해자가 될 확률이 50% 더 높다. 이 격차는 동일 연령대를 기준으로 할 때 훨씬 컸다. 일본에서는 여성 관리자의 68%와 여성 직원의 52%가 성폭력 경험이 있다고 답했으며, 여성 관리자가 성차별적 적대 행위, 여성에 대한 경멸적 모욕과 태도, 적대적인 성적 행동, 원치 않은 성적 관심 또는 강압 등 설문 목록의 각 범주에 해당할 가능성이 더 컸다.

여성 관리자의 성폭력 위험은 하급자가 남성일 경우 더 컸다. 주로 남성으로 구성된 팀을 이끄는 여성은 주로 여성으로 구성된 팀을 이끄는 여성보다 성폭력을 겪을 확률이 30% 더 높았다.

따라서 권력은 남성이 가하는 폭력으로부터 여성을 보호하지 못한다. 오히려 그 반대다. 그러나 여성이 권력을 많이 가졌을 때는 상황이 조금 달랐다. 여성 관리자 중에서도 위계질서 아래층의 관리자는 성폭력 피해자가 되는 반면 위계질서 위층 관리자의 성폭력 피해 수준은 다른 여성 직원과 비슷했다. 물론 이 결과는 연령대에 따라 상대적이었다. 여성 관리자는 여성 직원

이나 다른 하위급 관리자보다 평균 나이가 많고 성폭력은 일반
적으로 나이가 들수록 감소하기 때문이다.

　권력이 여성을 훨씬 더 많은 폭력에 노출시키는 이유는 무
엇일까? 성폭력은 성욕을 충족하는 것만을 목표로 하지 않는다.
피해자의 가치를 실추시키기도 한다. 따라서 여성이 기업의 위
계질서에서 더 높은 자리를 차지할수록 성폭력 피해자가 될 위
험이 커지는 것은 여성의 지시를 받는다는 데에서 오는 남성의
질투와 원한, 여성 임원이 남성적 성 정체성을 훼손한다는 사실
로 설명할 수 있다. 전통적으로 남성적인 업계에서는 특히 더 그
렇다. 여기서 '오염을 통한 차별'이라는 아이디어가 다시금 등장
하는데 여성의 관리를 받는다는 것은 해당 직능의 내재적 가치
가 떨어진다는 신호로 받아들여질 수 있다.

　성폭력은 여성을 여성이 있어야 할 사회적, 경제적 '제자리'
에 되돌려 놓으려는 의지이기도 하다. 이에 관한 연구는 여성 임
원이 더 많은 성폭력에 고통받는 이유를 밝혀낸다. 여성 임원은
여전히 남성이 다수인 환경에 처해 있으며, 소수이므로 더욱 위
험에 취약하다는 것이다. 물론 소수자 문제는 관리자가 아니면
서 남성이 다수인 환경에 있어야 하거나 특별히 취약한 위치에
있는 여성에게도 영향을 미친다. 남성과 한방에서 혼자 일하기
도 하는 여성 호텔 객실 청소부처럼 말이다. 또한 임원들은 회사
밖에서 자신들끼리 혹은 고객과 사회적 관계를 맺어야 하는 경
우가 많고, 전통적으로 임원은 주로 남성이었기에 이러한 사교

활동 역시 남성적이다. 임원들의 사교 활동에서 여성 임원은 종종 혹은 늘 그 자리의 유일한 여성이다. 친목은 이들이 완전히 취약해지는 장소에서 술을 진탕 마시는 방식으로 이루어진다.

　이러한 괴롭힘의 결과는 어떠할까? 물론 재앙 그 자체다. 성폭력은 피해자의 일자리와 정신적, 신체적 건강[10]뿐 아니라 경제에도 끔찍한 영향을 준다. 성폭력을 경험한 직원은 일자리를 유지한다고 해도 동료와 고용주로부터 위협과 비난을 받고 고립된다. 지금 있는 자리에서 밀려나지 않는다면 이후 승진 대상에서 제외되고 교육 기회도 빼앗긴다. 특히 그중에서도 여성 피해자는 생산성이 떨어지고 승진과 교육 전망이 흐려지면서 원래의 능력에 걸맞은 관리자 자리에 이르지 못하게 된다. 그런데 직장 내 괴롭힘과 성폭력은 사회적, 경제적 굴레를 감히 깨버리려 하는 여성이 직면하는 유일한 폭력은 아니다.

　여성은 가정에서도 신체적, 심리적 폭력에 더 많이 노출된다. 호주에서 진행된 최근 연구는 남편보다 수입이 많아 가정 내 성 규범을 흔드는 여성은 물리적 폭력의 피해자가 될 위험이 35%, 감정적이고 심리적인 폭력의 피해자가 될 위험이 20% 증가한다고 밝혔다. 이러한 여성은 이혼할 확률이 더 높고, 집안일을 훨씬 더 많이 해 자신의 직업적 성공으로 인한 부정적 영향을 상쇄해야 한다는 점을 한 번 더 상기하자. 여성의 지위가 가정 폭력에 미치는 영향은 각 가정의 사회 직업적 환경, 소득과 교육 수준, 문화적 배경과 무관했다.[11] 미국,[12] 스웨덴,[13] 인도[14]에서도 같은 결과가 관찰되며, 이곳들에서 여성의 임금 향상 전망은 성폭행과 강간 사건의 증가와 관련 있었다.

이처럼 경제 활동에서 지위가 상승한 여성은 직장과 가정에서 더 많은 폭력에 노출된다. 여성을 낮추어 보고 그를 일터와 가정 모두에서 종속적인 역할로 유폐하고자 하는 폭력에 말이다. 폭력은 문자 그대로 여성을 쇠약하게 만들며 여성이 경제적으로 독립하고 관리자 직급에 접근하는 데 또 하나의 걸림돌이 된다. 여러 정책 중에서도 여성 할당제는 이러한 상황을 변화시킬 수 있을까?

# 14 공공 정책의 가능성

### 육아 휴직의 현실

가족과 여성 노동에 관한 공공 정책의 역사는 이러한 정책이 매우 오랫동안 여성 일자리를 보호하기보다 여성이 가정에서 맡은 역할과 엄마로서 해야 할 역할을 보호하는 목적이 있었음을 알려 준다. 따라서 20세기 초부터 여러 국가가 출산 후 의무적으로 여성 육아 휴직을 도입했음에도 휴직 여성의 일자리를 보호하는 정책은 1970년대 이후에야 뒤따라왔다. 앞서 우리는 많은 나라가 기혼 여성의 취업을 금지하는 법을 시행했던 과거를 확인하기도 했다.

이제 대부분의 선진국은 산모가 부재한 동안 그 일자리를 보호하는 육아 휴직 제도와 휴직 비용을 부분적으로나 전적으로 지원하는 공공 보조금 제도를 시행한다. 하지만 모든 나라가 그

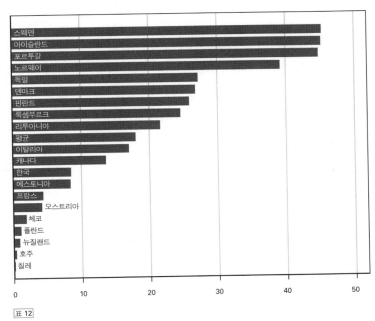

표 12

**2016년 육아 휴직 사용자 중 남성 비율**

출처: OECD Family Database, PF2.2 Use of childbirth-related leave benefits, https://www.oecd.org/els/family/database.htm

렇지는 않다. 미국에는 아직 이 제도가 없다. 호주의 경우 정부가 의무화하고 보조금을 지급하는 여성 육아 휴직이 아주 최근인 2011년에야 확립됐다.

　　남성 육아 휴직과 관련해서는 국가마다 차이가 있다. 예를 들어 프랑스 부모가 쓸 수 있는 여성 육아 휴직은 16주이지만 남성 육아 휴직은 2주에 불과하다. 더욱이 호주와 같은 많은 국가에서 육아 휴직 관련 법률은 여남 중립적으로 기술되어 있으나 실제로 휴직하는 사람은 거의 전적으로 여성이다. 2016년 스웨덴에서는 육아 휴직 사용자의 45.3%가 남성으로 남성이 여성만큼 육아 휴직을 쓰지만 독일에서 그 비율은 27.2%이다. 프랑스에서는 4.4%밖에 되지 않으며 심지어 호주는 0.4%다(표 12)!

경제학자들은 육아 휴직의 도입과 이 제도가 고용과 소득의 평등에 기여하는 방식에 관해 논쟁하기도 했다.[15] 일자리 보호와 결합한 육아 휴직은 출산한 여성을 경제 활동적 삶에 돌아오게 한다는 점에서 긍정적 효과를 부인할 수 없다. 하지만 잠재적으로 부정적인 효과 또한 존재한다. 여성 육아 휴직은 여성의 경제 활동 중단을 의미하므로 돌아온 직원은 여러 기회, 특히 승진 기회를 놓칠 수 있다. 부정적 효과는 휴직 기간이 길고 휴직 전 승진 가능성이 있었을수록 더욱 강력해진다. 즉 승진을 앞둔 여성은 육아 휴직을 오래 할수록 앞으로 커리어 전망이 더 어두워지는 것이다. 특히 고숙련 직종에서 장기 휴직은 숙련도 저하를 동반할 수 있다. 나는 빅데이터가 내 분야의 연구를 변화시킨 시기에 아이를 가졌기 때문에 이 현상을 직접 경험했다.

경제학자보다 엄마들이 더 잘 아는 장기 휴직의 이면도 있다. 막 태어난 아기를 돌보는 첫 몇 주 동안은 생활 전반의 습관이 형성되는 시기다. 엄마들은 집 안에 부루펜 시럽과 아기 옷가지를 보관하는 곳, 젖병을 적절히 데우는 법, 이유식 만드는 법 등을 익힌다. 꼭 눈에 보이지만은 않는 이 모든 노하우와 습관은 일반적으로 아빠들에게 절대 전달되지 않는다. 심지어 엄마가 직장에 돌아간 후로도 그렇다. 이렇게 집에서의 가사 부담과 엄마와 아빠 사이의 정신적 부담은 불균형해진다.

이러한 직관에 부합하게도 여성 휴직 관련 데이터에 따르면 단기 휴직은 여성의 경제 활동 복귀를 돕지만 반대로 장기 휴직은 경력 개발 전망에 좋지 않다. 장기 휴직은 가장 유능한 여성에게 특히 해롭다. 물론 육아 휴직이 불러올 잠재적 피해는 여성과 남성이 이 제도를 활용하는 정도가 달라서이기도 하다. 자녀를 가진 남성도 여성만큼 휴직한다면 가사 노동과 정신적 부담은 훨씬 평등하게 분배될 것이다. 부루펜이 어디 있는지를 마침내 알게 된 남편은 더 이상 아내에게 묻지 않아도 된다. 이 얼마나 대단한 해방인가! 그뿐 아니라 여남 모두 육아 휴직으로 직장에서 똑같이 '불이익'을 받을 테니 승진 기회도 균등해질 것이다.

여성-남성 육아 휴직의 법적 비율이 8대 1인 프랑스에서 두 제도가 평등해지려면 아직 여러 법적 장애물이 남아 있다. 그러나 장애물은 사회 문화적이기도 하다. 육아 휴직 관련 법이 여남 중립적으로 기술되어서 모부 모두 휴직 제도를 쓸 수 있는 호주에서 여성의 99.6%가 육아 휴직을 쓴 반면 남성 육아 휴직자의 비율은 0.4%에 불과하다는 사실이 그 증거다. 물론 호주의 법은 이론적으로는 중립적이지만 사실상 완전히 편향되어 있다. 호주의 육아 휴직은 모부 중 한 명만 쓸 수 있어 아빠와 엄마가 기간을 나누어 쓰는 식으로 사용할 수 없으며, 이 기간에는 최저임금이 지급된다. 대부분 부부 중 남성이 여성보다 명백히 돈을 더 많이 벌기 때문에 남성이 육아 휴직을 쓰는 것은 훨씬 큰 재정적 손실을 의미한다. 그러므로 0.4%의 남성만 육아 휴직을 한다는 것은 전혀 놀라운 일이 아니다.

게다가 육아 휴직은 아빠가 아닌 엄마가 쓰는 것이 일반적이라는 점을 고려할 때 육아 휴직을 쓰는 아빠는 상당한 사회적, 직업적 손해를 입게 된다. 기업이 남성 육아 휴직자에게 가하는 보복과 불이익의 사례는 무척 많다. 심지어 남성 육아 휴직은 사회적으로나 개인적으로나 비용을 초래하고 부부의 가사 분담을 변화시키는 데 실질적으로 효과적이지 않은 것으로 나타난다. 가령 1995년 스웨덴의 남성 육아 휴직 도입에 관한 일련의 연구에 따르면 아빠들은 육아 휴직을 사용하더라도 가사를 더 맡지 않았다. 같은 연구에서 이 제도가 이혼율 증가로 이어졌다는 점도 드러났다.[16] 한 달짜리 남성 육아 휴직 도입 직전과 직후에 자녀가 태어난 부부를 비교하면 스웨덴의 육아 휴직 도입은 8%의 이혼율 증가와 관련 있었다![17]

이혼율 증가 현상은 남성 육아 휴직이 전통적 젠더 규범과 갈등을 일으키며 전통적 규범이 변화에 저항한다는 사실로 설명된다. 남성 육아 휴직이 이혼에 미치는 효과 대부분이 일을 더 적게 하며 수입이 적은 아내와 이러한 개선이 없었다면 휴직하지 않았을 남편으로 구성된 가장 전통적인 부부에게서 나타났기 때문이다. 전통적인 부부의 아내는 아빠를 위한 한 달간의 육아 휴직이 도입되자 남편과 같은 시기에 무급 휴가를 냈다. 왜

한 달짜리 남성 육아 휴직이 여남의 역할 분담을 바꾸지 못했는
지 정확히 설명해 주는 지점이다. 아마도 남편의 휴직 기간에 아
내는 아이를 돌보고 남편은 낚시를 갔을 것이다. 경력을 쌓으러
하버드에 갔을 수도 있다. 육아 휴직 기간에 하버드에 간 내 스
웨덴인 동료처럼 말이다. 내가 임신 때문에 입덧으로 고생하고
내내 지쳐 있을 때 그 친구는 하버드 방문 계획을 자랑하듯 말했
다. 메스꺼움이 더 심해지지 않을 수 없었다.


## 그럼에도 법이 필요한 이유

스웨덴의 육아 휴직이 가사 재분배에 무력하고 이혼에 영
향을 미친 것은 역시나 침울한 현실이다. 이는 사회적 규범의 무
게와 규범이 사회 변화에 미치는 제동력을 예증한다. 누군가는
여기서 법으로는 아무것도 바꿀 수 없다는 불가능성을 포착하려
할 것이다. 하지만 내가 보기에 이러한 견해는 잘못이다. 오히려
법적 측면에서의 변화는 결정적이고 필수적이다. 가장 전통적인
사고를 지닌 사람들은 저항하겠지만, 규범을 바꾸고 싶어 하는
상상력이 풍부한 사람들은 법에서 촉발되는 변화를 움켜쥐고 활
용할 수 있다. 이들이 만드는 모범 사례는 궁극적으로 규범을 움
직일 것이다. 입법 없이 유기적인 사회 변화를 '기다리기만' 할
수는 없는 것이다.

우리는 앞서 그 이유를 정확히 확인했다. 다시금 반복해 강

조하자면 규범은 여러 세대에 걸쳐 끈질기게 지속되기 때문이
다. 조정 시스템에서 개인적으로 일탈하기란 무척 어렵기에 외
부 충격 없이 문화적 균형이 변화하기는 쉽지 않다. '유기적인
사회 변화를 기다리는 것은 무의미하다.'라는 관점을 옹호하는
사람들은 이 점을 의심할 여지 없이 잘 알고 있다. 이들은 일반
적으로 사회에서 가장 보수적이며 현재 확립된 균형에서 가장
많은 혜택을 받는다. 그러므로 2002년 스웨덴에서 남성 육아 휴
직을 한 달 더 연장하는 두 번째 개혁이 시행되었을 때 이전과
달리 이혼율이 증가하지 않은 것이다.

그러나 언론의 큰 관심에도 불구하고 육아 휴직은 사회 변
화를 이끄는 가장 효과적인 공공 정책이 아니다. 공공 정책의 유
효성을 검토한 클로디아 올리베티와 바르바라 페트론골로는 어
린아이에 대한 돌봄 제공 정책이 직장 내 성 평등을 증진시키는
가장 효과적인 방법이라고 결론 내린다.[18] 일터에서의 삶과 가정
에서의 삶을 조화롭게 병행하도록 엄마들을 돕는 것이 육아 휴
직의 기간이나 배분보다 더 중요할 수 있는 것이다.

입법과 야심 찬 여남 평등 정책이 규범을 변화시켰던 또 다
른 예시도 있다. 독일민주공화국(동독)의 사례는 지속 가능하고
견고한 방식으로 분명하게 변화를 이끌어 나갔다. 2차 세계 대전
의 여파로 독일이 분단된 후 동독의 공산주의 체제는 일터에서
의 평등을 강조하고 여남 모두에게 노동의 의무를 부과했다. 이
는 탁아소와 다른 보육 시스템에 대한 막대한 투자와 함께 실현

되었다. 1989년 서독 여성의 56%가 일한 것과 달리 동독에서는 여성의 89%가 일했다.[19] 독일 통일 후 독일연방공화국(서독) 정부는 정권을 장악하고 전임 정부의 가족 정책을 재빨리 해체했다. 그럼에도 성 역할에 대한 문화적 규범은 계속 남아 있었다.

독일의 서쪽에서 아내가 남편보다 돈을 더 많이 번다는 생각은 잘 수용되지 않았다. 이곳에서 수입이 좋은 여성은 이러한 규범 위반을 '상쇄'하고자 집안일을 **훨씬** 많이 하며, 남편보다 더 많이 벌기 시작했을 때 이혼할 가능성이 더 크다. 하지만 동쪽에서는 전혀 그렇지 않다. 이곳 여성은 남편보다 돈을 더 많이 벌면 기본적인 경제학 논리에 따라 가사 비중을 **줄인다**. 이들은 돈을 버는 **동시에** 남편을 찾을 수 있고 이혼당하지도 않는다. 이 둘을 한꺼번에 할 수 없었던 여러분의 할머니라면 분명 놀랄 만할 변화다. 또 설문 조사 결과에 따르면 동독의 문화에 영향받은 여성은 남성만큼 일을 중요하게 생각한다. 여성은 가정을, 남성은 일을 본성적으로 **선호한다**고 믿는 모든 관념을 박살 내면서 말이다. 여성과 남성의 심리적 차이에 관한 가정에 대해 더 말해 보자면 성 평등을 포함한 평등주의 이데올로기에 노출된 중국 공산주의 체제하의 여성은 훨씬 경쟁적이다.[20] 이처럼 독일과 중국에서 40년간 이어진 공산주의는 사람들의 정신 속 가부장 자본주의를 꾸준히 해체시켰다. 여남 평등에 관한 입법을 거부하고 유기적인 사회 변화를 요청하는 보수주의자를 쫓아내기에 충분한 역사적, 문화적 변화다.[21]

물론 이 두 나라 역시 다른 많은 나라처럼 공산주의 체제 몰락 이후의 제도 변화와 자본주의 경제 체제의 도입을 통해 전속력으로 가부장 자본주의에 되돌아갈 수 있다. 2021년 3월 중국 정부는 학교에 남성성 함양 과정을 도입했다고 발표했다. 당연히 상부상조와 공감 능력을 키우기 위해서는 아니었다. 중국 정부는 공산주의 이전 중국의 남성 중심적 이상으로 돌아가려 했다. 개혁 안을 낸 전국위원회 위원 중 한 명은 중국 10대 소년의 "여성화"가 "중국의 생존과 발전"을 위협한다고 설명했다.[22]

그들의 불안을 따라가 보자. 앞서 확인했듯 대입 시험이 남학생에게 유리하고 낙태와 학대로 중국에 약 4000만 명의 여자 아이가 부족함에도 2010년 이후 대학에 들어가는 여학생 수는 남학생 수보다 더 많다. 게다가 교육받은 여성은 결혼하기를 거부한다. 여전히 여성에게 가사 대부분을 부담하게 만드는 중국의 가부장적 규범을 고려하면 당연한 결과다. 식민지 호주의 경우와 마찬가지로 중국의 여성 부족 현상은 여성에게 더 많은 권력을 부여해 전통주의적 관점과 남성 권력을 위협한다. 즉 가부장 자본주의의 토대에 대한 위협이다. 그래서 사람들은 탁아소에서 고등학교에 이르기까지 해방을 향한 야심을 지닌 까다로운 여자를 지배하는 방법을 남자 어린이와 청소년에게 가르쳐야 한다고 말한다. 그들에게 운동 능력과 경쟁심을 키우되 공감 능력을 보이면 안 되며, 여성과 남성 중심적 이상에 동의하지 않는 남성과 자연과 환경을 지배해야 한다고 가르친다. 남성성 함양 과정은 한마디로 지금의 남성 중심주의 세계가 필요로 하는 모든 것을 가르치자고 말하는 정책이다.

이제 사회 변화를 법으로 제정하는 또 다른 방법인 여성 할당제에 관해 살펴보자.

# 15 정치와 기업에서의 여성 할당제

어리고 순진했던 과거의 나는 여성 할당제에 반대했다. 할당제가 잘못된 신호를 보낸다는 생각 때문이었다. 여성이 남의 도움을 받았다고 생각해서는 안 되며 혼자 힘으로 성공할 수 있어야 한다고 여겼다. 여러분도 짐작하듯 그 후 나는 여성 할당제가 상황을 변화시키고 문화적 변화를 가속할 수 있음을 깨닫게 되었다. 간단히 말해 이 제도는 불의를 바로잡아 준다.

이 책에서 내내 살펴봤듯이 경제 시스템은 모든 수준에서 남성에게 유리하다. 심지어 출생 전부터도 그렇다. 남성은 여성보다 태어날 확률이 더 높다. 모유 수유도 더 오래 받는다.[23] 학교와 대학의 평가 시스템인 경쟁과 시험은 남성에게 유리하다. 남성적 가치는 사회적, 경제적으로 보상받는다. 여성은 폭력의 피해자가 될 가능성이 더 크다. 지울 수 없는 상처를 남기고 우

울에 빠뜨리는 가정 폭력과 직장 내 폭력의 피해자가 되기 쉽다
는 뜻이다. 여성은 제도화된 모든 장애물을 극복하고 마침내 경
제적 사다리 위로 올라가는 데 성공하더라도 폭력을 당할 가능
성은 더 커진다. 이러한 폭력의 목표는 여성의 경제적 해방과 권
력 쟁취에 또 다른 장벽을 만드는 것이다. 상황이 이러하다면 여
성 할당제는 여성 진보를 위한 마땅한 조치가 아닐까? 능력 있
는 여성을 찾는 일은 어렵지 않다. 지난 40년 동안 여성이 남성
보다 더 많은 교육을 받아 왔으며, 대부분의 선진국에서 여성은
거의 모든 학업 영역에서 남성을 능가하고 있으니까. 하지만 여
성 할당제는 여성 진보를 위한 한 단계이지 해결책은 아니다. 여
성 할당제를 시행해 여성이 정치와 경제의 가장 높은 자리에 진
출한다면 과연 어떤 일이 일어날까?

## 정치에서의 여성 할당제

정치에서 여성 할당제의 목표는 프랑스처럼 후보자 명부에
여성을 포함하거나 인도처럼 여성 전용 의석을 따로 마련해 국
회 의원 의석 수로 여성을 직접 대표하는 것이다. 마을의 지역
위원회부터 국회에 이르기까지 여러 선거 수준에 적용될 수 있
는 이 제도는 법으로 규정하거나 정당의 개별적인 주도로 이루
어진다. 현재 전 세계 126개국이 정치 분야에서 여성 할당제를
시행하고 있다.[24]

프랑스는 2000년 개정법에 따라 후보자 명부에 여남 동수제를 의무화하고 있다. 정당은 반드시 같은 수의 여성과 남성을 후보에 올려야 한다. 그러나 실제로 꼭 지켜야 하는 것은 아니다. 이를 준수하지 않은 정당은 국가에서 직접 받는 공공 보조금의 일부를 받지 못하게 될 뿐이다.[25] 국회의 절대다수는 여남 동수제 시행에 찬성했었다. 그러나 법이 채택된 후 처음 치러진 2002년 국회 의원 선거에서 여성 비율은 이전과 거의 차이가 없었다. 바로 직전 국회의 여성 비율은 10.9%, 새로운 국회에서 그 비율은 12.3%였다. 일부 연구자는 국회 의원들이 개정법의 효과가 미미하리라는 점을 알고 있었기 때문에 열렬한 지지를 보냈을 것이라 추측했다.[26] 연구자들은 실상 엄격하지 않은 여남 동수제가 남성 후보자에게 **훨씬** 유리할 수 있다고 보았다. 유권자가 남성 후보를 선호한다면 여성 후보자와 경쟁할 기회가 늘어난 만큼 남성 후보로서 이점을 살릴 수 있다는 논리다. 하지만 많은 경우 정당은 여성 후보자가 이길 가능성이 낮은 지역에 여성을 출마시켜 해당 선거구의 남성 우위를 강화했다.[27] 전체적으로 정당이 동수제를 준수하지 않을 가능성, 당선 가능성이 낮은 자리에 여성 후보자를 내는 것, 유권자의 잠재적인 남성 선호가 남성 후보자의 이점을 더욱 강화시켰다. 이것이 개정법 통과 후 국회에서 여성 비율이 거의 증가하지 않은 이유다.

이처럼 실효성이 떨어지는 체계는 르완다나 인도처럼 의석에 직접 할당제를 적용하는 체계와 극명한 대조를 이룬다. 비록 이들 나라에서 할당제는 시 의회나 지방 의회 수준에 적용되지만 이 체제에서는 여성의 대표성이 확실히 보장되며 정치적 영향력이 곧바로 뒤따른다. 몇몇 연구는 이들 국가의 여성 할당제가 여성이 대표인 선거구나 마을에 많은 혜택을 가져다주었음을 보여 주었다. 특히 에스더 더플로[28]의 연구는 여성에 할당된 의석을 임의로 선택하는 실험에 기초해 지역적 특성이 체계적으로 달라 인과 관계 측면에서 유의미한 결론을 내지 못하는 사례를 피한다. 이 실험 결과는 남성 대표와 달리 여성 대표가 실행하는 공공 정책의 특징을 보여 주었다. 여성 정치인은 깨끗한 식수에 대한 접근권처럼 공동체에 더 많은 공공재를 공급하는 정책을 편다. 이러한 정책은 교육이나 사회 프로그램처럼 아동에게 가는 수혜가 훨씬 크다. 또한 이들은 여성에 대한 폭력을 줄이고 여성 창업을 장려하는 정책을 펴기 좋은 환경을 조성한다. 우리 정책의 목표가 공공재 공급이라면 이 점에서 여성은 남성보다 성과가 좋으나 여성 정치인은 항상 눈에 덜 띈다.

끈질기게 남아 있는 남성 정치인 선호는 할당제 시행으로 점차 약화되는 중이다. 사회 변화는 여남 평등을 꾀하는 정책이 시행된 후 뒤따라온다. 예를 들어 뭄바이에서 여성 후보자는 이전에 자신, 곧 여성에 할당된 의석에서 재선될 확률이 다섯 배 높았다. 또한 인도에서 여성 후보자에게 할당된 지역구 유권자들은 여성에게 더욱 긍정적인 시각을 가졌고, 여성을 리더십 지위에 더 쉽게 연결 지었으며, 이들이 더 많은 성과를 낸다고 여졌다. 그리고 이러한 여성은 다른 여성과 소녀들의 역할 모델이 된다. 여성이 할당된 인도의 지역구와 마을에서 소녀들은 더 오래 교육받고, 부모는 딸의 사회적 신분 상승에 더 큰 기대를 품는다.

캐나다와 호주 같은 일부 국가는 정당의 자발성에 기초한 여성 할당제만을 채택해 왔다. 호주에는 여성을 위한 자리를 보장하는 그 어떤 형식적인 법률도 없다. 노동당은 자발적으로 형식적 할당제를 채택한 유일한 정당이다. 1981년 노동당은 여성이 내부 직책의 25%를 차지하도록 의무화했고 1994년 의석의 35%에 여성 후보자를 출마시킬 것을 약속했다. 2012년부터 노동당 의석의 40%는 여성, 40%는 남성, 나머지 20%는 여성 또는 남성이어야 한다는 할당제를 채택했다. 현재 보수 연합의 국회 의원 중 단 18%가 여성인 반면 노동당에서 여성 의원 비율은 46%이며 녹색당에서는 50%다.[29]

자발적 여성 할당제를 시행하는 국가들은 할당제가 법제화된 국가보다 여성 국회 의원 비율에 관한 국제 순위에서 뒤처져 있다. 단원제, 양원제 구분 없이 여성 국회 의원 비율 순위의 꼭대기를 차지한 나라는 2019년 기준 의회 내 여성 비율이 61%인 르완다. 프랑스는 스웨덴, 핀란드, 에스파냐, 노르웨이, 세네갈, 멕시코에 이어 17위다. 호주는 앙골라, 페루와 공동 48위이며 캐나다는 카자흐스탄과 도미니카 공화국 사이인 61위다. 여성 할당제가 존재하지 않는 미국은 이 순위에서 아프가니스탄,

카보베르데와 같이 76위를 차지했다.[30]

## 여성 이사진을 넘어서

독일, 벨기에, 에스파냐, 프랑스, 인도, 이탈리아, 아이슬란드, 이스라엘, 말레이시아, 노르웨이 등 여러 국가는 기업 여성 할당제를 시행 중이다. 이사진의 여성 대표성을 확보하기 위함이다. 호주, 캐나다, 연방 차원의 미국에서는 아직 이 제도가 시행되고 있지 않다. 노르웨이에서 할당제의 영향력을 엄밀히 평가한 결과[31] 할당제는 기업 이사회의 여성 비율을 높이는 데 효과적이었다. 일부 사람들이 품은 두려움과 달리 유능하고 자격을 갖춘 여성을 찾는 것은 문제가 아니었다. 다만 기업 위계질서의 최상위에서 일어난 진보는 나머지 영역에 실질적인 반향을 일으키지 못했다. 할당제의 결과로 여성 고용 일반이 늘거나 육아 휴직 시행, 직장 탁아소 운영 등 여성에게 더 우호적인 정책이 시행되지는 않은 것이다.

그렇다면 우리는 지금 처한 조건에서 한 줌 여성들이 기업 맨 꼭대기로 승진하는 기적을 **여성 모두의 이름으로** 기다릴 수밖에 없을까? 이 얼마 안 되는 사람들이 이사로 승진해 여성의 상황을 변화시키기를 기다리기 전에 다른 중요한 질문을 던져 보자. 이사진으로 임명되는 여성은 대체 어떤 사람일까? 나는 공저자인 르네 애덤스, 페트리샤 펑크와 함께 이 질문에 대한 답을 제시하려 했다.[32] 우리의 결론은 이사로 임명되는 여성이 필연적으로 다른 여성의 상황을 변화시키거나 일과 가정의 문제를 화해시키는 정책을 시행하리라는 기대는 것은 너무 순진하다는 것이다. 2008년 금융 위기 때 여러 번 들은 대로 여성 이사진이 기업의 금융 리스크를 줄여 주리라 기대하는 것도 마찬가지로 헛되다. 기업의 꼭대기인 이사회에 진출한 여성은 평범한 여성이 아니다. 그렇다고 남성과 같지도 않지만 꼭 예상되는 방향에서 남성과 달리 행동하는 것도 아니다. 이들은 옆자리의 남성 이사보다 훨씬 큰 금융 리스크를 감수할 준비가 되어 있다. 일반적으로 미혼이고, 기혼이라면 경쟁자인 남성 동료나 위계질서상 아래에 있는 다른 여성보다 자녀 수가 더 적다. 이사회의 여성 비율이 높았더라도 금융 위기를 막지 못했을 것이라는 점은 분명해 보인다. 르네 애덤스는 「리먼 시스터즈」라는 제목의 논문에서 이 문제를 더 자세히 다룬다.[33] 이들이 회사에서 일과 가정의 양립을 체계적으로 이뤄 내려는 제도를 시행하지 않았으리라는 점 또한 명확할 테다.

여성의 이사회 진입 혜택이 사내에 퍼지기 위한 열쇠는 이사회 수준, 즉 위계질서의 최상위에서 여성 대표성을 확보할 뿐 아니라 계층 구조의 모든 수준에서 이러한 대표성을 최대한 보장하는 데 있다. 에스트리드 쿤츠와 에말리아 밀러는 1987~1997년 사이 운영된 노르웨이 생산 공장 4000곳을 표본으로 삼아 **직속 상사가 여성인 쪽**이 여성 직원의 경력과 임금 전망에 유리하다는 점을 보여 주었다.[34] 그런데 같은 연구는 같은 위계 수준에 여성이 많을수록 여성에게 불리하고 남성에게 유리하다는 점 또한 발견했다. 소위 **유리 천장 가속기**라 불리는 현상이다.

결국 여성의 경제 및 정치 분야 진출을 보장하려면 기업과 의회뿐 아니라 가정 내 젠더 규범도 해체해야 한다. 여성의 경력과 가정생활의 조화를 촉진하는 가족 정책은 지금처럼 여성 고용을 보호하면서 기업 위계질서의 모든 중간 수준에서 여성 진보와 대표성을 보장해야 한다. 이 목표는 위계질서의 모든 수준에서 여성 할당제를 시행해 쉽게 달성할 수 있지만 할당제가 엄격히 50%로 적용될 필요는 없다. 호주 노동당은 40%-40%-20%이라는 유연한 시스템을 활용한다. 성폭력은 남성 위주인 환경에서 더 빈번하게 일어나므로 중간 층위의 여성 비율이 높아지면 폭력의 완화에 긍정적인 영향이 미칠 것이다.

지금 우리가 기업 회계에 공개 의무를 두듯 기업 내 성폭력 경험을 평가하고 공개하도록 노력해야 한다. 전혀 어렵지 않은 일이니까. 또 모든 위계질서의 여성 비율과 기업이 시행 중인 성평등 정책과 기업 내 젠더 문화 전반을 평가하고 공개하도록 촉구해야 한다. 만약 기업이 다양성과 성차별 문제에 무심해 가장 능력 좋은 졸업생이 취업하지 않는 식으로 불이익을 받는다면 기업들은 분명 변화할 것이다. 지금은 모든 문제가 아직 수면 아래에 있다. 이제 더는 이전 같을 수 없다. 우리는 이미 변화를 실현할 수단을 쥐고 있다.

　　나는 호주 의회에서 국회 의원 10여 명과 국회 보좌관 약
열다섯 명, 각각 법학과 사회학을 전공하고 폭력과 남성성 문제
를 연구하는 동료 둘과 회의를 마치고 돌아와 책의 마지막을 쓰
고 있다. 이 회의는 「젠더, 권력, 폭력: 뉴 노멀 창조하기」라는 주
제로 노동당 소속 앤드류 레이 의원, 녹색당 애덤 밴트 의원, 자
유당 데이브 샤마와 호주 사회 과학협회가 함께 조직했다. 호주
의회는 전례 없는 강간 및 성폭력 스캔들로 스스로 똥물을 끼얹
게 되었다. 2020년 11월 공영 방송 ABC의 한 다큐멘터리는 극
도로 성차별적이고 남성 중심적인 호주 연방 의회의 문화를 고
발했다. 이 다큐멘터리는 또한 국회 의원, 특히 보수 의원들이
다수의 간통과 연루되었음을 폭로했다. 스캔들 대상에는 국회
의원의 피고용인인 보좌관들도 있었다.

다큐멘터리가 방영되고 몇 달이 지난 2021년 3월 초 ABC 채널은 1988년으로 거슬러 올라가는 성폭력 사건에 한 정부 인사가 기소되었다고 보도했다. 고소장은 2020년 3월에 접수되었지만 피해자가 자살하기 하루 전 취하되었다. 며칠 뒤 언론의 압박을 받은 크리스천 포터 장관은 자신이 문제의 그 사람이라고 밝혔다. 장관은 눈물을 쏟으며 모든 혐의를 부인했고, 비난의 충격에서 회복하고자 휴가를 떠나겠다고 발표했다. 또 ABC 채널을 상대로 명예 훼손 소송을 제기했다. 이 글을 쓰는 2021년 7월에도 그는 여전히 장관직을 유지하고 있다. 정부는 법무부 장관 자리에서 물러난 그에게 새로 산업과학기술부 장관직을 줬다. 물론 크리스천 포터는 무죄로 추정되며, 모든 사실을 부인하고 있고, 아무런 조사도 이루어진 바 없다. 하지만 이렇게 중요한 인물이 심각한 범죄 혐의를 받았는데 어떻게 전혀 수사가 진행되지 않았을까? 총리는 2021년 3월 1일 월요일에 이것은 "경찰이 취급해야 할 사건"이며 본인은 "경찰이 아니다."라고 말했다.[1]

하지만 법률 전문가들은 고소인의 죽음, 정확히 말하면 자살로 이 건이 유죄 판결에 이르기란 불가능해졌으며 경찰이 조사에 나서는 것은 무용하다고 말했다. 총리는 자신을 둘러싼 의혹에 대한 공개 조사를 단호히 거부했다. 여러 사람이 증언하겠다고 자원했지만 끝내 수사는 착수되지 않았다.

며칠 뒤 총리는 이 사건에 분노한 여성들의 시위에 대해 이들이 호주에 사는 덕에 경찰의 총에 맞지 않고도 시위에 나서는 행운을 누리고 있다고 했다.

같은 시기에 또 다른 의원 린다 레이놀즈는 그가 "거짓말쟁이 암소"라 부른 자신의 옛 여성 보좌관에게 사과해야 했다. 이 보좌관은 자신이 의회에서 겪은 성폭력 사건을 보고했다. 린다 레이놀즈는 성폭력 사실이 아닌 신고가 처리된 방식에 대해 거짓이라 지칭한 것이라고 변명했다. 며칠 뒤 또 다른 스캔들이 터졌으니 이 건은 일단 넘어가자. 새로운 사건은 한 여성 의원 사무실에서 찍은 자위 영상을 포함해 국회에서 촬영된 성행위 영상 스캔들이었다.

2021년 3월 23일 내가 의회를 방문한 날 아침에 스콧 모리슨 총리는 끝내 기자 회견을 열고 여성에게 가해진 폭력과 의회의 성차별적 문화에 대해 발언했다. 기자 회견 며칠 뒤에는 이러한 폭력에 대해 오랫동안 전혀 알지 못했다고 말했다.

총리는 보수 진영을 지지하는 것으로 알려진 스카이 뉴스 채널의[2] 한 남성 언론인이 던진 질문에 이 방송사 화장실에서 벌어진 것으로 추정되는 성폭력 사건을 언급하며 자기 조직의 일에 관심 갖는 편이 나을 것이라고 대꾸했다.《가디언》의 어떤 여성 기자가 지적했듯 총리가 자국 정부의 성폭력 사건에 그토록 무관심하면서도 언론사의 성폭력 사건은 면밀하게 주시하고 있었다는 점은 매우 놀라운 일이다. 그러나 총리가 언급한 방송사 사건조차 그가 꾸며 낸 것으로 밝혀졌다. 인터뷰 몇 시간 뒤 스카이 뉴스 채널 대표가 그런 일이 일어난 적 없다고 확인해 준

것이다. 그날 밤 총리는 자신의 페이스북 계정에 밋밋한 어투로 사과를 전하며 스카이 뉴스 기자에게 '심심한 유감'을 표했다. 또한 자신이 한 행동을 변명하며 "남자들이 항상 옳을 수는 없다."라고 말했다.[3] 물론 그렇고말고.

토니 애벗 전 보수당 총리가 전 노동당 여성 총리 줄리아 길라드를 "암캐"라 부르고, "마녀를 화형시키자."라고 쓰인 플래카드를 들고 당당하게 행진한 지 10년이 지나 나는 의회에 왔다. 이 책에 요약된 나의 연구들에 대해 발표해 달라고 초청받은 것이다. 여성과 남성의 일과 직능에서의 선택, 그 결과로 나타난 여성과 남성 사이의 경제적이고 정치적인 권력 분배, 노동 시간 분배, 여성과 일부 남성이 겪은 폭력과 사람들이 여성의 삶에 부여하는 가치에 관해서 말이다. 이 모두는 문화적 규범을 반영한다. 그런데 역사적 사건에 의해 형성되었다는 점에서 정의상 우리 안에 뿌리박힌 것이기도 하다.

사회적 규범은 자동적으로 서로를 유지하고 또 관계 맺는다. 경제적이고 정치적인 권력을 쥔 남성은 법을 만들고 제도를 구축한다. 공적 담론, 문화 생산, 미디어, 종교적 메시지와 그 제도를 지배하는 것도 남성이다. 그 반작용으로 이러한 제도, 문화 생산, 미디어, 종교는 규범을 강화하며 더 나아가 규범 자체를 정의한다. 결과적으로 정상화된 남성 특권은 눈에 보이지 않게 된다. 호주 여성 의원이 내게 말했듯 남성 의원들은 자신의 우월성과 위대함을 확신한다. 남성 의원들은 자신이 남성 특권의 산물로 그러한 권력 위치에 올랐다는 사실을 전혀 알지 못한다. 오히려 순전히 자기 능력의 산물이라 확신한다. 자신은 모든 권한과 특권을 누릴 만하며, 이 권력이 경제적이고 사회적이고 더 나아가 성적인 본성을 띠기에 세상 모두가 자기에게 복종하고 아첨할 것이라는 확신이다. 이들 남성에게 이보다 더 정상적인 이해는 없다.

하지만 왜 여성은 스스로를 해방시키지 못할까? 왜 이 모든 것을 계속 받아들일까? 여성에게 또한 이는 규범이며, 이들이 규범을 내면화해 왔기 때문이다. 모든 규범에 맞서 싸우며 규범을 재창조하고 정상에서 일탈하기란 어렵기 때문이다. 또 많은 여성이 신체적, 감정적 폭력의 트라우마를 안고 살아가기 때문일 수 있다. 여성의 절반이 직장 내 괴롭힘을 당한 적 있다고 응답했다. 그중 20%는 성폭력 피해자였고 이들의 85%는 25세 이전에 그 일을 겪었다고 했다.[4] 이런 현실은 해방을 향한 모든 열망을 가로막는다. 그러나 다른 무엇보다 중요한 이유는 우리에게 여전히 정치, 경제, 미디어, 문화 권력이 없기 때문이다. 책의 1부에서 확인했듯 여성의 경제력과 정치력은 1990년대 이후 별로 나아지지 않았다. 아직 갈 길은 멀다.

모든 여성의 진보와 평등을 가로막는 또 다른 장애물은 젠더 동역학이 계급 동역학과 교차한다는 점이다. 특권을 누리는 기혼 여성은 결국 상황에 적응하고 만다. 아들에게 헌신하는 엄마는 아들이 특권을 충분히 누리도록 한다. 특히 선진국의 백인 특권층 여성이 20세기에 쟁취한 것을 갖고서 모든 여성의 진보에 얼마나 기여했는지를 물어보자. 우리가 얻은 것을 유색 인종 여성과 개발 도상국 노동자들을 지배하며 이익을 취하고 가부장 자본주의 2.0 이데올로기를 정당화하는 데 쓸 텐가? 마치 여성 할당제 덕분에 임원이 된 여성이 다른 여성 직원에게 아무런 이익도 주지 못한 것처럼? 이는 여성 진보의 함정일 따름이며 불평등이 심해질수록 함정은 더욱 강력해진다. 여성이 가장 높은 자리에 오른 것만으로 기대할 수 있는 것이 많지 않은 이유이기도 하다. 저 높은 곳에서 보면 양쪽을 가르는 도랑은 너무 넓고, 꼭대기의 의자는 너무나 안락하다.

현재의 불평등 심화는[5] 더 일반적이고 거대한 장애물이다. 부와 잉여가 많아질수록 힘 있는 자들은 이를 적극적으로 전유한다. 이렇게 형성된 불평등은 잠재적으로 무척 위험하다. 부에서 배제된 피지배층은 저항할 가능성이 크므로 부유한 지배층은 자기 위치를 정당화하면서 안전하게 보호하는 가치 체계를 마련해야 한다.[6] 그 가치 체계의 중심에 '생물학적인 것'이 있다. 생물학적 특징이 지배를 정당화하는 구실을 할수록 사람들은 이러한 지배를 더 받아들일 만한 것이라고 여긴다. 중세 시대의 여성은 악마에 사로잡힌 마녀였다. 19세기 여성은 남성과 같은 지적 능력이 없었고 선천적으로 나약했다. 또 20세기에는 남성보다 경쟁적이지 못하고 위험에 잘 저항하지 못하며 가족과 일에 대한 선호도가 다른 존재였다. 물론 같은 논리는 인종, 민족, 심지어 성 소수자에 대한 지배까지 세상 모든 지배 논리에 적용된다. 성 소수자에 대한 지배 논리는 젠더와 섹슈얼리티에 대한 생물학적 정의를 위반한다는 것을 성 소수자의 주요한 결함으로 삼는다.

이처럼 불평등, 지배, 이데올로기는 밀접하게 연결되어 있다. 하나는 다른 것 없이 작동하지 않는다. 지배층은 불평등에 뿌리를 두며 여기에서 이익을 얻는다. 지배자는 지식에 대한 특권으로 이데올로기를 생산하고, 권력에 대한 특권으로 이데올로기를 수호한다. 피지배자의 저항에 맞서는 동시에 스스로 이 이데올로기를 믿으면서 지배를 정당화한다.

농업의 집약화로 여성이 지배당하고 가정 영역 내로 유폐된 역사적 논리는 생물학적 결정론에 근거한 것이 아닌 경제적이고 정치적인 논리다. 이를 해체할 사람은 우리 자신이다. 문화적 규범이 시효가 다한 역사적 조건에서 출현한다는 점을 보여주는 역사적 연구는 일부 사람들에게 결정론적이고 패배주의적이라 해석된다. 신석기 시대나 식민지 과거에 규범의 기원이 있어 모든 것이 이미 기록되고 현실은 바뀔 수 없다고 생각할 수도 있다. 하지만 전혀 그렇지 않다. 오히려 정확히 그 반대다.

과거의 조건이 규범에 영향을 미쳤다면 이는 규범이 변화할 수 있기 때문이다. 그리고 규범은 환경에 반응하며 이미 바뀌고 있다. 예를 들어 호주에 대한 연구에서 나는 과거 여성 대비 남성 수가 노동 시장 참여에 미치는 영향이 오늘날 1933년의 절반 수준이라는 점을 확인했다. 진보란 결코 단선적이지 않음을 잊지 말자. 노예제가 폐지된 후 미국 남부에서는 흑인 린치가 횡행했다. 그러나 짐 크로 법에 의한 권리 제한에도 노예제로 돌아가는 일은 일어나지 않았다. 성폭력에 대한 대규모 폭로와 비판 이후 여성이 과거로 후퇴하는 일은 일어나지 않으리라 나는 믿으며 또 그런 미래를 희망한다. 물론 호주 의회도 프랑스 의회와 마찬가지로 최후의 세력권, 최후의 참호가 남아 있지만 문화적 변화는 이미 진행되고 있는 듯 보인다. 그러나 경제적이고 정치적인 권력이 불평등하게 분배되어 있는 한 완전한 변화는 불가능하다.

가부장 자본주의를 해체하려면 이 이데올로기의 문화적, 정치적, 경제적 지지자 모두를 가정과 기업과 정부에서 몰아내야 한다. 그리고 여성만 이 과업을 떠맡아서는 안 된다. 남성도 함께해야 한다. 남성과 딸과 아들을 위해서다. 극소수 특권층 남성에게 유리한 현재의 시스템은 폭력과 성폭력을 저지르는 소수의 남성을 보호한다. 문제는 다른 남성이 침묵하고 있다는 점이다. 남성은 침묵함으로써 체제에 공모하지만 그로부터 얻는 이익은 없다. 그들도 이 시스템의 피해자다. 나의 호주에 관한 연구처럼 젠더 규범이 가장 전통적인 곳에서 남성 또한 고통받는다. 이들은 더 많은 학교 폭력을 겪고, 더 일찍 사망하고, 여성보다 더 많이 자살한다. 그러니 여성과 남성 모두 현실에서 벗어나 우리 스스로를 해방하자!

## 감사의 말

나를 응원하고 지지하고 아낌없이 조언해 주며 이 책을 편집해 준 쥘리아 카제와 나의 동반자 데이비드 루이스에게 누구보다 먼저 감사의 마음을 전한다. 특히 루이스가 아니었더라면 책 집필은 훨씬 느리고 힘들었을 것이다. 루이스는 내가 집필에 전념하도록 일을 그만두고 우리 아이들을 돌보는 데 헌신하면서 말 그대로 나를 해방시켜 주었다. 나의 수많은 영어식 표현을 다듬고 책의 일부를 번역해 준 앨러산드라 로자스레이놀즈에게 감사한다. 우리는 경제적 여남 불평등이라는 주제에 관해 길고 풍부한 편지를 주고받았다. 또 수년간 나와 토론해 준 빅토리아 바라노프, 롤랜드 비나보우, 애리얼 밴이샤이, 크리스 비드너, 모니크 보거호프 멀더, 알레산드라 카사르, 랄프 드 하스, 마티아스 도프케, 라켈 페르난데스, 말레케 푸라티, 파올라 쥴리아노, 가브

리엘 그래튼, 쇼샤나 그로스바드, 리차드 홀든, 조 핸리치, 로즈 카타르, 네이선 넌, 제시카 팬, 미셸 터털트, 사라 워커, 레너드 완트체콘, 조셉 베시, 제인 장에게 감사드린다. 그 밖에도 언급하지 못한 사람들이 무척 많다. 데이터 수집을 도와준 엘리스 캘더, 데보라 피케티모안, 르한 장에게도 감사를 보낸다. 젊은 연구자였던 나를 이끌어 가며 수년에 걸쳐 조언과 지지, 우정을 나누어 준 에릭 버글로프, 기도 프리벨, 제라드 롤랑, 폴 시브라이트, 클라우디아 세닉에게 각별한 감사를 표하고 싶다.

## 저자의 말

1    ABC News, "The big questions left unanswered about the alleged rape of Brittany Higgins at Parliament House," 2021.02.21., https://www.abc.net.au/news/2021-02-21/heres-what-we-know-and-dont-about-brittany-higgins-alleged-rape/13173526

2    ABC News, "She was one of the best debaters of her generation until her life unravelled. This is the story behind Christian Porter's accuser," 2021.03.08., https://www.abc.net.au/news/2021-03-08/christian-porter-accuser-four-corners/13226794

## 들어가며

1    https://timesupnow.org

2    OECD 고용 통계 데이터베이스에서 가져온 자료다. https://stats.oecd.org/index.aspx?queryid=54746. 호주에서는 남성 노동자의 15%가 파트타임으로 일하지만 여성 파트타이머는 37%나 된다. 미국에서는 남성 8%와 여성 17%가, 독일에서는 남성 9.5%와 여성 36%가 그랬다. 불평등 관측소는 프랑스 남성 47만 2000명이 파트타임으로 일하는 반면 여성 120만 명이 불가피한 상황 때문에 파트타임으로 일한다고 추정한다. https://www.inegalites.fr/un-tiers-des-personnes-en-temps-partiel-souhaiteraient-travailler-plus?id_mot=103

3    특히 Siwan Anderson & Debraj Ray, "Missing Women: Age and Disease," *The Review of Economic Studies* Vol.77 no.4(2010), pp.1262~1300과 이 책 3부 참고.

4    프랑스어 "Occidentales, éduquées, industrialisées, riches et démocratiques". 영어 weird는 이상하고 기이하다는 뜻이 있다.

1 OECD 시계열 데이터에서 프랑스 자료는 1975년 이후 데이터부터 이용 가능하다. 프랑스국립통계청(Insee)에서 그 이전 데이터를 제공하나 OECD의 정의에 정확히 부합하지 않으므로 같은 표에 포함할 수 없다. 1975년 이전 데이터를 확인하려면 https://www.insee.fr/fr/statistiques/1559961를 보자.

2 사용 가능한 최신 자료에 따르면 2018년의 경우가 그렇다. https://ec.europa.eu/eurostat/statistics-explained/index.php/Gender_pay_gap_statistics

3 달리 말하면 남성이 1유로(100상팀)를 벌 때 여성은 84.5상팀을 번다는 것이다. 직능, 교육, 산업 등의 차이를 고려하지 않은 순수 격차이며 이 책 2부 2장에서 요인별로 분해해 볼 것이다. 유럽연합 미가입 국가의 통계는 OECD가 다음 37개 국가를 선별해 가져왔다. 독일, 호주, 오스트리아, 벨기에, 캐나다, 칠레, 콜롬비아, 한국, 덴마크, 에스파냐, 에스토니아, 미국, 핀란드, 프랑스, 그리스, 헝가리, 아일랜드, 아이슬란드, 이스라엘, 일본, 라트비아, 리투아니아, 룩셈부르크, 멕시코, 노르웨이, 뉴질랜드, 네덜란드, 폴란드, 슬로바키아, 체코, 영국, 슬로베니아, 스웨덴, 스위스, 터키. https://data.oecd.org/earnwage/gender-wage-gap.htm

4 Claudia Goldin, "Female Labor Force Participation: The Origin of Black and White Differences, 1870-1880," *Journal of Economic History* Vol.37 no.1(1977), pp.87~108, Martha J. Bailey & Tom A. DiPrete, "Five Decades of Remarkable, but Slowing, Change in U.S. Women's Economic and Social Status and Political Participation," *RSF: The Russell Sage Foundation Journal of the Social Sciences* Vol.2 no.4(2016), pp.1~32.

5 Talha Burki, "The Indirect Impact of COVID-19 on Women," *The Lancet Infectious Diseases* Vol.20 no.8(2020), pp.904~905.

6 Arash Nekoei & Fabian Sinn, "HERSTORY The Rise of Self-made Women" (Working paper, Institute for International Economic Studies: Stockholm, SSRN, 2020).

7 *The New York Times Magazine*, 2003.10.26., https://www.nytimes.com/2003/10/26/magazine/the-opt-out-revolution.html

8 이때 프랑스 여성의 노동 시장 참여가 미국과 같은 수준, 유럽연합 평균에 도달했다.

9 Cédric Afsa & Sophie Buffeteau, "L'activité féminine en France: quelles évolutions récentes, quelles tendances pour l'avenir?," *Économie et Statistique* Vol.398 no.1, pp.85~97.

10  특히 프랑스에 관한 빅토르 게이의 연구를 보라. Jörn Boehnke & Victor Gay, "The Missing Men: World War I and Female Labor Force Participation," *Journal of Human Resources* Vol.57 no.4(2021); Victor Gay, "The Legacy of The Missing Men: the Long-Run Impact of World War I on Female Labor Force Participation"(Working paper, École d'économie de Toulouse, 2021).

11  Jörn Boehnke & Victor Gay, 앞의 글.

12  Evan K. Rose, "The Rise and Fall of Female Labor Force Participation During World War II in the United States," *The Journal of Economic History* Vol.78 no.3(2018), pp.673~711.

13  Claudia Goldin, "The Role of World War II in the Rise of Women's employment," *American Economic Review* Vol.81 no.4(1991), pp.741~756; Daron Acemoglu, David H. Autor, & David Lyle, "Women, War, and Wages: The Effect of Female Labor Supply on the Wage Structure at Midcentury," *Journal of Political Economy* Vol.112 no.3(2004); Raquel Fernández, Alessandra Fogli, & Claudia Olivetti, "Mothers and Sons: Preference Formation and Female Labor Force Dynamics," *Quarterly Journal of Economics* Vol.119 no.4(2004), pp.1249~1299; Claudia Goldin & Claudia Olivetti, "Shocking Labor Supply: A Reassessment of the Role of World War II on Women's Labor Supply," *American Economic Review: Papers and Proceedings* Vol.103 no.3(2013), pp.257~262.

14  Evan K. Rose, 앞의 글.

15  Anna Aizer, Ryan Boone, Adriana Lleras Muney, & Jonathan Vogel, "Discrimination and Racial Disparities in Labor Market Outcomes: Evidence from WW II"(Working paper no.27689, National Bureau of Economic Research, 2020); Andy Ferrara, "World War II and Black Economic Progress"(Working paper, University of Pittsburgh, 2021).

16  Evan K. Rose, 앞의 글.

17  Raquel Fernández, "Cultural Change as Learning: The Evolution of Female Labor Force Participation Over a Century," *American Economic Review* Vol.103 no.1(2013), pp.472~500.

18  Victor Gay, 앞의 글.

19  Jörn Boehnke & Victor Gay, 앞의 글.

20  Julia Cagé, Anna Dagorret, Pauline A. Grosjean, & Saumitra Jha, "Heroes and Villains: The Effects of Combat Heroism on Autocratic Values and Nazi Collaboration in France"(Working paper, Centre for Economic and Policy Research, 2020).

21    사람들의 문화적 배경이 성인기에 내리는 가족 관련 결정에 영향을 미친다는 점은 역시 놀랍다. 예를 들어 2세대 이주자의 결혼 연령과 자녀 계획은 부모의 출신 국가의 생활 조건과 강한 상관관계를 보인다. Raquel Fernández & Alessandra Fogli, "Culture: An Empirical Investigation of Beliefs, Work and Fertility," *American Economic Journal: Macroeconomics* Vol.1 no.1 (2009), pp.146~177.

22    Victor Gay, 앞의 글.

23    Gary S. Becker, "A Theory of Marriage: Part I," *Journal of Political Economy* Vol.81 no.4 (1973), pp.813~846.

24    유니세프의 자료를 참고하자. "Contraceptive use by method, 2019," Data Booklet, https://www.un.org/development/esa/pd/sites/www.un.org.development. desa.pd/files/files/documents/2020/Jan/un_2019_contraceptiveusebymethod_databooklet.pdf

25    Claudia Goldin & Lawrence Katz, "The Power of the Pill: Oral Contraceptives and Women's Career and Marriage Decisions," *Journal of Political Economy* Vol.110 no.4 (2002), pp.730~770.

26    저자들은 차이들-속의-차이(Difference-in-Differences), 프랑스어로 이중적 차이(double différence)라고 하는 경험적 방법을 활용한다. 이 방법의 핵심은 패널의 장기 데이터에 기반해 같은 주에 속한 개인들을 시간의 흐름에 따라 비교하는 것이다. 이를 통해 문화적, 제도적 차이가 서로 다른 주에 미치는 잠재적 효과를 모두 제거할 수 있다. 이 방법은 또한 세대 간 차이의 잠재적 영향을 제거하여 서로 다른 주에 살지만 세대가 같은 개인들도 비교해 준다.

27    특히 David M. Heer & Amyra Grossbard-Shechtman, "The Impact of the Female Marriage Squeeze and the Contraceptive Revolution on Sex Roles and the Women's Liberation Movement in the United States, 1960 to 1975," *Journal of Marriage and the Family* Vol.43 no.1 (1981), pp.49~65.

28    예를 들어 보자. 1966년 벨기에 에르스탈 무기 공장에서 여성 근로자 3000명이 파업했다. 여성이라는 이유로 계속 임금 후려치기를 당했기 때문이다. 유럽 공동 시장을 구축할 때 프랑스에 중요한 문제는 이웃 나라의 여성 임금 후려치기를 제거하는 것이었다. 이웃 경쟁국들이 임금을 깎으며 불공정 경쟁을 했기 때문이다. 특히 아무런 잡음 없이 여성 임금을 후려치는 이탈리아 섬유 산업계의 관행은 불공정 경쟁에 대한 공포를 불러일으켰다. 이에 프랑스는 유럽경제공동체를 창설하는 1957년 조약의 조항 119에 "동일 노동에 대한 남성 노동자와 여성 노동자 간 보수 평등 원칙"을 기입하도록 요구했다. Marie-Thérèse Lanquetin, "Chronique juridique des inégalités de salaires entre les femmes et les hommes," *Travail, genre*

*et sociétés* no.5(2006), pp.69~82. 물론 이후 이와 관련된 모든 문제는 '동일 노동'의 원리를 정의하고 입증하는 방식에 좌우되었다.

29 여남 차별 제한을 목적으로 하는 법적 진보에 대한 훌륭한 묘사로 위의 글을 참고하자.

30 2020년 이전에 고용된 사람들을 말한다. 2018년 6월 27일 시행된 법은 신규 노동자들에게 이런 특별 체제를 소급 적용하지 않았다. https://www.la-retraite-en-clair.fr/parcours-professionnel-regimes-retraite/regimes-speciaux-retraite/retraite-agents-sncf. 여기서는 단순히 여성과 남성의 차이를 지적하려는 것뿐 최적의 은퇴 연령을 정치적으로 논할 의도는 없다.

31 SNCF의 인적 자원 데이터는 다음 페이지에서 접근 가능하다. https://ressources.data.sncf.com/explore/dataset/effectif-metiers-sncf/table/?disjunctive.contrat_travail&sort=date

32 https://www.lemonde.fr/les-decodeurs/article/2018/03/14/qui-ils-sont-statut-remuneration-trois-questions-sur-les-cheminots_5270940_4355770.html

33 Martha J. Bailey, Thomas Helgerman, & Bryan Stuart, "Revisiting the Effects of the 1963 Equal Pay Act on Women's Work and Wages"(2021).

34 여성 최초로 미국 연방대법원에 들어간 루스 베이더 긴즈버그가 공동 창립한 프로젝트다.

35 여남 평등, 다양성, 기회의 평등을 담당하는 부처의 평등을 위한 연대기는 다음 페이지를 보자. https://www.egalite-femmes-hommes.gouv.fr/le-ministere/organisation-du-ministere/chronologie-des-dispositions-en-faveur-de-legalite-des-femmes-et-des-hommes/

36 Tiago Cavalcanti & Jose Tavares, "Assessing the "Engines of Liberation": Home Appliances and Female Labor Force Participation," *The Review of Economics and Statistics* Vol.90 no.1(2008), pp.81~88.

37 Jeremy Greenwood, Ananth Seshadri, & Guillaume Vandenbroucke, "The Baby Boom and Baby Bust," *American Economic Review* Vol.95 no.1(2005), pp.183~207.

38 Martha J. Bailey & William J. Collins, "Did Improvements in Household Technology Cause the Baby Boom? Evidence From Electrification, Appliance Diffusion, and the Amish," *American Economic Journal: Macroeconomics* Vol.3 no.2 (2011), pp.189~217.

39 Gautam Bose, Tarun Jain, & Sarah Walker, "Women's Labor Force Participation and Household Technology"(Working paper, University of New South Wales, 2020).

40 또 여성 사학자 루스 슈워츠 카원의 작업을 보라. 그는 *More Work for Mothers: The Ironies of Household Technology From the Open Hearth to the Microwave*(New York: Basic Books, 1983)에서 현대 여성이 식민지 시기 여성만큼이나 집안일에 시간을 쓴다는 점을 보여 준다.

41 미국 데이터에 따르면 1980년에도 여전히 전통적으로 남성적인 직능과 다른 영역에 여성이 고용되는 것은 성별 임금 격차의 10.7%를 설명했다. 각기 다른 산업으로의 전문화는 임금 격차의 9.6%를, 여성과 남성의 노동조합 가입률 차이는 6.2%를 설명한다. 이에 비해 같은 연도의 여성과 남성 교육 수준 차이는 2.6%만을 설명한다. Francine D. Blau & Lawrence M. Kahn, "The Gender Wage Gap: Extent, Trends, and Explanations," *Journal of Economic Literature* Vol.55 no.3(2017), pp.789~865.

42 https://cache.media.enseignementsup-recherche.gouv.fr/file/Charte_egalite_femmes_hommes/90/6/Chiffres_parite_couv_vdef_239906.pdf

43 미국에는 연방정부 수준에서 보상하거나 국가 차원에서 의무화한 여성 육아 휴직이 없다. 워싱턴 D.C.와 아홉 개 주에 여성 육아 휴직에 관한 법이 있기는 하지만 일반적인 OECD 국가에 비하면 변변치 않다.

44 프랜신 블라우와 로런스 칸의 데이터를 보면 이 격차는 2007년에 2.6%, 2011년에 1.4%다. Francine D. Blau & Lawrence M. Kahn, 앞의 글. 하지만 이 기간에 줄어든 격차는 아마 부분적으로 경기가 침체하면서 남성의 경제 활동 기간이 감소했기 때문일 것이다.

45 위의 글.

46 Anaïs Coignac, "Féminisation de la magistrature et retour à la mixité," *La Semaine Juridique-Édition Générale* no.9~10(2019).

47 위의 글.

48 위의 글.

49 Marianne Bertrand, Claudia Goldin, & Lawrence F. Katz, "Dynamics of the Gender Gap for Young Professionals in the Financial and Corporate Sectors," *American Economic Journal: Applied Economics* Vol.2 no.3(2010), pp.228~255.

50 이는 MBA 졸업생에 대한 채용 차별이 전혀 없다는 뜻이거나 고용주들이 여성 졸업생들에게서 젠더로 인한 '결점'을 상쇄하는 더 좋은 자질을 발견한다는 뜻일 수 있다. 지성이나 동기처럼 직접적으로 관찰 가능하지 않은 특징이 집단마다 다를 수 있다는 가능성을 고려해 경제학자들이 '선택'이라고 부르는 현상이다. 이 현상은 조건이 같을 때 여성이 남성보다 돈을 더 벌어야 한다는 점을 함의한다. 둘 중 진실이 무엇이든 여성 학위 소지자와 남성 학위 소지자는 동일한 임금 수

준, 노동 조건에서 경력을 시작한다.

51  이러한 발견은 지난 수십 년간 미국에서 노동자 간 임금 불평등이 폭발적으로 커지고 있는 문제와 관련 있다. 이 주제와 관련해서는 다음을 참고하자. Thomas Piketty, *Le Capital au XXIe siècle*(Paris: Seuil, 2013)(토마 피케티, 장경덕 옮김, 『21세기 자본』(글항아리, 2014)); Thomas Piketty, *Capital et Idéologie*(Paris: Seuil, 2019)(토마 피케티, 안준범 옮김, 『자본과 이데올로기』(문학동네, 2020)); Olivier Godechot, Mirna Safi, & Matthew Soener, "The Intersection of Organizational Inequalities: How Gender, Migrant Status, and Class Inequality Related to Each Other in French workplaces"(OSC Papers, 2021), p.28.

52  미국에서 일하는 여성 동료 몇몇은 출산을 앞둔 내게 진통이 오고 아이를 낳기 직전까지 논문을 쓸 생각이라면 의사에게 경막외 마취 분만을 요청하라고 조언했다. 본인들이 실제로 그랬듯이 말이다. 고백하자면 그렇게 하기는 했지만 논문을 쓰지는 못했다. 다른 동료들은 제왕절개 합병증에도 불구하고 병원에서 나온 지 일주일 만에 강의를 하러 갔다.

53  Claudia Goldin, "A Grand Gender Convergence: Its Last Chapter," *American Economic Review* Vol.104 no.4(2014), pp.1091~1119.

54  Mary C. Noonan, Mary E. Corcoran, & Paul N. Courant, "Pay Differences Among the Highly Trained: Cohort Differences in the Sex Gap in Lawyers' Earning," *Social Forces* Vol. 84 no.2(2005), pp.853~872.

55  Henrik Kleven, Camille Landais, & Jakob Sogaard, "Does Biology Drive Child Penalties? Evidence From Biological and Adoptive Families," *American Economic Review: Insights* Vol.3 no.2(2021), pp.183~198.

56  Talha Burki, 앞의 글.

57  https://www.economist.com/leaders/2020/12/19/covid-19-threatens-girls-gigantic-global-gains

58  Titan Alon, Matthias Doepke, Jane Olmstead-Rumsey, & Michèle Tertilt, "The Impact of COVID-19 on Gender Equality," *Covid Economics: Vetted and Real-Time Papers* 4(2020), pp.62~85; Titan Alon, Matthias Doepke, Jane Olmstead-Rumsey, & Michèle Tertilt, "This Time It's Different: The Role of Women's Employment in a Pandemic Recession"(Discussion paper no.15149, Centre for Economic and Policy Research, 2020).

59  2007~2010년 대침체는 주로 건설업과 제조업에 영향을 미치며 히세션을 일으켰다.

60  Deb Perelman, "In the COVID-19 Economy, Yon Can Have a Kid or a Job. You Can't Have Both," *The New York Times*, 2020.07.02., https://www.nytimes.

com/2020/07/02/business/covid-economy-parents-kids-career-homeschooling.
html

61   여기에 집안일이나 식사 준비에 쓰는 시간은 포함되지 않았다. Claudia Goldin,
"Journey Across a Century of Women," The 2020 NBER Martin Feldstein Lec-
ture(2020), https://www.nber.org/lecture/2020-martin-feldstein-lecture-jour-
ney-across-century-women

62   위의 글.

63   Alessandra Minello, "The Pandemic and the Female Academic," Nature,
2020.04.17., https://www.nature.com/articles/d41586-020-01135-9

64   이런 측정법은 남성이 쓴 논문이 여성이 쓴 것보다 더 자주 인용되는 경향이 있
다는 사실 때문에 특히 문제적이다.

65   Noriko Amano-Patiño, Elisa Faraglia, Chryssi Giannitsarou, & Zeina Hasna,
"Who is Doing New Research in the Time of COVID-19? Not the Female
Economists," Vox eBook Chapters, Sebastian Galliani & Ugo Panizza(dir.), *Pub-
lishing and Measuring Success in Economics* Vol.1 no.1(Center for Economic Policy
Research, 2020), pp.137~142.

66   https://www.lemonde.fr/les-decodeurs/article/2020/10/20/pourquoi-le-plan-
de-relance-ne-sera-pas-vraiment-de-100-milliards-d-euros-en-2021-
et-2022_6056745_4355770.html; https://www.economie.gouv.fr/files/files/
directions_services/plan-de-relance/annexe-fiche-mesures.pdf

67   https://treasury.gov.au/coronavirus/homebuilder

68   프랑스 영부인 브리지트 마크롱 위키피디아 페이지가 지적하듯 말이다. https://
fr.wikipedia.org/wiki/Brigitte_macron#Professeure_de_lettres 호주 총리 스콧 모리
슨의 부인 제인 모리슨은 경제 활동을 하지 않는다.

## 2부 성별 불평등을 다르게 설명하기

1   Francine D. Blau & Lawrence M. Kahn, 앞의 글.

2   위의 글.

3   위의 글.

4   Sheryl Sandberg, *Lean In: Women, Work, and the Will to Lead*(New York: Alfred A.
Knopf, 2013)(셰릴 샌드버그, 안기순 옮김, 『린 인』(와이즈베리, 2013)).

5   Cinzia Arruzza, Tithi Bhattacharya, & Nancy Fraser, *Feminism for the 99%: A*

*Manifesto*(London: Verso, 2019)(낸시 프레이저·친지아 아루짜·티티 바타차리야, 박지니 옮김, 『99% 페미니즘 선언』(움직씨, 2020)).

6      Marianne Bertrand & Sendhil Mullainathan, "Are Emily and Greg More Employable Than Lakisha and Jamal? A Field Experiment on Labor Market Discrimination," *American Economic Review* Vol.94 no.4(2004), pp.991~1013.

7      프랑스의 인종 차별과 종교 차별에 관한 연구로는 특히 다음을 보자. Stéphane Carcillo & Marie-Anne Valfort, *Les Discriminations au travail: Femmes, ethnicité, religion, âge, apparence, LGBT*(Paris: Presses de Sciences Po, 2018).

8      Richard M. Levinson, "Sex Discrimination and Employment Practices: An experiment With Unconventional Job Inquiries," *Social Problems* Vol.22 no.4, pp. 533~543; Peter A. Riach & Judith Rich, "Testing for Sexual Discrimination in the Labour Market," *Australian Economic Papers* Vol.26(1987), pp.165~178; Peter A. Riach & Judith Rich, "An Experimental Investigation of Sexual Discrimination in Hiring in the English Labor Market," *Advances in Economic Analysis & Policy* Vol.6 no.2(2006); Alison Booth & Andrew Leigh, "Do Employers Discriminate by Gender? A Field Experiment in Female-Dominated Occupations," *Economics Letters* Vol.107 no.2(2010), pp.236~238.

9      위의 글.

10     Shelley J. Correll, Stephen Benard, & In Paik, "Getting a Job: Is There a Motherhood Penalty?," *American Journal of Sociology* Vol.112 no.5(2007), pp.1297~1338.

11     여기에서 면접자는 대학생들이었다. 대학연구윤리위원회에서 '진짜' 고용주를 대상으로 한 허위 이력서 연구를 허가받기가 더 어려워졌기 때문이다. 이러한 연구는 연구 결과가 사회 전체에 가져다줄 이익에도 불구하고 진짜 고용주의 시간을 빼앗고 그들을 실망시킨다는 점에서 지적받는다.

12     Anne Boring, "Gender Biases in Student Evaluations of Teaching," *Journal of Public Economics*, Vol.145(2017), pp.27~41.

13     Claudia Goldin & Cecilia Rouse, "Orchestrating Impartiality: The Impact of "Blind" Auditions on Female Musicians," *American Economic Review* Vol.90 no.4(2000), pp.715~741. 서실리아 라우스는 바이든 행정부에서 대통령 산하 경제자문위원단의 위원장이 되었다.

14     Emmanuelle Auriol, Guido Friebel, & Sascha Wilhelm, "Women in European Economics," Vox EU CEPR(2019). 다음 사이트에서 데이터를 얻을 수 있다. https://women-economics.com/index.html

15     위의 글.

16    David Card, Stefano Dellavigna, Patricia Funk, & Nagore Iriberri, "Gender Differences in Peer Recognition by Economists"(Working paper, University of California, Berkeley, 2020).

17    Jacques Mairesse, Michele Pezzoni, & Fabiana Visentin, "Does Gender Matter for Promotion in Science? Evidence From Physicists in France," *Revue économique* Vol.71 no.6(2020), pp.1005~1043.

18    David Card, Stefano DellaVigna, Patricia Funk, & Nagore Iriberri, "Are Referees and Editors in Economics Gender Neutral?," *Quarterly Journal of Economics* Vol.135(2020), pp.269~327.

19    Heather Sarsons, Klarita Gërxhani, Ernesto Reuben, & Arthur Schram, "Gender Differences in Recognition for Group Work," *Journal of Political Economy* Vol.129 no.1(2021).

20    여성이 학술지에서 차별받을지언정 말이다. David Card, Stefano Dellavigna, Patricia Funk, & Nagore Iriberri, 앞의 글.

21    프랑스어로 "Différence femmes-hommes dans l'attribution de crédit pour un travail de groupe".

22    Francine D. Blau & Lawrence M. Kahn, 앞의 글.

23    https://www.lemonde.fr/universites/article/2016/12/07/filiere-par-filiere-quel-est-le-taux-d-emploi-des-diplomes-de-master-de-l-universite_5044907_4468207.html

24    Claudia Goldin, Lawrence Katz, & Ilyana Kuziemko, "The Homecoming of American College Women: The Reversal of the College Gender Gap," *Journal of Economic Perspectives* Vol.20 no.4(2006), pp.133~156.

25    SAT(Scholastic Assessment Test)는 미국의 대학입학표준시험, GRE(Graduate Record Examinations)는 대학 박사 과정을 위한 시험이다. PISA(Program for International Student Assessment)는 OECD가 15세 학생들을 대상으로 시행하는 읽기, 과학, 수학 성취도 조사다.

26    Muriel Niederle & Lise Vesterlund, "Explaining the Gender Gap in Math Test Scores: The Role of Competition," *Journal of Economic Perspectives* Vol.24 no.2 (2010), pp.129~144.

27    웹에서 접근 가능한 PISA 데이터를 보자. https://www.oecd.org/pisa/data/

28    Sheri A. Berenbaum, Carol Lynn Martin, Laura D. Hanish, Phillip T. Briggs, & Richard A. Fabes, "Chap14: Sex Differences in Children's Play," J. B. Becker, K. Berkley, N. Geary, E. Hampson, J. Herman, & E. Young(eds.), *Sex Differences in the*

*Brain*: *From Genes to Behavior*(Oxford-New York: Oxford University Press, 2008).

29  Steven, Gaulin & Harol Hoffman, "Chap7: Evolution and Development of Sex Differences in Spatial Ability," Laura Betzig, Monique Borgerhoff Mulder, & Paul Turke(eds.), *Human Reproductive Behavior*: *A Darwinian Perspective*(Cambridge University Press, 1988).

30  웹에서 접근 가능한 PISA 데이터를 보자. https://www.oecd.org/pisa/data

31  Victor Lavy & Rigissa Megalokonomou, "Persistency in Teachers' Grading Bias and Effects on Longer-Term Outcomes: University Admissions Exams and Choice of Field of Study"(Working paper no.26021, National Bureau of Economic Research, 2019).

32  Gaia Dossi, David Figlio, Paola Giuliano, & Paola Sapienza, "The Family Origin of the Math Gender Gap Is a White Affluent Phenomenon"(Discussion paper no. 14007, IZA, 2020).

33  Gaia Dossi, David Figlio, Paola Giuliano, & Paola Sapienza, "Born in the Family: Preferences for Boys and the Gender Gap in Math," *Journal of Economic Behavior & Organization* Vol.183 no.15(2021), pp.175~188.

34  "When jobs are scarce, men should have more right to a job than women," 2008년 Enquête sociale européenne 데이터.

35  Ainara González de San Román & Sara de la Rica, "Gender Gaps in PISA Test Scores: The Impact of Social Norms and the Mother's Transmission of Role Attitudes"(Discussion paper no.6338, IZA, Institute of Labor Economics, 2012).

36  많은 연구가 여학생이 남학생보다 압박을 덜 '견뎌 내'며 경쟁을 덜 좋아한다는 점을 시사한다. Muriel Niederle & Lise Vesterlund, "Do Women Shy Away From Competition? Do Men Compete too Much?," *Quarterly Journal of Economics* Vol.122 no.3(2007), pp.1067~1101; Muriel Niederle & Lise Vesterlund, 앞의 글. 이후 논의에서 이러한 방법의 한계를 짚겠지만 방법론의 한계에도 비슷한 결과는 수십 번 반복되었다. 이 결과는 인간 전체를 특징짓지는 않을지 몰라도 매우 견고해 보인다. 물론 여기에는 아이를 기르는 방식이나 아이가 넘어져 아파할 때 취하는 태도, 무릇 여자아이와 남자아이는 어떠해야 한다는 모든 사회적 기대 등이 작용한다. 하지만 학교 시험이나 대입 선발 시험이 경쟁적이라는 점, 여학생이 남학생보다 경쟁에 취약하다면 경쟁적인 조건에서 불이익을 받게 된다는 점은 여전하다.

37  그랑제콜 졸업자의 93%는 졸업 후 15개월 안에 취업하는 반면, 일반대 졸업자에서 그 비율은 85%다. https://start.lesechos.fr/apprendre/universites-ecoles/inser-

tion-pro-le-match-grande-ecole-universite-1178389

**38** https://etudiant.lefigaro.fr/les-news/actu/detail/article/ce-que-coute-reellement-un-etudiant-2060. 여기에는 그랑제콜 입학 준비반 학생 각각에게 드는 매우 높은 비용을 추가해야 한다. 그 자체로는 나쁜 지출이 아니지만 이런 풍요로운 투자를 일반대 학생을 비롯한 모든 대학생이 누릴 수 있어야 할 것이다.

**39** 이 교육 체계는 2~3년간의 그랑제콜 입학 준비반 체제와 더불어 상위 계급에 유리하다. 이 책에서 할애할 시간은 없지만 사회 재생산의 원리는 다수의 연구자가 피에르 부르디외의 궤적을 따라 탐구한 주제다. 특히 Pierre Bourdieu, *La Noblesse d'État. Grandes écoles et esprit de corps*(Paris: Minuit, 1989)를 참고하자. 나는 사회적 재생산이 곧 가부장적 재생산이라는 점이 문제라는 것만 명확히 짚고 넘어가겠다.

**40** Evren Ors, Frédéric Palomino, & Eloïc Payrache, "Performance Gender Gap: Does Competition Matter?," *Journal of Labor Economics* Vol.31 no.3(2013), pp. 443~499.

**41** 논문 저자들은 익명으로 평가된 필기시험 점수만 고려했다.

**42** 예를 들어 Marie Duru-Bellat, *L'Inflation scolaire. Les désillusions de la méritocratie*(Paris: Seuil-La République des idées, 2006).

**43** Muriel Niederle & Lise Vesterlund, 앞의 글.

**44** Xiqian Cai, Yi Lu, Jessica Pan, & Songfa Zhong, "Gender Gap under Pressure: Evidence From China's National College Entrance Examination," *Review of Economics and Statistics* Vol.101 no.2(2019), pp.249~263.

**45** OECD 국가와 달리 미국에는 연방법에 따른 육아 휴직이 존재하지 않는다. 호주는 국가가 보상하는 모부 육아 휴직을 2011년에 도입했다. 프랑스에 비하면 41년 뒤의 일이다! 평균적으로 임금의 42.9%를 보전해 주는 18주의 모부 육아 휴직은 99% 이상이 엄마가 사용하므로 사실상 여성 육아 휴직에 가깝다. OECD 국가 중에는 포르투갈의 육아 휴직이 임금의 100%를 보전하는 6주로 가장 짧고, 불가리아가 임금의 90%를 보전하는 58.6주로 가장 길다. 프랑스의 육아 휴직은 임금의 90%를 보전하며 16주짜리다. https://www.oecd.org/els/soc/Pf2_1_Parental_leave_systems.pdf

**46** 덴마크에서는 80%를 설명한다. Henrik Kleven, Camille Landais, & Jakob Sogaard, "Children and Gender Inequality: Evidence From Denmark," *American Economic Journal: Applied Economics* Vol.11 no.4(2019), pp.181~209.

**47** Henrik Kleven, Camille Landais, Johanna Posch, Andreas Steinhauer, & Josef Zweimuller, "Child Penalties Across Countries: Evidence and Explanations," *AEA*

*Papers & Proceedings* Vol.109(2019), pp.122~126.

**48** 바로 이 지점에서 노동자만을 비교하는 기존 임금 격차 데이터와 구별된다.

**49** 다니엘 아브디크와 아리소 카리미는 스웨덴에 도입된 모부 육아 휴직이 이혼을 포함한 넓은 의미의 결별을 증가시켰다는 점을 보여 주었다. Daniel Avdic & Arizo Karimi, "Modern Family? Paternity Leave and Marital Stability," *American Economic Journal: Applied Economics* Vol.10 no.4(2018), pp.283~307.

**50** Emily Nix & Martin Eckhoff Andresen, "What Causes the Child Penalty? Evidence From Same Sex Couples and Policy Reforms"(Discussion paper no.902, Statistics Norway, Reserach Department, 2019).

**51** 위의 글.

**52** Henrik Leven, Camille Landais, & Jakob Sogaard(2021).

**53** Henrik Kleven, Camille Landais, & Jakob Sogaard(2019). 이러한 연구 대부분은 데이터가 잘 확보된 덴마크의 통계 자료에 기반한다. 덴마크 통계는 우수하고 상세한 개별 데이터뿐 아니라 데이터 간 관계에 대한 데이터도 갖추었다. 예를 들어 국세청이 수집하는 소득 데이터와 사회 보장 부서가 수집하는 건강 관련 데이터가 교차해 있어 가계 소득을 출산이나 입양 같은 개인적 사건과 연결할 수 있다.

**54** Claudia Goldin, "A Pollution Theory of Discrimination: Male and Female Differences in Occupations and Earnings," *Human Capital in History: The American Record*, Leah Platt Boustan, Carola Frydman, & Robert A. Margo(eds.)(Chicago(Ill.): University of Chicago Press, 2015), pp.313~348.

**55** 소득 최상위 1% 고소득층을 말한다. 1991년 전체 국민 소득에서 최상위층이 차지하는 소득 비율은 미국 13.5%, 독일 10.1%, 프랑스 8.84%였고 2019년 비율은 미국에서 18.7%, 독일 13%, 프랑스 10%였다. World Inequality Database World Inequality Lab and Database, WID.world, https://wid.world/world/#sptinc_p99p100_z/US; FR; DE; CN; ZA; GB; Wo/last/eu/k/p/yearly/s/false/5.4825/30/curve/false/country. 최근 팬데믹의 영향을 분석한 모든 데이터는 팬데믹 이후 소득 불평등과 여남 불평등이 증가했다고 전한다.

**56** Francine D. Blau & Lawrence M. Kahn, 앞의 글.

**57** 1840년, 1872년 데이터는 프랑스 통계청에서 가져왔다. série ENSP T32: Statistique de l'enseignement primaire, 1829~1877, https://www.insee.fr/fr/statistiques/2659830?sommaire=2591397. 1975년 이후 데이터는 세계은행이 공개한 전 세계 데이터에서 확인할 수 있다. 프랑스의 경우 https://donnees.banque-mondiale.org/indicateur/se.PRm.tCHR.fe.Zs?locations=fR를 참고하자. 최근 호주의 변화는 매우 놀랍다. 세계은행 데이터에 따르면 1971년 호주의 초등 교사

중 여성 교사의 비중은 50%였으며 오늘날에는 80% 이상을 차지한다. Australian Bureau of Statistics, https://www.abs.gov.au/ausstats/abs@.nsf/Previousproducts/4221.0main%20features502015#:~:text=this%20was%20more%20so%20the,in%20Independent%20schools%20(43.5%25)

58　Melanie Wasserman, "Gender Differences in Politician Persistence," *Review of Economics and Statistics*(forthcoming). 지나가는 김에 지적하자면 경제적으로 가장 낮은 계급은 정치에서 잘 대표되지 못하고 있다. 미국의 경우 다음의 훌륭한 저서를 참고하자. Nicholas Carnes, *White-Collar Government: The Hidden Role of Class in Economic Policy Making*(Chicago: The University of Chicago Press, 2013). 불평등 감소를 목표로 하는 제안에 관해서는 다음을 참고하자. Julia Cagé, *Le Prix de la démocratie*(Paris: Fayard, 2018); *Libres et égaux en voix*(Paris: Fayard, 2020).

59　https://www.aph.gov.au/about_Parliament/ Parliamentary_Departments/Parliamentary_Library/flagPost/2016/august/the_gender_composition_of_the_45th_parliament

60　https://www.europarl.europa.eu/RegData/etudes/ataG/2020/646189/ePRs_ata(2020)646189_eN.pdf

61　과학사가 네이션 엔스멩거가 설명하듯 정보 공학은 20세기에 걸쳐 여성적 직능에서 '하이퍼-남성적' 직능으로 변형되었다. Nathan Ensmenger, The Computer Boys Take Over: Computers, Programmers, and the Politics of Technical Expertise (Cambridge(Mass): MIT Press, 2012). 이외에도 다음 글을 참고하자. Nathan Ensmenger, "Making Programming Maculine," *Gender Codes: Why Women Are Leaving Computing*, Thomas J. Misa(ed.)(The IEEE Computer Society-Wiley, 2010).

62　1984년 미국에서 정보 공학 분야 고등 교육 학위 취득자의 37%가 여성이었으나 2010년에는 단 18%에 불과했다. U. S. Department of Education, National Center for Education Statistics, Higher Education General Information Survey (HEGIS), "Degrees and Other Formal Awards Conferred" Surveys, 1970~1971 through 1985~1986; Integrated Postsecondary Education Data System(IPEDS), "Completions Survey"(IPEDS-C: 87-99); IPEDS Fall 2000 through Fall 2011, Completions Component. 이 데이터는 다음 페이지에서 접근할 수 있다. https://nces.ed.gov/programs/digest/d12/tables/dt12_349.asp

63　Nathan Ensmenger, "Beards, Sandals, and Other Signs of Rugged Individualism: Culture and Identity Within the Computing Professions," *Osiris* Vol.30 no.1(2015), pp.38~65.

64　Jessica Pan, "Gender Segregation in Occupations: The Role of Tipping and Social

Interactions," *Journal of Labor Economics* Vol.33 no.2(2015), pp.365~408.

65 Claudia Goldin(2015).

66 George A. Akerlof & Rachel E. Kranton, "Economics and Identity," *Quarterly Journal of Economics* Vol.115 no.3(2000), pp.715~753.

67 Jessica Pan, 앞의 글.

68 호주가 2019년 11월부터 2020년 3월까지 산불을 겪었다는 점을 기억하자. 이 통제 불가한 재앙으로 숲 1860만 헥타르와 가정집 3000채를 포함한 건물 6000채가 불탔고 34명이 사망했으며 육상 척추동물 30억 마리가 죽었다. 죽은 동물 중 최소 5,000마리는 코알라였고 뉴사우스웨일스 한 개 주에서만도 캥거루군 3분의 1이 죽었다. 산불 피해액은 1030억 달러로 추정되어 호주 역사상 가장 높은 비용을 초래한 자연재해로 기록되었다.

69 Peter T. Leeson & Jacob W. Russ, "Witch Trials," *The Economic Journal* Vol.128 no.613(2018), pp.2066~2105.

70 전체 연설은 유튜브에서 볼 수 있다. https://www.youtube.com/watch?v=fCNuP-cf8L00. 전문은 다음 사이트에서 읽을 수 있다. https://www.smh.com.au/politics/federal/transcript-of-julia-gillards-speech-20121010-27c36.html. 일부를 발췌하면 다음과 같다. "저는 야당 대표 토니 애벗이 보건부 장관으로서 다음과 같이 발언했을 때 모욕감을 느꼈습니다. 인용해 보죠. '낙태는 편의를 위한 해결책에 불과하다.' (……) 또한 저는 야당 대표가 탄소 배출권 캠페인 도중 이렇게 발언했을 때 호주 여성의 이름으로 모욕감을 느꼈습니다. '호주 가정주부들이 다림질을 하면서 이해해야 할 점은…….' 현대 호주 여성에 대한 이런 초상화를 그려 주어 정말 고마울 따름입니다. (……) 저는 야당 대표가 저를 암캐로 묘사하는 플래카드 옆에 서 있었을 때 모욕감을 느꼈습니다. (……) 야당 대표는 달리 행동할 수 있고, 지난 모든 발언에 대해 사과할 수 있을 것입니다. 저를 마녀와 암캐로 묘사하는 플래카드 옆에 서 있었던 것에 대해 사과할 수도 있습니다. (……) 야당 대표는 저에게 입 다물라고 소리쳤습니다만 저는 최후의 발언 시간을 야당 대표가 할 수 있는 최선을 말하는 데 쓰려 합니다. 바로 자신의 행동을 되돌아보고, 공적 발언에 대해 마땅히 따라야 할 책임을 성찰하는 것이죠."

71 Claudia Goldin(2014).

72 Sylvia Ann Hewlett & Carolyn Buck Luce, "Extreme Jobs: The Dangerous Allure of the 70-Hour Workweek," *Harvard Business Review*, 2006.10., https://hbr.org/2006/12/extreme-jobs-the-dangerous-allure-of-the-70-hour-workweek

73 위의 글.

74 즉 일주일에 70시간 일하는 사람은 35시간 일하는 사람보다 돈을 두 배 이상 번다.

75 Edward P. Lazear & Sherwin Rosen, "Male-Female Wage Differentials in Job Ladders," *Journal of Labor Economics* Vol.8 no.1(1990), pp.S106~S123.

76 Peter Kuhn & Fernando Lozano, "The Expanding Workweek? Understanding Trends in Long Work Hours Among US Men, 1979~2006," *Journal of Labor Economics* Vol.26 no.2(2008), pp.311~343. 사람들은 종종 특정 직업군의 경우 여러 명이 일을 나눠 할 수 없다는 논거로 이런 현상을 정당화한다. 더 많이 일할수록 일의 주제나 고객을 더 잘 알게 되고 그만큼 더 나은 노동을 한다는 논리에 따라 이 직종은 더 나은 보수를 받을 자격을 얻는다.

77 심리학자는 여성과 남성 사이의 심리적 차이를 처음으로 체계화했다. James P. Byrnes, David C. Miller, & William D. Schafer, "Gender Differences in Risk Taking: A Meta-Analysis," *Psych Bull* Vol.125(1999), pp.367~383. 경제학자는 경력과 보상 측면에서 성차가 빚어내는 결과를 연구하고자 경제 연구와 심리·문화 연구를 통합했다. Uri Gneezy, Muriel Niederle, & Aldo Rustichini, "Performance in Competitive Environments: Gender Differences," *Quarterly Journal of Economics* Vol.118 no.3(2003), pp.1049~1074; Muriel Niederle & Lise Vesterlund, 앞의 글. 문화적 규범, 정체성의 역할에 관한 최초의 경제학 논문은 이론 연구였다. Richard A. Posner, "Social Norms and the Law: An Economic Approach," *American Economic Review* Vol.87 no.2(1997), pp.365~369; Samuel Bowles, "Endogenous Preferences: The Cultural Consequences of Markets and Other Economic Institutions," *Journal of Economic Literature* Vol.36 no.1(1998), pp.75~111; George A. Akerlof & Rachel E. Kranton, 앞의 글. 루이지 구이소와 파올라 사피엔차, 루이지 친갈레스의 연구, 귀도 타벨리니의 연구 등 초기 경험 논문은 제도와 법이 형식적으로 같은 북이탈리아와 남이탈리아에서 사회 자본 관점의 문화적 차이가 경제적 지능에 미치는 영향을 분석했다. Luigi Guiso, Paola Sapienza, & Luigi Zingales, "The Role of Social Capital in Financial Development?," *The American Economic Review* Vol.94 no.3(2004), pp.526~556; "Does Culture Affect Economic Outcomes?," *Journal of Economic Perspectives* Vol.20 no.2(2006), pp.23~48, Guido Tabellini, "Institutions and Culture," *Journal of the European Economic Association* Vol.6 no.2~3(2008), pp.255~294. 다음 논문은 문화적 차이가 사회적 젠더 규범에 미치는 결과를 분석한 초기 연구 중 하나다. Uri Gneezy, Kenneth L. Leonard, & John A. List, "Gender Differences in Competition: Evidence From a Matrilineal and a Patriarchal Society," *Econometrica* Vol.77(2009), pp.1637~1664.

78 Uri Gneezy, Muriel Niederle, & Aldo Rustichini, 앞의 글; Muriel Niederle & Lise Vesterlund(2007; 2010); Thomas Buser, Muriel Niederle, & Hessel Ooster-

beek, "Gender, Competitiveness, and Career Choices," *The Quarterly Journal of Economics* Vol.129 no.3(2014), pp.1409~1447.

79  Uri Gneezy, Muriel Niederle, & Aldo Rustichini, 앞의 글.

80  경쟁에 대한 여성의 반감에 관해서는 Nuriel Niederle & Lise Vesterlund(2010)를, 위험 부담에 대한 반감에 관해서는 James P. Byrnes, David C. Miller, & William D. Schafer, 앞의 글을 참고하자.

81  여러 실험 중 유리 그니지와 뮤리얼 니덜, 앨도 러스티치니가 공저한 연구들을 보자. Uri Gneezy, Muriel Niederle, & Aldo Rustichini, 앞의 글; Muriel Niederle & Lise Vesterlund(2007; 2010); Loukas Balafoutas & Matthias Sutter, "Affirmative Action Policies Promote Women and Do not Harm Efficiency in the Laboratory," *Science* Vol.335 no.6068(2012), pp.579~582; Alison Booth & Patrick Nolen, "Choosing to Compete: How Different are Girls and Boys?," *Journal of Economic Behavior* & *Organization* Vol.81 no.2(2012), pp.542~555; Juan-Camilo Cárdenas, Anna Dreber, Emma Von Essen, & Eva Ranehill, "Gender Differences in Competitiveness and Risk taking: Comparing Children in Colombia and Sweden," *Journal of Economic Behavior* & *Organization* Vol.83 no.1(2012), pp.11~23; Marie-Pierre Dargnies, "Men Too Sometimes Shy Away From Competition: The Case of Team Competition," *Management Science* Vol.58 no.11(2012), pp.1982~2000; Thomas Buser, Muriel Niederle, & Hessel Oosterbeek, 앞의 글; Matthias Sutter & Daniela Glätzle-Rützler, "Gender Differences in the Willingness to Compete Emerge Early in Life and Persist," *Management Science* Vol.61 no.10(2015), pp.2339~2354; David Wozniak, William T. Harbaugh, & Ulrich Mayr, "The Menstrual Cycle and Performance Feedback Alter Gender Differences in Competitive Choice," *Journal of Labor Economics* Vol.32 no.1(2014), pp.161~198.

82  Thomas Buser, Muriel Niederle, & Hessel Oosterbeek, 앞의 글.

83  James P. Byrnes, David C. Miller, & William D. Schafer, 앞의 글.

84  Heather Sarsons & Guo Xu, "Confidence Men? Evidence on Confidence and Gender Among Top Economists," *AEA Papers and Proceedings* Vol.111(2021), pp.65~68.

85  Christine L. Exley & Judd Kessler, "The Gender Gap in Self-Promotion"(Working paper no.26345, National Bureau of Economic Reserach, 2019).

86  Linda Babcock & Sara Laschever, *Women Don't Ask: Negotiation and the Gender Divide*(Princeton: Princeton University Press, 2003).

87     Clément Bosquet, Pierre-Philippe Combes, & Cecilia García-Peñalosa, "Gender and Promotions: Evidence From Academic Economists in France," *The Scandinavian Journal of Economics* Vol.21 no.3(2019), pp.1020~1053.

88     Lisa Babcock, Lise vesterlund, Maria Recalde, & Laurie Weingart, "Gender Differences in Accepting and Receiving Requests for Tasks With Low Promotability," *American Economic Review* Vol.107 no.3(2017), pp.714~747.

89     Irene E. De Pater, Annelies E. M. van Vianen, & Myriam N. Bechtoldt, "Gender Difference in Job Challenge: A Matter of Task Allocation," *Gender, Work, and Organization* Vol.17 no.4(2010), pp.433~453.

90     더욱이 사람들은 수컷이 암컷보다 더 경쟁적이라고 설명하는 진화생물학을 언급하며 "원래 다 그런 것"이라고 말한다. 이러한 전통에 있는 가장 중요한 저작 중 하나는 "성 내 경쟁은 암컷보다 수컷 사이에서 훨씬 더 폭력적"이라고 설명한다. Martin Daly & Margo Wilson, *Homicide*(New Brunswick: Transaction Publishers, 1988), p.161, Uri Gneezy, Muriel Niederle & Aldo Rustichini, 앞의 글에서 재인용.

91     Sheryl Sandberg, 앞의 책.

92     Uri Gneezy, Kenneth L. Leonard & John A. List, 앞의 글.

93     Y. Jane Zhang, "Culture, Institutions, and the Gender Gap in Competitive Inclination: Evidence From The Communist Experiment in China," *Economic Journal* Vol.129 no.617(2019).

94     Christina Günther, Neslihan Arslan Ekinci, Christiane Schwieren, & Martin Strobel, "Women Can't Jump?-An Experiment on Competitive Attitudes and Stereotype Threat," *Journal of Economic Behavior and Organization* Vol.75 no.3(2010), pp.395~401. 남학생에게 우호적인 스테레오 타입은 수학에서 잘 확립되어 있다. 연구자들은 여성과 관련된 정형화된 과제를 규정하는 데 더 애를 먹었다. 그러나 대부분의 사람은 여성이 남성보다 기억력이 더 낫다고 간주한다.

95     물론 프리마 발레리나 사이에서 벌어지는 경쟁을 떠올려 본 사람이라면 이 결과에 전혀 놀라지 않을 것이다.

96     Alessandra Cassar & Y. Jane Zhang, "The Competitive Woman - Evolutionary Insights and Cross-Cultural Evidence into Finding the Femina Economica"(Working paper, University of San Francisco and University of New South Wales, 2021).

97     Jeffrey A. Flory, Andreas Leibbrandt, & John A. List, "Do Competitive Workplaces Deter Female Workers? A Large-Scale Natural Field Experiment on Job Entry Decisions," *The Review of Economic Studies* Vol.82 no.1(2015), pp.122~155.

98     Raymond Fisman, Sheena Iyengar, Emir Kamenica, & Itamar Simonson, "Gender

Differences in Mate Selection: Evidence From a Speed Dating Experiment," *Quarterly Journal of Economics* Vol.121 no.2(2006), pp.673~697. 2002~2004년 컬럼비아대 학생을 대상으로 이루어진 연구다.

99  예를 들어 Christine L Exley, Muriel Niederle, & Lise Vesterlund, "Knowing When to Ask: The Cost of Leaning In," *Journal of Political Economy* Vol.128 no.3(2020), pp.816~854; 혹은 Hannah Riley Bowles, Linda Bbcock, & Lei La, "Social Incentives for Gender Differences in the Propensity to Initiate Negotiations: Sometimes It Does Hurt to Ask," *Organizational Behavior and Human Decision Processes* Vol.103 no.1(2007), pp.84~103.

100  Emily T. Amanatullah & Michael W. Morris, "Negotiating gender roles: Gender differences in assertive negotiating are mediated by women's fear of backlash and attenuated when negotiating on behalf of others," *Journal of Personality and Social Psychology* Vol.98 no.2(2010).

101  Sarah Blaffer Hrdy, *Mother Nature: A History of Mothers, Infants, and Natural Selection*(New York: Ballantines Book, 1999); *The Woman that Never Evolved*(-Cambridge(Mass.): Harvard University Press, 2009); Mothers and Others(Cambridge(Mass.): Harvard University Press, 2011)(세라 블래퍼허디, 황희선 옮김, 『어머니의 탄생』(사이언스북스, 2010); 유병선 옮김, 『여성은 진화하지 않았다』(서해문집, 2006); 유지현 옮김, 『어머니, 그리고 다른 사람들』(에이도스, 2021)).

102  Charles Darwin, *The Descent of Man and the Selection in Relation to Sex*(New York: D. Appleton and Company, 1896)(찰스 다윈, 『인간의 유래와 성 선택』(사이언스북스, 근간)).

103  Leonardo Bursztyn, Thomas Fujiwara, & Amanda Pallais, "'Acting Wife': Marriage Market Incentives and Labor Market Investments," *American Economic Review* Vol.107 no.11(2017), pp.3288~3319.

104  https://www.insee.fr/fr/statistiques/1281400

105  Marianne Bertrand, Jessica Pan, & Emir Kamenica, "Gender Identity and Relative Income Within Households," *The Quarterly Journal of Economics* Vol.130 no.2(2008), pp.571~614.

106  Olle Folke & Johanna Rickne, "All the Single Ladies: Job Promotions and the Durability of Marriage," *American Economic Journal: Applied Economics* Vol.12 no.1(2020), pp.260~287. 저자들은 초접전이었던 선거만을 분석했다. 초접전 선거에서는 정치인 개인의 자질보다 우연에 의해 승자와 패자가 갈린다고 가정할 수 있기 때문이다.

107 Marianne Bertrand, Jessica Pan, & Emir Kamenica, 앞의 글.

## 3부 문화적 요인의 기원과 진화

1   Céline Bessière & Sibylle Gllac, *Le Genre du capital. Comment la famille reproduit les inégalités*(Paris: La Découverte, 2020)을 보자.

2   Marlize Lombard & Katharine Kyriacou, "Hunter-Gatherer Women," *Oxford Research Encyclopedia of Anthropology*(2018).

3   프랑스어에서 '가족의 이름(nom de famille)'이란 표현이 성(姓, patronyme)과 동의어가 될 만큼 현대 서구 사회는 부계성이 강하다. 실제로 '성'은 '아버지의 이름(nom du père)'을 뜻한다. 하지만 아직 여러 사회에서 자녀 이름에 엄마의 성을 쓰며 엄마의 성만 따르는 곳도 있다.

4   Madeleine J. Goodman, P. Bion Griffin, Agnes A. Estioko-Griffin, & John S. Grove, "The Compatibility of Hunting and Mothering Among the Agta Hunter-Gatherers of the Philippines," *Sex Roles* Vol.12 no.11~12(1985), pp.1199~1209. 원문은 다음과 같다. "Hunting is one of those activities which is susceptible through its symbolism to the projection of strongly marked gender roles."

5   Ryan Schacht & Karen L. Kramer, "Are We Monogamous? A Review of the Evolution of Pair-Bonding in Humans and Its Contemporary Variation Cross-Culturally," *Frontiers in Ecology and Evolution* Vol.7(2019). 원문은 다음과 같다. "The pair-bond is a ubiquitous feature of human mating relationships. This may be expressed through polygyny and/or polyandry but is most commonly observed in the form of serial monogamy."

6   예를 들어 볼리비아 트시마네족 남성은 40세 직후에 사냥 능력이 정점에 달한다. Paul L. Hooper, Kathryn Demps, Michael Gurven, Drew Gerkey, & Hillard S. Kaplan, "Skills, Division of Labour and Economies of Scale Among Amazonian Hunters and South Indian Honey Collectors," *Philosophical Transactions of the Royal Society B: Biological Sciences* Vol.370 no.1683(2015), p.20150008.

7   트시마네족은 모유 수유를 2년 이상 한다. Melanie Marin, Aaron Blackwell, Hillard Kaplan, & Michael Gurven, "Differences in Tsimane Children's Growth Outcomes and Associated Determinants as Estimated by WHO Standards vs. Within-Population References," *PLOS ONE* Vol.14 no.4, e0214965(2019). 민족지 자료로 186개 사회를 비교 연구한 '표준 교차 문화 표본(Standard Cross Cul-

tural Sample, SCCS)'이 다루는 사회 중 75%는 모유 수유를 최소 2년 이상 지속하고 29%는 최소 3년 이상 지속한다. 186개 사회 중 이러한 변수가 기술된 사회는 156개이며 수렵과 채집에 기반한 사회는 45개다. 칼라하리 사막에 사는 쿵족, 몽골의 칼카족, 베링 해협 근처에 사는 추추족, 브라질 싱구 원주민 국립공원에 사는 트루마이족 등 4개 사회에서는 49~60개월 동안 지속한다. 사용 가능한 다음 데이터에서 직접 계산했다. https://d-place.org/contributions/SCCS SCCS에 대한 설명은 다음을 참고하자. George P. Murdock & Douglas R. White, "Standard Cross-Cultural Sample," *Ethnology* Vol.8 no.4(1969), pp.329~369.

8   Paul L. Hooper, Kathryn Demps, Michael Gurven, Drew Gerkey, & Hillard S. Kaplan, 앞의 글.

9   위의 글.

10  Madeline J. Goodman, P. Bion Griffin, Agnes A. Estioko-Griffin, & John S. Grove, 앞의 글.

11  "심지어 식량 채집에서도 여성이 특정한 음식을 구하고 남성이 다른 음식들을 구하는 방식은 결코 아니었다. 비록 그것이 사실이었다 해도 종교적 요인을 고려해야 한다. (……) 전통적인 경제 체제의 토대는 어떤 식으로든 남성과 여성의 협력에 있다." 원문은 다음과 같다. "Even within the immediate sphere of food collection, it was never simply that women obtained one kind of thing, men another; even if it were so, religious elements must also be taken into account… In one way or another, it was men and women in co-operation who formed the basis of traditional economic systems." https://www.alrc.gov.au/publication/recognition-of-aboriginal-customary-laws-alrc-report-31/33-traditional-hunting-fishing-and-gathering-practices/traditional-hunting-fishing-and-gathering-in-australia(australian Government, 1986)

12  Randall Haas, James Watson, Tammy Buonasera, John Southon, Jennifer C. Chen, Sarah Noe, Kevin Smith, Carlos Viviano Llave, Jelmer Eerkens, & Glendon Parker, "Female Hunters of the Early Americas," *Science Advances* Vol.6 no.45(2020).

13  George Peter Murdock, "Ethnographic Atlas: A Summary," *Ethnology* Vol.6 no.2, (1967), pp.109~236.

14  A. Russell Nelson, "'Osteobiographics' of Dos Coqueiros Paleoindian Reconsidered: Comment on Lessa and Guidon," *Am. J. Phys. Anthropol* Vol.126(2005), pp.401~403; Randall Haas, James Watson, Tammy Buonasera, John Southon, Jennifer C. Chen, Sarah Noe, Kevin Smith, Carlos Viviano Llave, Jelmer Eerkens,

    & Glendon Parker, 앞의 글.

15    Lombard, Marlize & Katharine Kyriacou, 앞의 글.

16    Mark Dyble, Gul Deniz Salali, Nikhil Chaudhary, Abigail Page, Daniel Smith, James Thompson, Lucio Vinicius, Ruth Mace, & Andrea B. Migliano, "Sex Equality Can Explain the Unique Social Structure of Hunter-Gatherer Bands," *Science* Vol.348 no.6236(2015), pp.796~798.

17    원문은 다음과 같다. "Sexual equality is one of the important changes that distinguishes humans. It hasn't really been highlighted before." https://www.theguardian.com/science/2015/may/14/early-men-women-equal-scientists

18    솔로몬 제도에서 멀지 않은 부건빌섬은 이와 같은 모계 체계가 특징이었다. 토지는 여성에게 속해 딸에게 전수되었고 자녀는 모계 부족에 속했다. 따라서 자녀는 엄마의 성을 따랐다. 1960년대에 콘진크 리오 틴토라는 호주 광산 채굴 회사는 이곳에 세계에서 가장 큰 구리 광산을 개발하고 남성 토지 소유주에게만 독점적으로 보상을 주었다. 완벽하게 불법적으로 말이다. 서구 사회의 침입은 2차 세계대전 이후 오세아니아에서 벌어진 가장 심각한 분쟁으로 이어졌다. 수만 명이 사망한 갈등은 여전히 해결되지 않았다.

19    *Ethnographic Atlas*, 변수 v28, v30, v43.

20    Jared M. Diamond, *The Worst Mistake in the History of the Human Race*(Oplopanax Publishing, 2010).

21    풍요 속에 사는 선진국의 일부 부유한 독자는 이런 관점이 이상해 보일 것이다. 하지만 부유함은 극히 최근에 나타난 현상이며 전 세계적으로도 예외적이다. 재러드 다이아몬드의 위의 책과 그레고리 클라크의 *A Farewell to Alms: A Brief Economic History of the World*(Princeton: Princeton University Press, 2008) 그리고 고고학적 발견들이 입증하듯 농경 사회에서 우리의 일일 칼로리 섭취량은 양적으로나 질적으로나 감소했다. 부유한 현대인들 사이에는 한때 '원시인' 다이어트라는 것이 유행하기도 했다. 칼로리 섭취가 줄면서 인류는 키가 줄고 건강이 악화되었다. 치아가 썩고 빈혈도 생겼다. 무엇보다 엄청나게 많이 일하기 시작했다. 지금의 터키와 그리스 근처에서 진행된 고고학 발굴에 따르면 수렵자-채집자 선조의 평균 신장은 여성이 168센티미터, 남성이 180센티미터였다. 반면 같은 장소에서 농경 사회 선조의 평균 신장은 여성이 150센티미터, 남성이 160센티미터였다. 이들은 치아를 몇 개 잃고 뼈가 더 약했으며 육체 노동 때문에 몸이 굽어 있었다. 수렵자와 채집자는 더 평등한 사회에 살았고 훨씬 적게 일하며 여가를 더 오래 즐겼다. 동시대의 수렵자-채집자 사회를 조건이 유사한 농경 사회와 비교할 때도 결과는 다르지 않다. 탄자니아의 하자스족은 음식을 확보하기 위해 일주일에 평

균 14시간을 일한다. 정말 부러울 정도다! 재러드 다이아몬드가 위 저서에서 말하듯 수렵자-채집자 사회는 비축 가능한 자원이 없으므로 "다른 이에게서 빼앗은 음식으로 스스로 살찌우는 왕도 사회적 기생 계급도 존재할 수 없다." 원문은 다음과 같다. "There can be no kings, no class of social parasites who grow fat on food seized from others." 이들은 합리적 선택에 따라 농업을 채택하지 않은 것이다. 가령 호주 원주민은 태평양 이웃들의 수많은 사례를 통해 농업이란 방식이 존재함을 잘 알고 있었다. 이웃에게서 농경 사회의 원리를 가져오기도 했지만 자기 사회를 변형하지는 않았다. Bruce Pascoe, *Dark Emu: Aboriginal Australia and the Birth of Agriculture*(Broome: Western Australia, Magabala Books, 2018). 농업으로의 전환은 합리적 선택이 아닌 폭력적인 정복으로 이루어졌고, 농부들은 이 과정에서 수적 우위로 체계적인 이득을 취했다. 물론 이 이익은 그들의 아내, 즉 여성의 희생으로 얻은 것이었다. 따라서 영국 이주민들이 호주를 정복했을 때 원주민들은 농업으로 전향한 것이다. 호주 원주민 학살이 지닌 중요성을 확인하고 싶다면 다음 사이트를 보자. https://c21ch.newcastle.edu.au/colonialmassacres/map.php

22  Friedrich Engels, *L'Origine de la famille, de la propriété privée et de l'État*(Paris: A. Costes, 1946)(프리드리히 엥겔스, 김경미 옮김, 『가족, 사적 소유, 국가의 기원』(책세상, 2018)).

23  Casper Worm Hansen, Peter Sandholt Jensen, & Christian Volmar Skovsgaard, "Modern Gender Roles and Agricultural History: the Neolithic Inheritance," *Journal of Economic Growth* Vol.20(2015), pp.365~404.

24  Alberto Alesina, Paola Giuliano, & Nathan Nunn, "On the Origins of Gender Roles: Women and the Plough," *The Quarterly Journal of Economics* Vol.128 no.2(2013), pp.469~530.

25  경작지의 비율, 열대 기후에 속하는 토지의 비율, 가장 가까운 해안의 거리에 대한 로그, 2000년 국가 소득의 로그, 제곱수로 표현된 2000년의 국가 소득의 로그, 유럽·아프리카·아시아·북아메리카·남아메리카·오세아니아 등 각국이 속한 대륙과 같은 요인을 말한다. Casper Worm Hansen, Peter Sandhold Jensen, & Christian Volmar Skovsgaard, 앞의 글.

26  Alberto Alesina, Paola Giuliano, & Nathan Nunn, 앞의 글. 이 논문의 저자들은 토지의 물리적 특징을 활용하는 통계적 기법으로 인과 관계를 확보하려 한다. 그런데 이 방법은 토지에 기술이 적용되는 측면을 예상하기는 하지만 이를 사회 규범과 직접 연관 짓지는 않는다.

27  *Ethnographic Atlas*, 질문 v34, '인간 도덕의 토대로 기능하는 거대 신들'.

28  Ryan Schacht & Karen L. Kramer, 앞의 글. 여기에서는 특히 '민족지 아틀라스'

의 일부다처제 관련 데이터를 재평가하고자 이 논문을 참고했다. 민족지 아틀라스는 일부다처제가 지배적인 사회를 꼽기보다 단순히 그런 제도가 존재하는 사회의 수를 기술하기 때문에 일부다처제 사회가 과대평가되어 있다.

29    Sarah Blaffer Hrdy(1999; 2011).

30    Nancy Qian, "Missing Women and the Price of Tea in China: The Effect of Sex-Specific Earnings on Sex Imbalance," *The Quarterly Journal of Economics* Vol.123 no.3(2008), pp.1251~1285.

31    Siwan Anderson & Debraj Ray, "Missing Women: Age and Disease," *The Review of Economic Studies* Vol.77 no.4(2010), pp.1262~1300; Therese Hesketh & Zhu Wei Xing, "Abnormal Sex Ratios in Human Populations: Causes and Consequences," *Proceedings of the National Academy of Sciences* Vol.103 no.36(2006), pp.13271~13275.

32    Douglas Almond, Hongbin Li, & Shuang Zhang, "Land Reform and Sex Selection in China," *Journal of Political Economy* Vol.127 no.2(2019), pp.560~585.

33    Douglas Almond, Lena Edlund, & Kevin Milligan, "Son Preference and the Persistence of Culture: Evidence From South and East Asian Immigrants to Canada," *Population and Development Review* Vol.39 no.1(2013), pp.75~95.

34    위의 글에서 재인용.

35    Nancy Qian, 앞의 글.

36    이는 분명 경제 발전으로 여성의 경제 권력이 커지면서 나타난 특징 중 하나다. 여성 경제 권력의 증대는 아이들의 교육 수준을 향상시킨다.

37    Melanie Meng Xue, "High-Value Work and the Rise of Women: The Cotton Revolution and Gender Equality in China"(Working paper, University of Northwestern, 2018).

38    Eliana Carranza, "Soil Endowments, Female Labor Force Participation, and the Demographic Deficit of Women in India," *American Economic Journal: Applied Economics* Vol.6 no.4(2014), pp.197~225.

39    Alberto Alesina, Paola Giuliano, & Nathan Nunn, "Traditional Agricultural Practices and the Sex Ratio Today," *PLOS ONE* Vol.13 no.1(2018).

40    프랑스 솜 지역 빌레르브르토뇌의 호주 국립 기념관은 ANZAC(Australia and New Zealand Armed Corps, 호주-뉴질랜드 연합군) 군인을 추모한다. 호주와 뉴질랜드는 세계에서 유일하게 두 국가가 연합 군대를 지휘한다.

41    이러한 불균형은 남성이 여성보다 범죄를 저지를 가능성이 크다는 사실, 영국 정부가 여성보다 남성을 추방할 가능성이 더 컸다는 사실로 설명된다.

42    Stephen Nicholas(dir.), *Convict Workers: Reinterpreting Australia's Past*(Cambridge University Press, 1988); Deborah Oxley, *Convict Maids: The Forced Migration of Women to Australia*(Cambridge-New York: Cambridge University Press, 1996); Pauline Grosjean & Rose Khattar, "It's Raining Men! Hallelujah? The Long-Run Consequences of Male-Biased Sex Ratios," *Review of Economic Studies* Vol.86 no.2(2019), pp.723~754.

43    전체 인구에는 죄수, 이전에 죄수였던 사람, 이주자, 정부 관계자, 호주에서 태어난 사람이 포함되며, 호주 태생 인구에서 여아에 대한 남아의 상대적 비율은 자연적 비율, 곧 거의 1대 1이다. 호주 원주민은 1966년까지 인구 조사에 포함되지 않았는데, 조사가 처음 시행된 해에 전체 인구 1200만 명 중 원주민은 8만 명에 불과했다. 원주민 여성이 백인 남성과 낳은 아이는 사회적으로도 정부로부터도 인정받지 못했다. 오히려 호주 정부는 원주민 아이를 유괴하는 데 전념했다. 원주민과 백인 사이에서 태어난 많은 아이가 '도둑맞은 세대'를 이뤘다. 도둑맞은 세대의 아이들은 백인 사회에 동화되기 위해 원가족에서 강제로 분리되었다. 2008년 호주 노동당 정부는 19세기부터 1970년대까지 이어진 이 같은 관행에 대해 사과했다.

44    반면 골드러시 시기 미국 서부는 남성이 여성보다 훨씬 많았지만 성매매가 허용되었다. 스스로 일할 만큼 충분히 독립적이었던 일부 백인 여성은 성매매로 큰 부자가 되었다. 그러나 다른 여성, 특히 소수 인종 여성은 성 노예로 전락했다. 이는 성매매 자체보다 성매매가 어떻게 조직되는지가 문제라는 점을 잘 보여 준다.

45    Pauline Grosjean & Rose Khattar, 앞의 글.

46    더욱이 통계 분석은 오늘날 여성 대비 남성의 상대적 수와 도시화, 종교 및 경제적 전문화의 관점에서 지역 간 차이를 고려한다.

47    "Conformity to Masculinity Norms Inventory" 또는 CMNI. James R. Hahalik, Benjamin D. Locke, Larry H. Ludlow, Matthew A. Diemer, Ryan P.J. Scott, Michael Gottfried, & Gary Freitas, "Development of the Conformity to Masculine Norms Inventory," *Psychology of Men and Masculinity* Vol.4 no.1(2003), pp.3~25.

48    Tristan Bridges, Kristen Barber, Joseph D. Nelson, & Anna Chatillon, "Masculinity and COVID-19: Symposium Introduction," *Men and Masculinities* Vol.24 no.1(2021), pp.163~167.

49    "Review of Social Determinants and the Health Divide in the WHO European Region"(World Health Organization, Regional Office for Europe: Copenhagen, 2013); Diane Whitmore Schanzenbach, Ryan Nunn, & Lauren Bauer, "The changing landscape of American life expectancy"(Washington, DC: The Hamilton Project,

2016).

50 David Autor, David Dorn, & Gordon Hanson, "When Work Disappears: Manufacturing Decline and the Falling Marriage-Market Value of Young Men," *American Economic Review: Insights* Vol.1 no.2(2019), pp.161~178.

51 Delphine Horvilleur, *Réflexions sur la question antisémite*(Paris: Grasset, 2019).

52 Griffin Sims Edwards & Stephen Rushin, "The Effect of President Trump's Election on Hate Crimes"(Working paper no.3102652, SSRN, 2019); Karsten Müller & Carlo Schwarz, "From Hashtag to Hate Crime: Twitter and Anti-minority Sentiment"(Working paper no.3149103, SSRN, 2019); Leonardo Bursztyn, Georgy Egorov, & Stefano Fiorin, "From Extreme to Mainstream: The Erosion of Social Norms," *American Economic Review* Vol.110 no.11(2020), pp.3522~3548; Pauline Grosjean, Federico Masera, & Hasin Yousaf, "Whistle the Racist Dogs: Political Campaigns and Police Stops"(Discussion paper no.DP15691, Centre For Economic and Policy Research, 2021).

53 Victoria Baranov, Ralph De Haas, & Pauline Grosjean, "Men. Roots and consequences of masculinity norms"(Working paper, UNSW).

54 호주 뉴사우스웨일스주, 1995년 1월 1일~2017년 12월 31일 데이터.

55 그럼에도 투표자의 61.5%는 '찬성'을 택했다. 흥미롭게도 보수당과 노동당의 득표율 간 관계처럼 다른 정치적 선호 차원에서는 아무 차이가 없었다.

56 Leonardo Bursztyn, Alessandra L. González, & David Yanagizawa-Drott, "Misperceived Social Norms: Women Working Outside the Home in Saudi Arabia," *American Economic Review* Vol.110 no.10(2020), pp.2997~3029.

57 HILDA 설문 조사. https://melbourneinstitute.unimelb.edu.au/hilda/for-data-users

58 Alessandra Fogli & Laura Veldkamp, "Nature or Nurture? Learning and the Geography of Female Labor Force Participation," *Econometrica* Vol.79 no.4(2011), pp.1103~1138.

59 Raquel Fernández, 앞의 글.

60 Karsten Müller & Carlo Schwarz, 앞의 글.

61 Benjamin Newman, Jennifer L. Merolla, Sono Shah, Danielle Casarez Lemi, Loren Collingwood, & Karthick Ramakrishnan, "The Trump Effect: An Experimental Investigation of the Emboldening Effect of Racially Inflammatory Elite Communication," *British Journal of Political Science*(2020), pp.1~22.

62 Pauline Grosjean, Federico Masera, & Hasin Yousaf, 앞의 글.

63    Leonardo Bursztyn, Georgy Egorov, & Stefano Fiorin, 앞의 글.

64    Leonardo Bursztyn, Ingar Haaland, Aakaash Rao, & Christopher Roth, "Disguising
      Prejudice: Popular Rationales as Excuses for Intolerant Expression"(Working pa-
      per, University of Chicago, 2021).

## 4부  유리 천장 깨부수기

1    프랑스 경제지 《레 제코》에 따르면 그렇다. https://www.lesechos.fr/2003/09/
     lexception-southwest-airlines-671885

2    Luigi Guiso, Paola sapienza & Luigi Zingales, "The Value of Corporate Culture,"
     *Journal of Financial Economics* Vol.117 no.1(2015), pp.60~76; John R. Graham,
     Jillian Grennan, Campbell R. Harvey, & Shivaram Rajgopal, "Corporate Culture:
     The Interview Evidence," *Duke I&E Research Paper* 2016-42(2016), pp.16~70;
     John R. Graham, Campbell R. Harvey, Jillian Popadak, & Shivaram Rajgopal,
     "Corporate Culture: Evidence From the Field"(Working paper no.23255, National
     Bureau of Economic Research, 2017); Kai Li, Feng Mai, Rui shen, & Xinyan Yan,
     "Measuring Corporate Culture Using Machine Learning," *The Review of Financial
     Studies* Vol.34 no.7(2020), pp.3265~3315; Charles A. O'Reilly & Jennifer A.
     Chatman, "Culture as social Control: Corporations, Cults, and Commitment," B.
     M. Staw & L. L. Cummings(dir.), *Research in Organizational Behavior: An Annu-
     al Series of Analytical Essays and Critical Reviews*(Elsevier, 1996), pp.157~200.

3    이 지수는 기업 웹사이트에 공개해야 하며, 세부 정보와 함께 각 기업이 속한 사
     회경제위원회와 노동 감독관에게 제출해야 한다.

4    공시 의무가 회계 보고만큼 강하지는 않다. 다만 공개를 거부하는 기업은 공공 조
     달 시장과 공공보험 계약에서 배제될 수 있다.

5    Renée B. Adams, Ali Akyol, & Pauline Grosjean, "Corporate Gender Cul-
     ture"(Working paper, University of New South Wales, 2021).

6    Gary Namie, Daniel Christensen, & David Philips, "U.S. Workplace Bullying Sur-
     vey"(Workplace Bullying Institute, 2014).

7    Olle Folke, Johanna Rickne, & Seiki Tanaka, "Sexual Harassment of Women
     Leaders," *Daedalus* Vol.149 no.1(2020), pp.180~197.

8    원문은 다음과 같다. "Unwelcome physical actions or offensive remarks or innuen-
     dos on subject matter that is commonly associated with sex." 위의 글, p.182.

9    Louise Fitzgerald, Vicki Magley, Fritz Drasgow, & Craig Waldo, "Measuring Sexual Harassment in the Military: The Sexual Experiences Questionnaire(SEQ-DoD)," *Military Psychology* Vol.11(1999), pp.243~263.

10    Lilia M. Cortina & Vicky Magley, "Raising Voice, Risking Retaliation: Events Following Interpersonal Mistreatment in the Workplace," *J Occup Health Psychol* Vol.8 no.4(2003), pp.247~265.

11    Yinjunjie Zhang & Robert Breunig, "Gender Norms and Domestic Abuse: Evidence From Australia"(Working paper, Australian National University, 2021).

12    Anna Aizer, "The Gender Wage Gap and Domestic Violence," *American Economic Review* Vol.100 no.4(2010), pp.1847~1859.

13    Sanna Ericsson, "Female Economic Empowerment and Domestic Violence," SNS Research Brief no.66(2020).

14    Debasis Bandyopadhyay, James Allan Jones, & Asha Sundaram, "Gender Bias and Male Backlash as Drivers of Crime Against Women: Evidence From India"(The University of Auckland Business School Research Paper, 2020).

15    육아 휴직이 자녀 또는 부모의 건강과 후생에 미치는 영향은 무시했다.

16    John Ekberg, Rickard Eriksson, & Guido Friebel, "Parental Leave-A Policy Evaluation of the Swedish "Daddy-Month" Reform," *Journal of Public Economics* Vol.97(2013), pp.131~143; Daniel Avdic & Arizo Karimi, 앞의 글.

17    Daniel Avdic & Arizo Karimi, 앞의 글.

18    Claudia Olivetti & Barbara Petrongolo, "The Economic Consequences of Family Policies: Lessons From a Century of Legislation in High-Income Countries," *Journal of Economic Perspectives* Vol.31 no.1(2017), pp.205~230.

19    Quentin Lippmann, Alexandre Georgieff, & Claudia Senik, "Undoing Gender with Institutions: Lessons From the German Divison and Reunification," *The Economic Journal* Vol.130 no.629(2020), pp.1445~1470.

20    Y. Jane Zhang, 앞의 글.

21    예를 들어 호주의 보수 언론인 애덤 크레이튼은 2021년 3월 25일 공영 방송이 진행한 의회 내 성폭력 사건 관련 토론에 대해 "사람들이 친절해지게 하는 법을 제정할 수는 없다.(It[the Federal Parliament] cannot legislate for people to be nice.)"라고 평했다. https://iview.abc.net.au/video/NC2104H008S00, 4분 50초. 물론 그렇다. 그러나 "사람들을 친절해지도록 하는" 법은 제정할 수 없어도 사람들이 올바르게 행동하게끔 하는 법을 만들 수는 있다. 이는 어느 정도 형법의 기본 이념을 반영한다. 사람들이 올바르게 행동하도록 이끄는 법은 교육과 마찬가지로 사

회적 영향을 미치고 관습과 도덕적 가치를 변화시킨다. 여남 평등에 관한 공산주의 독일과 중국의 사례가 이를 증명한다. 또 다른 사례로 노예제 폐지가 인과적으로 노예제와 인종주의에 관한 도덕적 가치를 바꾸었다거나 판사를 대상으로 한 교육 프로그램이 그들의 판결을 변화시켰다는 연구들이 있다. Federico Masera & Michele Rosenberg, "Shaping Culture, Ideology and Institutions: Economic Incentives and Slavery in the US South"(Working paper, University of New South Wales, 2020); Elliott Ash, Daniel L. Chen, & Suresh Naidu, "Ideas Have Consequences: The Impact of Law and Economics on American Justice"(Working paper, Université de Zurich, 2021). 반대로 인종 차별적인 법이 인종 차별적 행위를 증가시키고 그러한 가치관을 강화했다는 사례 또한 풍부하다.

**22**  *NBC News*, 2021.03.05., https://www.nbcnews.com/news/world/china-proposes-teaching-masculinity-boys-state-alarmed-changing-gender-roles-n1258939

**23**  Seema Jayachandran & Ilyana Kuziemko, "Why Do Mothers Breastfeed Girls Less Than Boys? Evidence and Implications for Child Health in India," *The Quarterly Journal of Economics* Vol.126 no.3(2011), pp.1485~1538. 연구진의 계산에 따르면 남아보다 여아가 받는 모유 수유 기간이 더 짧은 것은 여아 초과 사망률의 14%를 설명한다. 세라 허디는 여남 쌍둥이를 낳은 한 인도 여성 이야기를 들려 준다. 시어머니는 손자의 모유 수유량이 줄지 않도록 엄마에게서 손녀를 빼앗고 젖병을 물렸다. Sarah Hrdy(2011). 이 책 323쪽에는 생후 5개월 된 두 아이가 엄마와 함께 찍은 사진이 실려 있는데 아들과 달리 발육이 부진했던 딸은 사진을 찍은 지 며칠 뒤에 사망했다.

**24**  https://www.idea.int/data-tools/data/gender-quotas

**25**  Julia Cagé(2020).

**26**  Guillaume R. Frechette, Francois Maniquet, & Massimo Morelli, "Incumbents' Interests and Gender Quotas," *American Journal of Political Science* Vol.52 no.4(2008), pp.891~909.

**27**  선거 제도가 완전히 다른 에스파냐에서도 비슷한 현상이 나타났다. 여성은 후보자 명부에서 불리한 위치에 배정되어 정당에 의해 체계적으로 불이익을 받았다. Berta Esteve-Volart & Manuel Bagues, "Are Women Pawns in the Political Game? Evidence From Elections to the Spanish Senate," *Journal of Public Economics* Vol.96 no.3~4(2012), pp.387~399.

**28**  Raghabendra Chattopadhyay & Esther Duflo, "Women as Policy Makers: Evidence From a Randomized Policy Experiment in India," *Econometrica* Vol.72 no.5(2004), pp.1409~1443; Esther Duflo & Petia Topalova, "Unappreciated

Service: Performance, Perceptions, and Women Leaders in India," Framed Field Experiments 00233, The Field Experiments Website(2004); Lori Beaman, Esther Duflo, Rohini Pande, & Petia Topalova, "Political Reservation and Substantive Representation: Evidence From Indian Village Councils," *India Policy Forum Research Paper* 2010~11 Vol.7(2011), pp.159~201.

29  https://www.abc.net.au/news/2019-02-07/fact-check-does-labor-have-twice-number-of-frontbench-women-/10696844?nw=0

30  https://archive.ipu.org/wmn-f/classif.htm

31  Marianne Bertrand, Sandra E. Black, Sissel Jensen, & Adriana Lleras-Muney, "Breaking the Glass Ceiling? The Effect of Board Quotas on Female Labour Market Outcomes in Norway," *The Review of Economic Studies* Vol.86 no.1(2019), pp.191~239.

32  Renée B. Adams & Patricia Funk, "Beyond the Glass Ceiling: Does Gender Matter?," *Management Science* Vol.58 no.2(2012), pp.219~235.

33  Renée B. Adams & Vanitha Ragunathan, "Lehman Sisters"(Working paper no. 3046451, University of Oxford, SSRN, 2017).

34  Amalia Miller & Astrid Kunze, "Women Helping Women? Evidence From Private Sector Data on Workplace Hierarchies," *The Review of Economics and Statstics* Vol.99 no.5(2017), pp.769~775.

## 나가며

1  https://www.abc.net.au/news/2021-03-06/christian-porter-scott-morrison/13220556

2  스카이 뉴스는 루퍼트 머독이 창립한 뉴스 코퍼레이션 그룹에 속한다. 미국의 보수 언론 폭스 뉴스와 같은 그룹이다.

3  원문은 다음과 같다. "Blokes don't get it right all the time." https://www.theguardian.com/australia-news/live/2021/mar/24/australian-politics-live-floods-scott-morrison-apologises-insensitive-harassment-claim-rain-eases

4  CDC의 한 연구는 수많은 피해자가 자신의 경험에 대해 말하기를 힘들어하기에 이 수치가 과소평가되었을 가능성이 크다고 본다. https://www.bbc.com/news/world-us-canada-16192494. 최근 시드니의 한 고등학생이 시작한 청원은 여학생의 절반이 성폭력 피해자라는 사실을 밝혀냈다. https://www.smh.com.au/

national/it-started-on-instagram-now-chanel-s-petition-is-leading-a-sex-
education-revolution-20210305-p5780k.html

5 Thomas Piketty(2013).

6 특히 Thomas Piketty(2019)를 보자.

7 프랑스 내무부 장관 제랄드 다르마냥은 성폭행 사건에 두 차례 기소되었다.
https://www.mediapart.fr/journal/france/dossier/laffaire-gerald-darmanin 참고.

# 가부장 자본주의

### 여성과 남성은 왜 각각 불행한가

1판 1쇄 펴냄  2023년 6월 9일
1판 2쇄 펴냄  2023년 7월 20일

지은이  폴린 그로장
옮긴이  배세진
발행인  박근섭·박상준
펴낸곳  (주)민음사

출판등록  1966. 5. 19. (제16-290호)
서울시 강남구 도산대로1길 62(신사동)
강남출판문화센터 5층 (06027)

대표전화  02-515-2000
팩시밀리  02-515-2007
홈페이지  www.minumsa.com

* 잘못 만들어진 책은 구입처에서 교환해 드립니다.